大单元 微专题
高中语文名师教学实录

选择性必修 下册

主编 褚树荣

語文

高中语文名师教学实录丛书

课件下载

复旦大学出版社

序　摸着石头过河

河流从不催促不想过河的人。只是每个面临渡口、向往远方的人，都要想方设法摆渡自己。从 2017 年新课标颁布，到 2023 年新教材推开，六年时间，把我们都推到了渡口。

课改的“巨流河”汹涌而至。单篇精读与群文联读、项目学习与专题教学、整本书阅读、综合实践活动，语文之河惊涛拍浪。我们有现成的桥吗？我们有熟悉的船吗？都没有！但是我们必须过河，等不得，盼不得，退不得。每个教师都在寻找合适的方式过河。那么，就让我们“摸着石头过河”吧！

为什么是微专题？

新教材推开以后，教学领域出现了很多探索，如“项目化学习”“大单元教学”“专题教学”“整本书阅读”“综合实践活动”等等。我们认为，所有这些来自一线的实践探索都有价值，都值得敬重。但我又觉得所有探索，都要顾及现实语境——固定不变的教学周时数、扩充的新教材内容、绕不过去的选考和高考、学生在时间投入上的现实主义选择等。换句话说，我们的教学，只能在“螺蛳壳里做道场”——在有限的时间里完成扩充的教学内容，而且要走“中庸之道”——既要渗透新课标理念，又要基于学情、教情；既要完成教学任务，又不能随便扩张教学时空；既要落实新教材追求，又要照顾教师的教学习惯。这时候，就要改变原先一课一课铺开了、拆散了教的做法，而尽可能把每个单元里蕴含的重要知识、核心概念、关键能力、审美基因、文化话题提取出来，聚焦为微、精、深的教学点，然后通过短、平、快的教学，完成新教材的任务。伤其十指，不如断其一指；面面俱到，不如选点开掘；天女散花，不如一枝独秀。这就是我们选择微专题的初衷。

为什么是这 180 个微专题？

我们将统编高中语文教材的教学点提炼为 180 个微专题，包括必修上册 50 个，必修下册 50 个，选择性必修上册 23 个，选择性必修中册 27 个，选择性必修下册 30 个。为什么是这 180 个微专题呢？可以是其他主题的微专题吗？可以是其他数目的微专题吗？完全可以。教师就是课程，尤其是语文课程内容的开发，你对课程怎么理解，你的知识结构和专业擅长如何，你就有怎样的课程。所以，这 180 个微专题，没有“法定意义”上的规定性，但是它又是有学理依据的，是恪守教学原则的。从专题来源上讲，是我们对单元导语、课文文本、学习提示、单元任务进行“四位一体”式统整的结果。从专题取向而言，是依标而学、因体而教的结果。教材的每个单元都是直接对应课标中的学习任务群，这个单元的微专题学些什么，要到课标里寻找方向，要到单元主题里校准目标。因体而教，就是是什么文体，文体有什么特点，就教什么，就怎样教。同样是整本书阅读，《乡土中国》和《红楼梦》的学习专题就有所不同；同样是文选型单元，文学类文体单元和实用类文体单元学习的专题要有所区别；而文选型单元和综合实践活动单元，前者重阅读与鉴赏，后者重实践与活动，微专题活动就大有区别。这里特别要提出的是“核心概念”一词，除了通常意义的语文知识之外，我们引进了逻辑学、学习理论、文学理论、文艺批评领域那些新的、形成共识的，又适合中学生学习的知识，化作我们的微专题内容，如文化母题、图尔敏论证、申论、思维导图等。

需要指出的是，这 180 个微专题，仅仅是给一线老师提供的一份选择性的“菜单”——你如果对其中几个“菜”感兴趣了，觉得对你的学生的胃口了，你不妨拿去尝一尝。

为什么有三种微专题教学课型？

必修和选择性必修教材有三种类型的单元——22 个文选型单元、2 个整本书阅读单元和 4 个综合实践活动单元，共 28 个单元。明眼的老师很快就能发现，本丛书除了整本书阅读单元和综合实践活动单元之外，每个单元都有阅读、写作和综合实践活动微专题。文选型单元以阅读微专题为主，阅读微专题主要是落实阅读与鉴赏、梳理与探究等关键能力的培养，如体验感知、信息提取、理解阐释、推断探究、赏析评价、积累整合、筛选提炼、归类分解等。另外每单元还有一次写作微专题和综合实践活动微专题。每单元一次写作训练，这是教材规定必须要有的，主要基于单元学习任务来设计。按每单元两个教学周来计算，写作微专题大约每两周安排一次，每次集中训练学生某一种写作能力。综合实践活动微专题相当于义务教育阶段语文教材的“综合性学习”，是以学生的实践活动为主，又有项目化学习的特点。4 个综合实践活动单元是必修上册的“家乡文化生活”“词语积累与词语解释”，必修下册的“信息时代的语文生活”，选择性必修上册的“逻辑的力量”。前 3 个单元，每单元安排 4 个综合实践活动微专题。逻辑非常重要，是需要补课的，所以“逻辑的力量”安排了 5 个综合实践活动微专题。也许大家对于文选型单元为什么也要安排综合实践活动微专题不理解。我们认为，除了阅读与写作之外，学生还缺乏聆听理解、讨论交流、制作展示、调查访问等社会化的语文能力，而这些能力恰恰是走入社会、参加工作最需要、最常用的语文能力。所以，我们将实践与阅读、写作结合，特地安排展示会、推荐会、交流会、讨论会、报告会等综合实践活动微专题。实践证明，这些活动是深受学生欢迎的。

为什么是专题目标＋预习任务＋教学实录＋教学反思的形式？

微专题要联读哪些文本？要掌握哪些核心概念？要训练什么样的关键能力？“专题目标”是言简意赅的说明。“预习任务”是非常重要的一环，我们的实践证明，没有充分的预习就没有成功的微专题教学。“教学实录”和“教学反思”，属于“课堂行为分析”，这应该是一线老师最需要、最欢迎的内容。这个阶段我们已经有了很好的践履：“大单元统筹·微专题教学”《统编高中语文必修教材名师设计百例》在《语文教学通讯》(2021 年 7、8 合刊)发表，《统编高中语文选择性必修教材名师设计八十例》在《语文教学通讯》(2022 年 1、2 合刊)发表。虽然，大部分设计都经过了课堂教学的实践，但“没有最好，只有更好”，微专题教学还需不断改善。改善的最好途径，就是重新备课，重进课堂，再整理教学实录，撰写教学反思。

我以为，通过教学实录的整理，来反观自己的课堂行为，是否符合教学设计的预期，是否符合新教材的意图和新课标的理念，这是一线教师实现“双新”背景下教学转型的“不二法门”。换句话说，课程标准、教材意图、各类专业部门的指导意见，能否落实在课堂上，完全要看我们的教学行为。语文同行有无借鉴的例子，研究人员有无研究的样本，就要看一线老师对自己的教学行为有无记录。更重要的是，我们的课堂效果能否优化，我们的专业水准是否在提升，特别需要我们对自己的课堂行为反观自照。我相信广大老师都有自己的眼光和识力。与教学设计相比，“教学实录”是教学现场的还原。当然，有些实录，经过了修饰，我们不能因此说实录不“实”，经过合适而节制的删减修饰，实录会有更多的参考价值。与专家点评相比，“教学反思”，是执教者的夫子自道，老师们结合自身经验和教学实际，告诉我们该专题在教什么，为什么这样教，教学过程的得意和遗憾之处是什么，当然还有一些实操建议——过来人的经验和教训，这是特别值得记取的。

2017 年 12 月 30 日，教育部新闻发布会上，语文课程标准正式颁布；2019 年秋季，全国部分地区开始使用新教材；2023 年秋季，全国所有高中全部使用新教材。在微专题教学这条路上，我们已经走了六年。180 个微专题教学实录，就是这六年的教学践履。

教学之河，有惊涛如雪，也有静影沉璧。课标、教材和教学上的亮点与创意，犹如浮光跃金的水面，让人欢欣鼓舞。而新课标和新教材带来的与传统教学理念和教学习惯的落差，则如汹涌暗流，使人望而却步。多数一线老师没有“到中流击水，浪遏飞舟”的条件，但可以“摸着石头”，彼此照应，谨慎过河。180 个微专题教学实录，就是摸索着过河的样子。

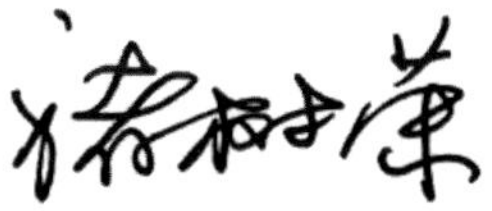

2023 年 4 月 4 日

目　录

第一单元

第二单元

第三单元

第四单元

第一单元

诗骚传统：梳理中国古典诗歌发展脉络

执教／北京师范大学附属嘉兴南湖高级中学　蒋雅云

本课课件

【专题目标】

联读《氓》、《离骚（节选）》、《孔雀东南飞》、《蜀道难》、《蜀相》、《望海潮》（东南形胜）、《扬州慢》（淮左名都），从体式、风格两个角度，简要梳理诗骚传统影响下中国古典诗歌的发展脉络，初步体会诗骚传统影响下中国古典诗歌的审美特征。

【预习任务】

1. 自主诵读本单元诗歌，感受古典诗歌的音韵美。
2. 结合书下注释，理解本单元古典诗歌的内涵，简要概括（50字左右）每首诗的思想内容。
3. 完成预习单（见表1）。

表1

诗　　歌	体　　式
《氓》	四言诗
《离骚》	
《孔雀东南飞》	
《蜀道难》	
《蜀相》	
《望海潮》（东南形胜）	
《扬州慢》（淮左名都）	

【教学实录】

师：（播放PPT第1页）同学们，我们先来看南北朝时期的文学家沈约《宋书·谢灵运传论》的一句话，他认为历代诗赋，“源其飚流所始，莫不同祖风骚”。同学们，你知道这里的“风骚”是什么意思吗？

生：“风”是指《诗经》，“骚”是指《离骚》。

师：很好，为什么“风”代称《诗经》，你知道吗？

生：《诗经》中有十五国风。（其他同学也有跟着说《风》《雅》《颂》）

师：很好，那你说说这整句话的意思。提醒下，“飚”这个字读 biāo。

生：追溯历代诗赋的源头，都有共同的祖先——《诗经》《离骚》。

师：很好！那今天我们就借着这个单元的几首诗，从古诗词体式、风格等角度，简要梳理中国古典诗词发展的脉络。（播放 PPT 第 2 页）

任务一：朗读体悟，梳理诗歌体式脉络

师：先来做个小活动，请同学们合上书本，按照年代给本单元诗歌排序。（播放 PPT 第 3 页）

生：应该是《氓》、《离骚》、《孔雀东南飞》、《蜀道难》、《蜀相》、《扬州慢》（淮左名都）、《望海潮》（东南形胜）。

师：有没有不同意见？

生：前面的我赞成。《望海潮》（东南形胜）在前吧？因为它写的是北宋繁盛时期的钱塘，《扬州慢》（淮左名都）写的是亡国之悲，那时北宋灭亡了。

师：对的，这位同学能根据诗歌内容推测写作时间，很好。本单元的七首诗歌对应不同时代的代表诗体，春秋《诗经》、战国楚辞、汉乐府、唐诗、宋词。（播放 PPT 第 4 页）下面请同学们接龙读一读老师从各篇里选出来的诗句，感受下诗歌体式的不同，可以从字词、押韵、对仗、平仄等方面来体会。（学生“开火车”读，老师在此过程中正音——“余虽好修姱〔kuā〕以鞿〔jī〕羁兮，謇〔jiǎn〕朝谇〔suì〕而夕替”，“重湖叠巘〔yǎn〕”）

师：下面分小组交流一下预习单上表 1 的填写情况。（播放 PPT 第 5 页，师巡视，请两位同学上来投影展示，见表 2）

表 2

诗歌	体式（生 1）	体式（生 2）
《氓》	四言诗	四言诗
《离骚》	骚体诗	骚体诗
《孔雀东南飞》	乐府五言诗	乐府五言诗
《蜀道难》	乐府杂言诗	杂言古体诗
《蜀相》	七言律诗	七言律诗
《望海潮》（东南形胜）	词	词
《扬州慢》（淮左名都）	词	词

师：大家看一下，主要是《蜀道难》有不同的答案，其他都一致。《蜀道难》句式长短不一，是乐府杂言诗。说“杂言古体诗”可以吗？“古体诗”是相对于“近体诗”或者说“今体诗”而言。古体、今体，是唐人的分法，唐人称唐代成熟的格律诗为“今体诗”或者“近体诗”，格律诗包括律诗和绝句。当然并不意味着唐人就不写古体诗了，课本第14页注解中就说《蜀道难》是“古乐府旧题”，就是古体诗，必修上册中白居易的《琵琶行》也是。所以，两种说法都可以。我们来看看诗词大家的说法。（播放PPT第6页）从中我们可以看到中国古典诗歌的演变脉络。

体式演变1：四言诗——骚体诗——乐府五言和杂言诗——七言律诗

风雅颂既亡，一变而为离骚，再变而为西汉五言，三变而为歌行杂体，四变而为沈宋（初唐宫廷诗人沈佺期、宋之问）律诗。（〔宋〕严羽《沧浪诗话》）

体式演变2：古体诗——近体诗

两汉而后，自魏晋以至南北朝，则是我国诗歌由古体至律体的一个转变时期。……所谓律诗一方面须讲求四声的谐调，一方面须讲求对偶的工整，其相对之二联必须音节相等，顿挫相同，而且须平仄相反，词性相称。这种格律体式实在是中国文字的特色所能表现的美的极致。（叶嘉莹《迦陵论诗丛稿·中国诗体之演进》）

（学生齐读）

任务二：模拟改写，探讨不同体式的表达效果

师：下面我们交流第二项任务（播放PPT第7页），模拟改写，并说说你的改写体验。先小组交流，每组推荐一位同学上来交流。

在下列任务中任选一组，完成模拟改写，探讨不同诗歌体式的不同表达效果。

A：将《氓》片段改成骚体。

及尔偕老，老使我怨。淇则有岸，隰则有泮。总角之宴，言笑晏晏。信誓旦旦，不思其反。反是不思，亦已焉哉！

B：将《离骚》片段改为《诗经》四言体。

日月忽其不淹兮，春与秋其代序。惟草木之零落兮，恐美人之迟暮。

不抚壮而弃秽兮，何不改此度？乘骐骥以驰骋兮，来吾道夫先路！

C：将上述《离骚》片段改为乐府五言诗。

（师巡视。小组推荐学生实物投影展示，见表3，并朗读）

表3

序号	改　写
A1	及尔偕老兮，老使我生怨。淇汤汤亦有岸兮，隰滔滔而有泮。总角之欢宴兮，言笑何晏晏。信誓何其旦旦兮，不思其反！反是不思兮，亦已焉哉！

续 表

序号	改　　写
A2	与君白首共哀兮，生哀怨于我心。淇水汤汤有岸兮，沼池亦有畔。享极游于总角兮，我亦晏晏同君乐。君尝旦旦而誓兮，忽背而冷待我。信誓既已破兮，吾其了断哉！
B1	日月不息，春秋有常。草木零落，美人迟暮。何不因时，弃秽改度？骐骥驰骋，吾道先路！
B2	日月不淹，春秋代序。草木零落，美人迟暮。抚壮弃秽。何不改度？乘彼骐骥，吾导先路！
C1	日月忽不淹，春与秋代序。惟草木零落，恐美人迟暮。何不抚壮年，弃秽改此度？乘骥以驰骋，来吾导先路！
C2	日月朝朝移，春秋经年替。忧草木枯零，不能撷作佩。恐美人迟暮，不可抒己志。年壮正力强，何不弃污秽？血气方刚时，何不变法度？胯下乌骓马，漫漫长夜路。愿吾为先驱，身破死亦足。

师：好，同学们，现在我们一起跟原文比一比，你们能体会到四言诗、骚体诗、五言诗表达效果上有何不同吗？

生：我感觉改成骚体难度最大，改成四言诗最容易。（生笑）

师：从表达情感的效果角度看看它们各自有什么特点？

生：我感觉四言诗最干脆、质朴，骚体诗有比较多的语气词“兮”“而”等，会增加一种哀怨的感觉。

生：我感觉五言诗比起四言诗能表达的意思更丰富些。刚才最后一位同学改《离骚》片段改得就很有味道，不像四言那样过于直白。

师：同学们说得都有道理。大家看到了四言的直白质朴，《氓》四言诗改作骚体诗哀怨意味浓，诗中女子被弃之后由哀怨到决绝的形象就可能受影响，尤其是“反是不思，亦已焉哉”特别能体现她的坚强决绝。骚体诗句式长短不一，打破了《诗经》的四言格式，创造了一种句法参差、韵散结合的新形式，尤其是楚地方言“兮”特别能表达感叹抒愤的语气，契合屈原忧思忧愤的情感。乐府五言诗虽然比四言只多一个音节，却便于把单音节词和双音节词组合起来，寓变化于整齐之中，扩大了诗歌的容量，利于表达丰富的情感。

任务三：追根溯源，探究诗骚传统流变

师：刚才我们从体式上来看四言、五言、骚体诗的不同特点，现在我们从诗歌的内容和表现手法出发，大致区分一下这些诗歌的风格类型是现实主义还是浪漫主义。（播放 PPT 第 8 页）

> 现实主义：通过典型人物、典型环境的描写，反映现实生活的本质。
>
> 浪漫主义：运用丰富的想象和夸张的手法，塑造人物形象，反映现实生活。
>
> ——《现代汉语词典（第 7 版）》

生：《氓》是现实主义，《离骚》是浪漫主义，《孔雀东南飞》是现实主义，《蜀道难》是浪漫主义，《蜀相》属于现实主义。

师：同学们同意他的说法吗？（大家普遍点头）

师：好的，那你说说这么区分的理由。

生：《氓》《孔雀东南飞》都比较真实地写了一个爱情悲剧故事，过程比较细腻，也比较贴近现实生活；《蜀相》借凭吊丞相祠堂，来感叹自己现实生活中的功业未成、壮志未酬。《离骚》里屈原自比香草美人，有很多想象的成分；《蜀道难》包含多个神话传说，有想象有夸张，气势比较磅礴。

师：好的。我们开头说中国诗赋“源其飚流所始，莫不同祖风骚”，这里我们就看到《诗经》《离骚》的源头性作用。《诗经》尤其是《国风》，真实地反映社会人生，广泛地取材于社会生活的各个方面，如劳动、战争、婚姻、爱情等，形成朴实自然的艺术风格，奠定了我国古典诗歌现实主义的基础。汉乐府民歌“感于哀乐，缘事而发”的创作精神，实质在于表现现实人生，抒发真情实感，与《诗经》民歌的现实主义精神一脉相承。诗圣杜甫曾说“别裁伪体亲《风》《雅》”，他在作品中感怀现实，关切国家命运，沉郁顿挫，是典型的现实主义风格。而屈原的《离骚》则以浪漫主义为特色，侧重从主观内心世界出发，抒发对理想世界的热烈追求，用热情奔放的语言、瑰丽的想象和夸张的手法来塑造形象，是我国浪漫主义文学的直接源头。诗仙李白的《蜀道难》沿用“古乐府旧题”，又大胆创新，善于把想象、夸张和神话传说融为一体进行写景抒情，成为中国文学史上浪漫主义的一座高峰。值得注意的是，现实主义和浪漫主义两种风格也不是截然对立、泾渭分明，比如，《孔雀东南飞》中也有“孔雀”“鸳鸯”等浪漫主义的成分，《蜀道难》中也有蜀道难行、现实不如意等现实主义的内容。

师：最后，我们来看看两首词。（播放 PPT 第 9 页）李清照的《词论》中说词别是一家，结合《望海潮》（东南形胜）和《扬州慢》（淮左名都），梳理词有别于诗的不同审美特质。这个问题有难度，我们小组合作交流，组长做好记录，等一下汇总发言。（生讨论，师巡视）

生：我们找到两点。一是词的句式长短交错，富有参差变化之美；二是词作为可以吟诵歌唱的体裁，富有音韵旋律之美。

生：我们概括了三点。第一点跟刚才同学说的差不多；第二点是词的语句较短，多有词语或短语单独成句，以及句中停顿的现象，便于吟诵，与乐曲结合，有音乐美；第三点是词有固定的词牌、格式，在同一词牌形式下又可以表现出不同主题。

生：我们觉得最重要的差别是词本就是和曲而唱的，对音韵美要求更高，有参差错落之美。此外，词总体上多抒情，更生活化。

生：我们组再补充两点。一是词的辞藻更加工整清丽；二是词表现的内容多为日常生活细小之处，感情更加细腻幽微。

师：对于刚才小组代表的发言，大家有没有不同意见？

生：音韵的要求我们都赞同。但是我们觉得感情不是一定细腻幽微的，辞藻也未必是清丽的，这个评价可能更接近于婉约词，豪放词并非如此。比如，我们必修上册中学的《念奴娇·赤壁怀古》《永遇乐·京口北固亭怀古》，境界比较宏阔，感情比较豪放甚至悲壮。

师：确实，我们只能说多数词感情细腻。这里的两首，《扬州慢》（淮左名都）情感相对幽微，而《望海潮》（东南形胜）意境就比较壮丽宏阔。李清照说词别是一家，更多是强调词对音韵的要求更高，所以，她甚至批评过苏轼的词不像词，是“句读不葺之诗”。综合同学们所说的，我们基本可以提炼出以下两点。从形式上看，一是词有词牌，词牌规定了词的曲调、句数、每句的字数、平仄等，是配合宴乐乐曲而填写的歌诗；二是句式不一，词别称“长短句”正源于此。好，今天的课就到这里，请同学们课后从诗歌体式和风格上，比较《蜀道难》和《蜀相》的不同，表述成文。下课！

（附课后作业参考答案）

从体式上看，《蜀道难》是古体诗。“蜀道难”是古乐府旧题。古体诗的语言形式较为自由，表现在这首诗中，主要是以下三个方面：虚词连用，口语入诗，句式错落。《蜀相》是七言律诗，属近体诗。律诗的格律非常严谨，在句数、押韵、对仗、平仄等方面都有严格要求。

从风格上看，《蜀道难》典型体现了李白诗歌的浪漫主义特点。一方面是语言形式上的，除了上述特色外，还大量运用了夸张、反复、拟人、比喻、用典、衬托、想象等手法。另一方面是思想内容上的，蜀道险阻鬼斧神工，神话传说意境离奇，诗歌情感充沛气势酣畅，均体现出无比丰富的想象力和浓烈饱满的激情。《蜀相》则典型体现了杜甫诗歌老成稳健、沉郁顿挫的现实主义诗风。《蜀相》作于杜甫寓居成都拜谒武侯祠之时，安史之乱还没有平息。目睹国势艰危，生灵涂炭，杜甫虽然怀有“致君尧舜”的政治理想，但请缨无路，报国无门，因此借诗作表达了对开创基业、挽救时局的诸葛亮的无限仰慕之情。

【教学反思】

诗骚传统影响深远，本节课联读本单元所有古典诗歌，从体式、风格两个角度，简要梳理诗骚传统影响下中国古典诗歌的发展脉络。学生通过诵读诗歌、讨论探究、改写诗歌等活动自主探究，感受诗歌体式的演变，品味现实主义和浪漫主义的特色，初步体会诗骚传统影响下中国古典诗歌独有的审美特征。

学生从小学到高中已经积累了一定的古诗词阅读经验，但是系统地梳理中国古典诗歌的发展脉络还是第一次。所以，任务具有一定的挑战性。为了保证活动质量，课前布置学生结合课下注解、学习提示，疏通、理解本单元诗歌内容，并且自主诵读感受音韵美、改写诗句，课堂上交流、碰撞、评价，由此扩充了课堂容量，提高了课堂效率。

具体实施下来，比较满意之处有：

一是引导学生在充分体验的基础上提炼诗歌发展脉络，从感性到理性，自然推进。诗歌发展脉络的梳理，如果没有学生感性的体验，很容易变成灌输知识的宣讲课。本节课课前、课中充分的诵读、动手改写等活动，给了学生宝贵的体验，从而帮助他们进行知识的自主建构。尤其是改写比较的活动，让高深的诗歌体式特征变得直观可感。

二是恰到好处的学理依据的呈现，让发展脉络有据可依。诗歌发展脉络的梳理，必然涉及必要知识的整合、梳理，但是这些知识支架必须以精简的方式呈现，并且要贴着学生的需求给出。比如，导入部分引用沈约的话引出“风骚”“源头”的话题，中间用诗词大家严羽、叶嘉莹著作中的话简洁明白地呈现诗歌体式的演进过程，以此作为评价学生梳理的重要参考。

不足之处是后面略显仓促，并且教师陈述、讲解还是偏多。

觉醒与殉情:剖析悲剧女性的心路历程

执教 / 浙江省义乌中学　毛倩宜

本课课件

【专题目标】

中国的古典诗歌以抒情诗为主,也有一些侧重叙事的诗作,如《氓》和《孔雀东南飞》。《氓》以第一人称自述经历的同时,也带有强烈的抒情性。而乐府诗的代表作品《孔雀东南飞》继承了《诗经》的传统,"感于哀乐,缘事而发",以第三人称叙事,结构巧妙,人物形象丰满。这两首诗都是讲述古代婚姻爱情悲剧的民歌,都具有极强的艺术感染力。本专题以"觉醒与殉情"为主题,从悲剧女性的心路历程角度对《氓》《孔雀东南飞》进行精读和对比阅读,从而引导学生认识古典诗歌的思想意义和审美价值。

【预习任务】

1. 借助单元导语、课下注释及学习提示,理解《氓》与《孔雀东南飞》的诗意。

2. 了解《诗经》、汉乐府的相关常识,拓展阅读《诗经·国风·江有汜》,疏通诗意,概括诗中弃妇形象。

3. 积累文言常用词语、古今异义词语、蕴含古代文化常识或典故的词语、偏义复词等,完成词语积累卡(见表1)。

表1

类型	词语(释义)
常用词语	
古今异义	
蕴含古代文化常识或典故的词语	
偏义复词	
其他	

【教学实录】

师:“痴情女遭遇负心汉”“大家长棒打恋鸳鸯”都是我们熟悉的爱情脚本。《氓》和古乐府诗《孔雀东南飞》就是这类作品的鼻祖了。此后也有类似于《莺莺传》《梁山伯与祝英台》这类作品,先秦卫地的氓妇和汉末庐江的刘兰芝这两位女性的形象却独有魅力,熠熠闪光。我们今天就来一场时空对话,去看看在爱情与婚姻这个修罗场里,女子如何以柔克刚。

环节一:时空对接——共同话题

师:如果可以穿越时空,如果先秦卫地的氓妇和汉末庐江的刘兰芝能够见面,你觉得她们会有共同话题吗?请一个小组同学来谈谈看法。(播放 PPT 第 1 页)

生:我觉得会。因为她们都经历了失败的婚姻,虽然原因不同,但是应该有同是天涯沦落人的感受。

生:我觉得会。因为她们对美好的爱情都是有追求的,氓妇失望于丈夫的三心二意,说明她希望的是从一而终的感情,刘兰芝不愿改嫁也是对爱情矢志不渝的表现。

生:我也觉得会。因为她们都是很勇敢的人,对自己的选择都很坚决。

师:“勇敢”这个词有意思,刘兰芝为了爱情殉情可以称得上勇敢,氓妇的选择也勇敢吗?

生:因为古代女性离开婚姻,要面对很大压力,文中“兄弟不知,咥其笑矣”可以看出娘家人是看笑话的,就像刘兰芝回到娘家最后也受到兄长的逼迫,所以可以想象离婚后氓妇的生活是比较艰难的。可是她还是做了这个决定,所以说勇敢。

师:这位同学不仅能够结合文本,而且联系了两篇文章,做了合理的推断,是合格的阅读者!继续,其他同学还有补充吗?

生:我觉得她们在对待家庭的态度方面是很相似的,都是付出型。从氓妇“夙兴夜寐,靡有朝矣”和刘兰芝“三日断五匹”“昼夜勤作息,伶俜萦苦辛”可以看出。

生:我觉得她们都受封建礼教的压迫。(生笑)

师:对于刘兰芝来说,你的说法没有错,但是氓妇身上这点可能不是很明显。不过,你们的角度很好,两位女子在生存境遇上确实有相似之处,两人在婚姻上都没有过错(“女也不爽”“儿实无罪过”),但都遭到了不公平的待遇,没有得到应有的尊重和珍惜。

一个小组的同学能够从不同角度看到两位的相同点,这一点真的很棒,思维就应该这样训练!那么老师把大家的观点总结一下,刘兰芝和氓妇对待婚姻忠贞不渝,对待家庭全心全意,对待选择勇敢决绝,对待自己自尊自爱。(播放 PPT 第 2 页)

环节二:时空元素——淇水孔雀

师:既然两位有这么多的共同点,那么我们就一定要认真策划这场穿越时空的对话。要让她们的对话更有仪式感,对话的环境背景是少不了要斟酌的内容。那么要选择哪些元素加入背景呢?请大家提提建议。

生(七嘴八舌):清池、东南枝、孔雀、淇水、桑树……

师：大家的提议很丰富，如果精选两个，选哪两个最好？

生：淇水和孔雀。

师：意见很一致，为什么？先说说淇水这一元素吧。

生：淇水在文中多次出现，作为背景也比较宏大，当然加上一些桑树也是可以的。

师：理由可以再充分一些吗？建议你梳理一下文中出现淇水的地方。

生：第一次出现淇水是“送子涉淇，至于顿丘”，第二次则是“淇水汤汤，渐车帷裳”，第三次是“淇则有岸，隰则有泮”，我想它是穿插在氓妇的经历中的重要元素。

师：非常好，回到文本寻找依据可以使我们的思考更加客观而深刻。那么我们顺着这位同学的思路，看看三次淇水分别对应了氓妇怎样的人生阶段。

生：“送子涉淇，至于顿丘”是热恋阶段，“淇水汤汤，渐车帷裳”则是离婚后回家的路上。“淇则有岸，隰则有泮”这个我不太明白。

师：有理解和不理解的，很坦率，那么我们先看理解的。“淇水汤汤，渐车帷裳”这两句是氓妇和离后回家途中的环境描写，诗句的意思是说淇水的水势很大，车上的帷幔都浸湿了，那么她为什么会关注到这一点？

生（不假思索）：是泪水，泪水浸湿了的。

（同学们发出了小声的议论）

师：你捕捉到了她的情感，但是理由有点夸张。可能同学们缺少一些生活经验，老师描述一下，大家想象一番。帷幔是挡住车门和车窗的布帐，离地面有一定的高度，被淇水打湿，说明车行驶在水边，一方面确实是水势大，而另一方面也可能是颠簸，颠簸导致了帷幔飘动而沾着淇水，湿漉漉地在车内飘荡，给氓妇带来的是冷冰冰的感受，也许这时她也是泪眼迷蒙的，而这潮湿沉重的帷幔就是她的写照，这一路颠簸的还有她疲惫的心。

同学们，这就是《诗经》的微言大义，意蕴无穷。在这简单的四字背后，需要我们去还原画面，去想象曾经，走入人物的内心世界。现在请大家来读一读一二两章，一起来描绘第一幅淇水背景下的画面内容，说一说你看到了一个怎样的女子。

（生齐读一二两章，思考）

生：我看到了一个渴望与心爱的人走向未来的单纯的女孩子的形象，氓没有媒人，按说不符合礼节，但是在送别氓的时候，女子希望他不要生气，就自己定下了秋天的婚期。女子迁就氓，结婚的决定过于草率，所以我觉得她是个很单纯的姑娘。

生：我觉得她是恋爱脑。（全班笑）“不见复关，泣涕涟涟。既见复关，载笑载言”，她又哭又笑的，都是为了一个男子。

师：很不错。那么“淇水汤汤，渐车帷裳”这个画面下那个曾经单纯、渴望爱情的女子变成什么样了呢？

生：对婚姻失望痛心。“士也罔极，二三其德”“言既遂矣，至于暴矣”，这个男人面目全非，三心二意，甚至有家庭暴力的行为。

生：她是委屈愤恨的，她“三岁为妇，靡室劳矣”，这样的付出得到的却是遭背弃的结果。

师：大家分析概括得很好。从相恋允婚到遭弃被休，是氓妇的生活经历。两处淇水也是真实的场景。

但这首诗还有一个很独特的叙事特点，即用氓妇回忆的口吻，来回观、讲述过去，所以还带有许多反思的深刻思考。而第三处“淇则有岸，隰则有泮”就是这个心理时序中的典型体现。此处“淇则有岸”并不是描写一个真实的场景，而是采用了《诗经》中常用的艺术手法——比兴，借说淇水是有边界的来喻指事情是有边界的，人的忍耐也是有限度的。这就对应了“反是不思，亦已焉哉”的选择结果。

我们再带着这种心理时序去看氓妇叙述自己年少时的样子，可否看出一些和现在生活现状相勾连的蛛丝马迹？

生：结婚前女子提出应该有媒人这个要求合情合理，但是显然氓“怒”了，从“将子无怒，秋以为期”这里可以看出，这与后面“至于暴矣”可以呼应。只是当时她被爱情蒙蔽了双眼，所以我觉得氓妇是悔恨的，不是怀念以前的美好。

师：非常不错，正因为她之前的单纯招致这个结果，所以兄弟嘲笑她，也就有了呼应。所以一二两章之后是一段由桑树起兴作比的文字，就是女子沉痛的反思。你能把这种反思有感情地读出来吗？

（生读。生读完后，其他同学自发鼓掌）

师：回忆过往的单纯是悔恨，放眼当前的一切是苟且，所以，氓妇最终决定“亦已焉哉”——那就算了吧，毅然决然。在导学案里，我们“遇见”了另一位弃妇，对比了她和氓妇的不同。《江有汜》中的弃妇虽然抱怨、诅咒，但是言语中还是带有对男子回心转意的妄想。可是氓妇没有，她很清醒，她看清楚了这个男子的本性，也反思了自己的错误选择，她对爱情的美好期许没有错，错的是不负责任的氓，所以这个决定是一种自尊自爱的觉醒！（播放 PPT 第 3 页，展示图 1）

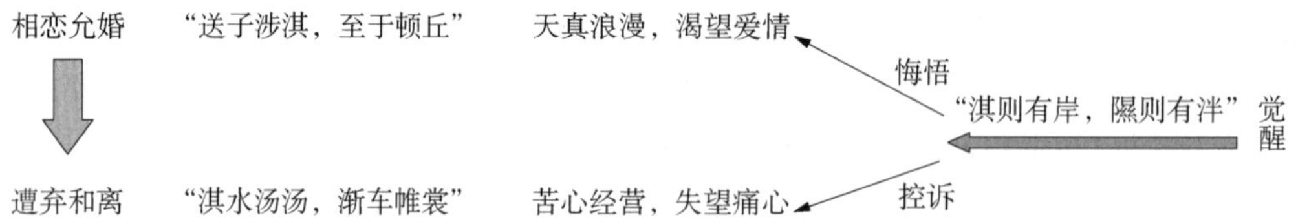

图 1

师：刘兰芝和焦仲卿的爱情悲剧不是因为两人的感情不和，而是被外界逼迫，导致孔雀东南飞。那么你们觉得是哪些因素导致了这样的结局？

生：一是焦母，她专横跋扈，操纵干涉子女的婚姻。印象最深刻的就是焦仲卿和她道别，表明自己的死志，她依然坚定地认为，抛弃刘兰芝这样家境的女孩不是薄情之举，简直是无情至极！二是刘兄，刘兄唯利是图，认为刘兰芝再嫁太守之子好过于之前嫁府吏，“否泰如天地”，其实就是他自己能得到更多的彩礼，更有面子，完全不顾及刘兰芝的心思。

生：刘兄其实是把刘兰芝推向死亡的重要因素。他逼问妹妹，“不嫁义郎体，其往欲何云”，意思就是你如果不嫁，难道要赖在我这里吗？让别人看笑话吗？他的不接纳使得刘兰芝没有退路。

生：刘母是爱惜女儿的，但是她也是保守软弱的。女儿回家第一问就是“汝今何罪过，不迎而自归”，并且最后也认为女儿总该再嫁，虽然中途也为刘兰芝回绝过媒人。

师：看来同学们课前的预习任务做得很到位。那么这些不同人物的因素有没有共同的特点？

生(许多):封建礼教。

师:确切地说这都是封建家长制度包办干涉婚姻的具体表现。不同的人物形象其实就是封建家长制展现出来的不同丑陋的面孔。

生:老师,我觉得,其实这个悲剧焦仲卿也是有责任的。如果他能够更勇敢一点,能够多做一些争取而不是一味地"冷处理",可能不会是这个结果。

生:我也同意,尤其是他听说了刘兰芝要再嫁的消息,不管三七二十一先讽刺了她"贺卿得高迁",说她"蒲苇一时纫",这也说明他不是真正地信任和了解刘兰芝。

师:那么你认为刘兰芝是一个怎样的女性呢?

生:坚毅、自尊的。我特别喜欢"新妇起严妆""事事四五通"那段,美丽得体,不卑不亢!

师:是啊,大家可以看看她回答兄长逼问时的神态"仰头答",可能从那时起她已经做好了死的准备。有人说,刘兰芝的性格过于刚毅,也是悲剧的原因之一,但是老师认为,是外界的环境逼得她必须如此刚毅。面对这样的压迫,她的反抗形式只有殉情。(继续播放 PPT 第 3 页,展示图 2)

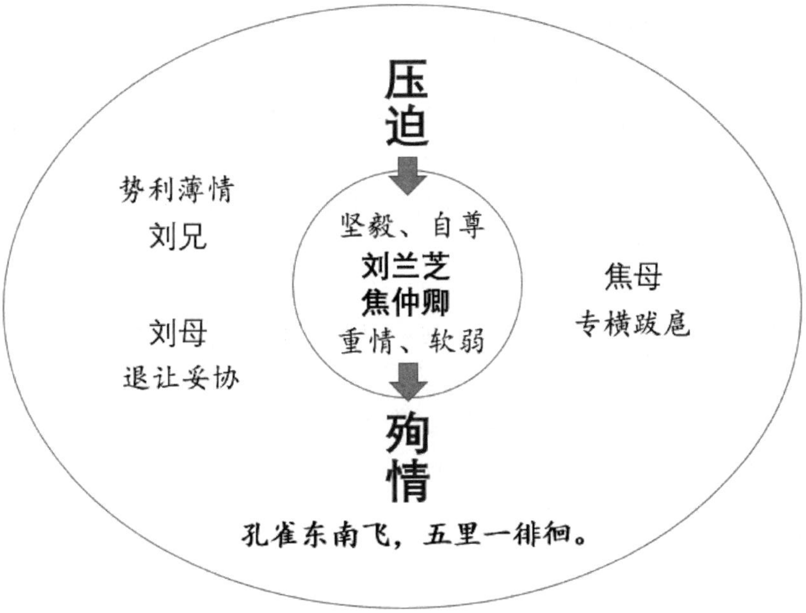

图 2

环节三:时空对话——觉醒与殉情

师:通过布置时空背景元素,我们聊了很多,也很深入,那么我们现在再回望一开始那个话题,关于他们两者的相似性——一个明明知道前路艰难,却坚决放下错误的选择和眼前的苟且;一个明明可以有"更好的选择",却依然选择用生命守护爱情的承诺。其实觉醒和殉情都是____________________。(播放 PPT 第 4 页)

生:都是对真情的坚守。

生:都是对不公的反抗。

生:都是独立人格的体现!

师:都是对高贵精神的坚守!这样的选择在先秦两汉乃至整个封建社会都有很大价值,即便放在现在也是一样。

师:最后我想邀请大家也加入这次时空对话。在“时空对话”官方微博讨论话题“古代爱情婚姻悲剧中的‘觉醒与殉情’的现实意义”中,请你就现代婚姻爱情观对此话题谈谈自己的看法。字数限制在140字以内。

爱情和婚姻是永恒的母题,它折磨着一对又一对有情人,演绎着一出又一出或动人或凄美的故事。随着时代的发展,新的爱情观和婚姻观也在不断演变更新,但是不论是怎样的时代,真情是不变的追求,真爱是永恒的美丽。下课。

【教学反思】

微专题教学是倡导新课程方案、新课程标准以来的一种实操性极强的教学实践形式。2020年在褚树荣老师的指导下,我有幸参与统编教材的课例设计编纂。但由于教学安排等因素的影响,一直没有能够将设计付诸教学。“实践是检验真理的唯一标准”,没有经过教学实践检验的教学设计一定也会存在一些固化的教学思维和忽略学情的盲区,所以我将自己原有的教学设计进行再优化并付诸实践,整理教学实录、教学反思,促进自己对新课标教学、微专题教学的再思考。

与教学设计相比,本次课堂实践在教学课时和环节两个方面做了调整。

1. 压缩课时

课堂实践将原先的两课时压缩为一课时。传统古诗文教学中比较强调诗词释义,认为字词是学生理解诗歌的第一障碍。当然疏通诗词大意确实是古诗词教学的前提,但是为诗词释义属于比较浅层的学习能力,不需要成为课堂教学的重点,可以借助词典及导学案等一些资料让学生在课前完成,且两首诗词的课下注释非常详细,其中《孔雀东南飞》是民歌,比较口语化,也比较好理解。基于此,笔者在课前设计了一个导学案,要求学生利用早读时间完成预习任务。导学案任务如下:

(1) 根据注释,将《氓》的译文补充完整。

(2) 对比阅读《诗经·国风·江有汜》。

(3) 为《孔雀东南飞》画人物卡片。

2. 优化环节

课堂环节由原来的六个压缩为三个,以“时空对话”为情境,从“对话前提”“对话背景元素”“对话意义”三个层次推进课堂教学。其中导学案中的任务(2)和任务(3)是原先的教学设计中的教学环节,在教学实践中改为预习任务。实践证明,这些是学生通过预习可以知道和理解的内容,它们可以帮助学生更好地把握作品内容,处于辅助教学的地位,所以把这两个教学环节移出课堂。另外原设计第一课时中的“活动一:梳理人物经历,绘制婚姻轨迹图”“活动二:复原心理时序,描写弃妇当时场景”两个环节整合为一个教学环节,使其成为教学实践中的思维支架。以“时空对话的背景元素选择”作为引导话题,用“淇水汤汤”“孔雀东南飞”作为典型意象和切入口分析人物,成为教学实践中的课堂重难点。

教学环节的优化主要基于两个层面的思考：一是充分尊重学情，把学生初读预习就可以解决的问题移出课堂，将时间留给学生以为理解其实理解得并不深入的内容。二是突出联读关键词“觉醒”与“殉情”，将赏析两位女性人物的形象与婚恋爱情观作为课堂重点。这样可以使教学内容更加集中，增加联读的价值。

教学过程中我发现学生具有强烈的表达欲，但是在陈述自己的理解时缺少结合文本语言、回归文本的意识，容易使自己的阐述显得笼统。对此，我特别关注学生的回答形式，并抓住一位学生阐述“氓妇”是勇敢女性的理由时选取文章内容，且结合两篇文章的相似点进行分析这个契机，肯定这样的阅读习惯和表达习惯，对后续学生的表达提出了要求。随着课堂的推进，学生的表现也有明显进步。同时课堂的第二个环节，也以文中的意象“淇水”“孔雀”为切入口，让学生更多地关注文本的语意层、情感层、逻辑层。

本次教学实践是非常真实的一次常态教学，没有试讲磨课的过程，但教学环节推进却非常流畅，学生的表达和交流也相对充分。本节课的亮点在于以微专题关键词“觉醒与殉情”为联读主题，以“时空对话”为联读情境，以“设计背景元素”为联读切口，合理且集中。尤其是对“淇水”“孔雀”两个意象元素的分析，既有机整合了诗词内容，又展现了两首诗词艺术手法上的特色。但是执教过程中依然以问题为指引，以师生对话为主体，学生的合作探究类任务较少，对于新课标的教学形式体现不足，是此次尝试的遗憾，也是我在处理古典诗词这类作品比较困惑的难点。

经过教学设计先行，教学实践验证这个完整的教学体验过程，我有两点较为深刻的体会想与执教相同或相似内容的教师朋友们交流。

其一，微专题联读确实是使教学目标更集中，教学内容更丰富的好方法。当然这是建立在确定好准确合理的联读角度的基础之上的。好的联读角度往往可以降低作品的阅读难度，比如《氓》，作为先秦诗歌作品，有一定的阅读难度，但有了女性婚恋意识的联读角度之后，就像为学生理解作品开辟了一条道路。好的联读主题也可以促使学生在联系与对比之中开阔视野、训练思维，是培养学生语文学科素养的有效途径。

其二，设计导学案是古诗词教学的必要手段。古诗词的教学应重视美学价值，弱化字词释义等积累功能。当然弱化并不意味着字词积累不重要，但是确实没有必要作为课堂教学的重点来处理。所以，贴近学情的导学案设计与教学设计一样重要，它可以成为课堂教学的清道夫，让课堂教学更有针对性。且培养学生的自主学习能力也是一种基础的学科要求，一以贯之，可以帮助学生克服依赖老师讲解的思维惰性。与此同时，教师可以将更多精力放在展现古典诗词的美学价值教学研究上，从而更好地实现立德树人的教学目标。

香草与美人:破译《离骚》的象征和寄托

执教 / 浙江省奉化中学　邬珂颖

本课课件

【专题目标】

精读《离骚(节选)》,理解诗句的含义。通过探究香草与美人意象的内涵,破译《离骚》的象征意义和作者的寄托,理解香草美人与屈原人格理想以及个人命运与国家兴衰的关系。

【预习任务】

1. 熟读课文,圈画生僻字词,结合《词语手册》和课文注释疏通诗文。
2. 在课文中任选四句,改写成四言诗,体会一下四言诗与楚辞形式风格的不同。
3. 回顾选择性必修中册《屈原列传》,重温屈原生平。
4. 找出课文中使用比兴的地方,指出其所象征的事物。

【教学实录】

师:(播放 PPT 第 1 页)《离骚》在创作手法上发展了《诗经》以来的"比兴之义",通过意象的象征、比喻,丰富了诗文语意的表达,也使诗歌更具瑰丽绚烂的浪漫主义色彩。在众多意象中,又以香草、美人最具代表性。今天这节课,我们一起来探究。(播放 PPT 第 2 页)

任务一:理解诗歌之意,梳理诗文

师:《离骚》是屈原根据楚国的政治现实和自己的不平遭遇,"发愤以抒情"而创作的一首政治抒情诗。由于其中曲折地抒写了诗人的身世、思想和境遇,因此它也被视作屈原生活历程的形象记录,被称为诗人的自叙传。请研读第一、二段,同桌讨论一下,屈原为何要着重叙写身世?

生:因为诗人有着高贵的出身,他奉颛顼为远祖,是楚王的同宗,出身的高贵和血缘上的关系能让自己对楚国的未来有一种使命感。

生:因为他生逢"三寅",按楚国风俗,那是吉利的日子。这让他感到冥冥之中自己就是那个负有上天使命的人，着重叙写身世是为了引出后文“纷吾既有此内美兮，又重之以修能”。

生：他介绍自己有个美好的名字。根据他父亲给自己取名的寓意，可以看出他名字中的“均”“正”与他的个人追求、政治理想相契合。这是为了突出他的高度庄重、自爱，对自身品性要求很高。

师：没错。陈述身世是诗人在对自己进行定位，人对自身的定位能够影响这个人的心气，继而影响这个人的行为。定位越高，对自身品性的要求就越高，所应承担的责任也就越大。因此，屈原忠君爱国，以天下为己任，“虽九死其犹未悔”。开篇八句诗的背后，是屈原作为一个贵族、一个臣子，更是作为一个士子的责任心。那么诗句中表达了屈原的哪些担忧呢？

生：“汩余若将不及兮，恐年岁之不吾与。朝搴阰之木兰兮，夕揽洲之宿莽”这四句可看出屈原对时不我待的担忧。

生：后两句还能看出对自己不够勤勉的忧虑。

生：“日月忽其不淹兮，春与秋其代序。惟草木之零落兮，恐美人之迟暮”四句，可看出屈原对时间流逝而自己壮志未酬的担忧。

师：很好。同学提到的这两种忧虑都由岁月流逝而触发，前者指向对个人高洁品性修养的追求，而后者指向政治理想。接下来，我们进一步研读第三、四段，结合已学《屈原列传》中的内容，联系《离骚》中的诗句，大家讨论一下屈原“多艰”的内涵。

生：从“众女嫉余之蛾眉兮，谣诼谓余以善淫”这两句看出他因贤招妒，遭到谗臣的诋毁诽谤，其实对应《屈原列传》中的文字就是“忠而被谤”。

生：受他的启发，我觉得屈原“多艰”的内涵还有“信而见疑”。原文中“怨灵修之浩荡兮，终不察夫民心”，意指楚王昏聩糊涂，听信谗臣对屈原的毁谤，不能体察人心，对屈原生疑，因此“怒而疏屈平”。

生：屈原遭遇贬黜。从原文中“謇朝谇而夕替”可以看出，屈原向楚王进谏，反而被贬黜，这也是多艰的一方面。

师：同学们能够融会所学，又能结合注释，讲得很完整。那么你从哪些诗句中读到了屈原的坚守？

生：我从“亦余心之所善兮，虽九死其犹未悔”读出了他的坚守。

生：“宁溘死以流亡兮，余不忍为此态也”这句表达出屈原为追求心中理想死而无悔、决不同流合污的坚定态度，这也是他的坚守。

生：我从“进不入以离尤兮，退将复修吾初服”也读到了屈原的坚守。面对仕途上的失意，他虽因避患而欲隐退，但他退而修“初服”，体现了他始终初心不变，洁身自好。

生：我从“余独好修以为常”“岂余心之可惩”两句中也读出了坚守。一个“独”字能看出屈原遗世独立的高洁情操，一个“岂”字用反问语气强调了屈原对自身高洁品质的坚守。

生：“步余马于兰皋兮，驰椒丘且焉止息”，这一句是写在被疏远贬黜后，屈原仍让自己的马缓行在长满兰草的水边高地，疾驰在长满椒树的山冈。这里的“兰草”“椒树”与“芰荷”“芙蓉”等意象一样，也表现了屈原无论“进”还是“退”，都有着对清白操守和报国理想的坚持。

师：同学们找得很细致准确，分析得也很到位，而且能够抓住美好的意象与屈原的人格的关系来讲。（播放 PPT 第 3 页）

任务二:寻找香草美人,品味象喻

师:请大家自由朗读诗歌,围绕香草、美人寻找诗中涉及比兴之处,分析归整象征对象,说说相似点,并试着完成表1。

表1

意象	诗句或用词	象征对象	相似点
香草			
美人			

生:香草有辟芷、秋兰、木兰、宿莽、蕙、茝、兰、芰荷、芙蓉等。

师:还有遗漏的吗?

生:香草还有江离、草木、椒。

师:同学们都找全了,那么这些香草象征了什么?

生:美好的品质。

生:美好的仪容、优秀的才能。

师:大家能结合课文注释推测出香草的象征义,很好,这些香草和它的象征对象有什么相似点呢?

生:两者都很美好,都有高贵的品质。

生:兰花、荷花、芙蓉是有香气的,就跟屈原身上散发的气质是相类似的。

师:奇花异草是芬芳怡人的,而诗人身上美好的品质也同样动人。那么诗中关于美人的诗句或用词又有哪些?美人与其象征义的相似点是什么呢?

生(齐):恐美人之迟暮。

生:我觉得还有第三段中的"蛾眉"一词,与美人相关,它是美人身上的特征之一,根据注释,它喻指美好的品德。所以美人的象征对象是有美好品德的人。他们的相似之处在于内在都很美好。

师:你读得非常细致。不过相似之处除了内质美好,还有外在的——

生(齐):容貌美丽。

师:很好。我们通过寻找诗中的一系列香草与美人,初步把握了这些意象的象征含义。(播放PPT第4页,展示表2)

表2

意象	诗句或用词	象征对象	相似点
香草	江离、辟芷、秋兰、木兰、宿莽、蕙、茝、兰、椒、芰荷、芙蓉等	美好的品质 卓越的才华	奇花异草芬芳怡人 美好的品质同样动人
美人	恐美人之迟暮	代指有才德、有作为的人	美人容颜美好 有才德之人内质美好

师：事实上，屈原继承和发展了《诗经》的比兴传统，成功地把象征手法运用到了诗歌的创作中。对此，东汉著名文学家王逸在其所著的《楚辞章句》中就曾对《离骚》象喻系统做过阐释，“《离骚》之文，依诗取兴，引类譬喻。故善鸟香草，以配忠贞；恶禽臭物，以比谗佞；灵修美人，以媲于君；宓妃佚女，以譬贤臣；虬龙鸾凤，以托君子；飘风云霓，以为小人”。《离骚》通过意义上的比喻化和象征化，使象征获得了全新的意义和鲜活的生命力。（播放 PPT 第 5 页）

知识支架

象喻以“观物取象”为起点，以“取象比类”“立象见意”为目的，通过象征、联想、类比、暗示等方式，借助主体的感受，以整合的、情感的方式把握和表述文学世界，是物象世界与观念世界契合而成的一种思维方式。

师：当浓艳华美的奇花异草成了美质的象征，那么与此相关的采佩花草的行为就象征了对高尚品质的终生恪守与不懈追求，而与香草相对应的恶草臭物则象征了善恶不分、是非混淆、美丑颠倒的扭曲的价值观。那么诗中有没有与美人相对应的词句呢？

生（齐）：众女嫉余之蛾眉兮，谣诼谓余以善淫。

师：大家反应很快。“众女”象征朝中群臣。诗人以美喻美，以美喻善，以丑喻恶。比兴、象征的运用使诗中的词语和句子有了表层含义之外的深远寓意，诗文内涵得以丰富而又更显含蓄、委婉。

任务三：探究美人之喻，各抒己见

师：王逸说，“灵修美人，以媲于君”，他认为“美人”是用以比喻君王的。著名楚辞研究专家游国恩却认为“恐美人之迟暮”中的“美人”应为屈原自喻，而非指楚王。这两种解释，从书上注释也可见到。对于“美人”的两种理解，你更支持哪一种？同桌交流，说一说看法。（播放 PPT 第 6 页）

（学生热烈讨论交流）

生：我赞成“美人”喻指屈原自己。首先，从“美人”的注释来看，它是代指有才德、有作为的人。其次，依据“众女嫉余之蛾眉兮，谣诼谓余以善淫”这句话，“众女”指的是小人，当时楚国那些普通的大臣，嫉妒屈原有才有德，所以诽谤他。

师：很好，说得很有道理。你是从“众女”这一角度来推断的。

生：我也赞同“美人”喻指屈原自己。可以从“恐美人之迟暮”一句看出。“迟暮”意思是“年纪大了”，应指的是屈原自己，而且这是一首政治抒情诗，结合文中的“悔相道之不察兮，延伫乎吾将反”句可以看出他是想借美人迟暮来让君王快点重用自己。

师：嗯。你从原句的字面意思出发，结合后文，又提供了一处有利的依据。

生（举手）：我也认为“美人”喻指屈原自己。因为根据当时的背景，屈原后期被楚王去职放逐，长期流浪。这样看来，楚王不识才，自然就算不上有德有才之人，也就与课文注释的“美人”的意思不吻合。

师：你很善于结合学案中的背景进行补充，并与注释有机结合。屈原是楚武王熊通之子熊瑕(被封于屈邑,后代便以屈为姓)的后代。少年时受过良好的教育,博闻强识,志向远大。早年受楚怀王信任,任左徒、三闾大夫,兼管内政外交大事。提倡"美政",主张对内举贤任能,修明法度,对外力主联齐抗秦。后来因遭贵族排挤诽谤,两度被流放。楚国郢都被秦军攻破后,自沉于汨罗江,以身殉楚国。那有没有不同的看法呢?

生:我认为"美人"指的是楚王。因为从后一句"不抚壮而弃秽兮,何不改此度"可以看出屈原想劝说楚王要趁着年富力强去除邪恶污秽,修改现行不合理的法度。

师:你的依据也很有道理。一般来说,只有君王才有权利和资格去修改国家的法度。所以你给出了一个很合理的解释。

生:我认为要根据不同的句子语境分开讨论。比如,在"恐美人之迟暮"一句中,"美人"指屈原自己,因为屈原个人的寿命终究是有限的,但在"余虽好修姱以鞿羁兮"中可知他崇尚美德而约束自己,有可能是他想接近君王,以此受到重用来实现自己的政治抱负。所以"美人"既有可能指自己,也有可能指君王。

师:刚才,同学们抓住了诗中的细节各抒己见,展开了合理的推测,而且还提出了自己独到的看法。关于这个问题,实际上只要大家能自圆其说,都是合理的。(播放 PPT 第 7 页)

君王说:(1)美人美好而难求,与可望而不可即的最高统治者有相似性。(2)下文弃秽改度,为属君之辞,将"美人"作楚王解可顺接下文。

自喻说:(1)美人貌美,屈子内美修能,具有相似性。(2)第二段中先言不得及早致君尧舜为忧,后言为君王导路,解作自喻,其意相承,其旨甚显。(3)后文中既有"众女"喻嫉贤妒能之朝臣,从意象照应统一性来看,将"美人"解作屈子自喻更为相称。

任务四:思考文化心理,深入挖掘

师:大家有没有想过为什么古人会用妇人来比喻臣子?能否大胆猜测一下?

生:可能是与当时妇人的地位有关。她们地位并不高,就像臣子相对于君王来说地位不高一样。

生:我觉得可能与二者的遭遇有关。在很多怨妇弃妇诗中,女子被丈夫抛弃,而古代文人也有很多被君王抛弃,被贬被流放。他们的遭遇有着相似性。

生:大概与他们共同情怀有关吧。妇人经常思念在外的丈夫,很多思妇诗会表达忧伤和思念之情,再如《氓》中的弃妇就表达了对自己被抛弃的不满和怨恨,这份情感就和自古以来的文人被君王抛弃产生的忧伤愤懑类似。

师:大家的猜测都很有道理。的确。(播放 PPT 第 8 页)《周易》言,坤:地道也,妻道也,臣道也"。在我国古代,君臣关系可类比夫妻关系,犹如天地乾坤之道。君为臣纲,夫为妻纲。臣对君忠诚就像妻对夫忠贞,臣子受用就如女子被幸,臣子遭贬好比女子见弃。地位和遭遇的相似性使文人们与女性产生了心理上的共鸣。屈原以美人自比,有着古代文化的心理基础。他是以夫妇关系比喻君臣关系,以幽怨美人的形象,叙述着臣子对君王、臣民对家国的政治寄托。那么屈原的政治理想是什么呢?

生:是为楚国效力,把握壮年,为国效劳。

生:是忠君爱国,辅佐楚王让楚国日益强大。

生:是建功立业,为君王做开路先锋。

生:是刚正不阿,一生正气。

生:是洁身自好,在污浊的世间保持高尚的情操。

师:非常好,同学提到了洁身自好。其实,自屈原以降,香草美人就成了高洁人格的象征,在后代诗歌中被大量使用。这种文化传统就是由屈原的《离骚》奠定的。

任务五:感受楚辞风雅,感悟诗意

师:大家在已学或课外接触的诗歌作品中能找到香草美人的运用吗?请加以回忆,并指出背后的象征及寄托的感情。(播放 PPT 第 9 页)

生:苏轼《赤壁赋》中"渺渺兮予怀,望美人兮天一方","美人"指思慕的人,象征君王。苏轼借此表达被贬谪的失意和哀伤。

生:陆游的《卜算子·咏梅》中"无意苦争春,一任群芳妒。零落成泥碾作尘,只有香如故",借"梅花"这一洁身自好的特质表达自己青春无悔的信念和始终不渝的爱国之情。

生:我想到课外读到的辛弃疾的《摸鱼儿》(更能消几番风雨)"蛾眉曾有人妒。千金纵买相如赋,脉脉此情谁诉",用女子自喻,寄托自己对国事的感慨,"蛾眉"这个词表达了自己作为贤臣却无用武之地的失望,以及希望得到理想君主重用的意愿。

师:非常好。我们发现后世诗人基本沿袭了屈原香草美人这些意象系统,并联系到他们赞颂的事物以及抒发忠君爱国情或是表现自身高尚的节操。香草美人的风雅韵味自屈原始,自此绵延了数千年,这一手法无论是在情感力量,还是在艺术审美,抑或是文学创作上,都给予后代文人深远的影响。今天这节课,我们就学到这里,下课!

【教学反思】

本次微专题教学是通过单篇精读的形式,探究屈原《离骚》一诗中香草美人的象征与内涵,并以此破译其与屈原人格理想、屈原个人命运与国家兴衰的关系。本单元的学习目标是围绕"诗意探寻"展开研习,品味诗歌之美,把握诗歌蕴含的传统文化精神,认识古典诗歌的当代价值。

本节课在教学目标的确定上,着眼整体,立足一点。依据单元导语和课后学习提示,整体把握了教材编写的意图,并梳理确定了教学目标,即:通过赏读诗文,把握《离骚》及以香草美人为代表的象征系统,结合屈原个人命运体会其人生理想和家国情怀。重点选择破译香草美人的象征系统和情感寄托,聚焦于此,并形成微专题学习。在教学环节上,循序渐进设置了五个任务。任务一是让学生初步理解诗歌含义,结合已学的《屈原列传》的相关内容了解诗人的生平经历和写作背景;任务二与任务三则聚焦香草与美人,通过寻找与探究,把握诗中关键意象的内涵,这是本节课的重点和关键,也为后一教学环节铺垫;任务四为拓展挖掘,是联系文化传统的重要步骤,同时也为了增进学生对"美人"的理解;最后的任务五通过绵延生发,引领学生调动积累,认识《离骚》对后世文学产生的深远影响,体会古典诗歌的后世价值。自此形成了“点”上的微专题整体建构。

然而，在情境任务创设和活动开展上，本节课未能充分做到“依点而设，真实有效”，也没能及时调动多样学习资源，提供学习支架，以帮助学生突破学习难点，达到深度学习。虽以学生的认知水平为起点，围绕确定的教学点进行创设，但没能准确预估学生实际学习中存在的字词理解的困难，这直接导致了课堂前期学生在寻找香草时，遗漏了“椒”“江离”等花草，耗费了一些时间。另外，各个任务与教学问题在衔接时缺乏流畅的过渡引导语，这使本节课的教学环节转换显得较为生硬。同时，教学语言也存在不够简洁的问题。

学然后知不足，教然后知困。以上种种问题，都亟待日后改进。

多谢后世人，戒之慎勿忘：焦刘悲剧探源

执教／宁波市李惠利中学　浦　晖

本课课件

【专题目标】

精读《孔雀东南飞》，抓住个性化的人物对话，通过分析刘兰芝、焦仲卿、焦母三位人物的认知偏差，重点讨论刘兰芝被休弃的原因；比较阅读《后汉书·列女传》中姜诗妻的故事，在细读文本基础上，结合时代背景，扩展探究造成焦刘两人悲剧的原因。

【预习任务】

1. 利用工具书和课文注释，理清这首诗歌的叙事脉络。
2. 反复诵读全诗，有感情地朗读人物对话。
3. 细读姜诗妻的故事，通过查找资料，了解《孔雀东南飞》中故事发生的时代背景。
4. 通过查找资料，搜集因家长阻挠而导致的爱情悲剧。

【教学实录】

第一课时

师：在中国文学史上，《孔雀东南飞》与《木兰辞》被称为“乐府双璧”，那么《孔雀东南飞》讲了一个怎样的故事呢？请同学们一起来读读它的小序，然后回答我的问题——这个故事发生在什么时间？主要有哪三个人物？主要有哪两个事件？（播放PPT第1页）

（学生齐读序言）

生：故事发生在汉末建安年间，主要人物是刘兰芝、焦仲卿、仲卿母（焦母），主要事件是刘氏被焦母所遣和焦刘殉情。

（板书“汉末”“兰芝”“仲卿”“焦母”“被遣”“殉情”）

师：这是一个很悲伤的故事，而我们今天的主要任务就是探究这个悲剧的根源。（播放PPT第2页）

任务一：角色朗读，揣摩心理

师：课前同学们已经借助课文注释和工具书做了预习。我们发现，这首乐府诗保留了很多民歌的色彩，有大量人物对话。下面请同学们推举三位同学来分别饰演刘兰芝、焦仲卿和焦母，分角色朗读第2—8、10—12、27—28段内容。其他同学思考、体会人物说话时的心理。（播放PPT第3页）

（学生推举谢同学饰演刘兰芝、杜同学饰演焦母、潘同学饰演焦仲卿）

师：朗读时要特别注意对话中的标点符号，特别是感叹号，以及人物的动作、神态描写，读出人物的感情。先请刘兰芝读课文第2段。

（谢同学朗读第2段）

师：刘兰芝说这番话时是什么心情？

生：心中常苦悲。

师：刘兰芝为什么感到苦悲？

生（七嘴八舌）：因为婆婆为难她，她日夜辛勤织布。因为丈夫不常回家。

师：说的都对。注释中对“守节”一词的解释是什么？

生：遵守官府的规则。

师：按照汉律，小吏必须全天候在衙门听命四天，之后才有一次回家的机会，所以刘兰芝有独守空房的痛苦。再请同学们注意一下这段的感叹号，谢同学读得很好，我们能感受到刘兰芝的什么情绪？

生：愤怒。不是我织布织得慢，是你家媳妇太难当了！有控诉的味道。

师：说得真好。下面刘兰芝说“便可白公姥，及时相遣归”，这里的“公姥”是什么意思？

生：公公和婆婆。

师：从内容可知，这是一处偏义复词，偏向“婆婆”。我们能不能理解刘兰芝自请遣归的行为？刘兰芝是真心希望被遣归吗？

生：不是，这是以退为进的反抗。

师：你理解得很棒。焦仲卿听了刘兰芝的这番话后，跟焦母说了什么？有请焦仲卿。

（潘同学朗读第3段）

师：我们体会一下焦仲卿说这番话时的心情。

生：替刘兰芝说话，维护妻子。

师：“何意致不厚？”大家看一下注释，这是什么情绪？

生：对母亲不喜欢刘兰芝的不解。

师：听了这番话，焦母又说了什么呢？

（杜同学朗读第4段）

师：短短数语，就出现三处感叹号，焦母当时是什么心情？

生：愤怒。

师：除了愤怒，还有什么情绪？“遣去慎莫留”的“慎”是什么意思？

生：“慎”解释为“千万”。这里可以看出焦母很不喜欢刘兰芝，很决绝。

师:“决绝”这个词用得真好。下面我们来看第5、6段的母子对话。

(潘同学读第5段,杜同学读第6段)

师:请同学们注意语气语调,以及人物的动作、神态描写。我们可以看出焦仲卿和焦母怎样的情绪?

生:焦仲卿很激动,可以说是激愤。焦母很愤怒,很暴躁。

师:母子对话,火药味很浓,不欢而散。接下来的夫妻对话又是怎样一番光景?

(潘同学、谢同学读第7、8段)

生:焦仲卿无奈、痛苦。

生:刘兰芝委屈、痛苦。

师:在这段对话中,焦仲卿说“卿但暂还家”“还必相迎取”,似乎对夫妻团聚很有信心,而刘兰芝是如何看待夫妻再聚的?

生:认为很难,有比较清醒的认识,她说,“仍更被驱遣,何言复来还!”

师:你抓住了很关键的一句话。在这处对话中,焦仲卿郑重叮嘱“慎勿违吾语”,刘兰芝希望焦仲卿能够睹物思人,“久久莫相忘”,注意一下“相”的用法。夫妻间感情怎样?

生:依依不舍,情谊深厚。

师:这样一对有情人要生离别,确实悲伤。刘兰芝又是如何告别婆婆的?第10段谁来读?刘兰芝还是焦母?

生(齐声):刘兰芝。

(谢同学读第10段)

师:结合焦母的神态“怒不止”,以及刘兰芝的眼泪,想一想刘兰芝是什么心情?

生:刘兰芝面对愤怒的婆婆不掉一滴泪,面对小姑、登车离开时,却哭了,可见她的倔强和不舍。

师:你对刘兰芝的心理把握得很准确。下面我们来听夫妻话别。

(潘同学、谢同学读第11、12段)

师:这处对话,我们读出了两人怎样的心理?

生:夫妻俩都有不舍、对爱情的忠贞,刘兰芝心里还有担忧。

师:同学们可以圈画一下夫妻话别的誓言,我们读到了“磐石”与“蒲苇”的誓言,非常生动,夫妻间的深挚情意让人动容。我刚才听到你说刘兰芝心中有担忧,她担忧什么?

生:担心家中兄长性情暴躁,自己不能遵守与焦仲卿的约定。

师:“我有亲父兄”这句的“父兄”也是偏义复词,偏向哪个词?

生(齐声):偏向“兄”。

师:从这处担忧,我们再次读出了刘兰芝的清醒。最后,我们来听听母子诀别的对话。

(潘同学、杜同学读第27、28段)

师:在母子的最后对话中,焦仲卿和焦母分别是怎样的心情?

生:焦仲卿痛苦、绝望;焦母悲痛。

师:在这里,焦母第二次提到求娶东家贤女的事情,你怎么理解焦母的心理?

生:想要劝服焦仲卿不要想不开。

师:是啊,焦母想劝服焦仲卿,却不是用刘兰芝,而是用东家邻女,她还是没理解自己的儿子。她的痛苦是真的,她的固执也是真的。

师:通过这几段对话品读,我们读出了三位主要人物的心理情感,这些心理情感中有没有共同点?

生:有的,都有痛苦。

师:除了痛苦,其实三人情绪都很激动。痛苦、激愤是三人都有的情绪。(板书"痛苦、激愤")整个事件中没有一个获利者,三败俱伤,这是一个大悲剧。刘兰芝被遣是这个悲剧的起点,可是刘兰芝为什么会被焦母所遣呢?

任务二:听话听音,认知人物

师:我们常说"听话听音",通过分析人物对话,我们能够掌握很多信息。请同学们用"××眼中的××"句式来表述刘兰芝、焦仲卿、焦母对他人及自己的认知,思考、讨论后完成表1。(播放 PPT 第 4 页)

表 1

人物	角度	认知
刘兰芝	焦母眼中的刘兰芝	
	焦仲卿眼中的刘兰芝	
	刘兰芝眼中的刘兰芝	
焦仲卿	刘兰芝眼中的焦仲卿	
	焦母眼中的焦仲卿	
	焦仲卿眼中的焦仲卿	
焦母	刘兰芝眼中的焦母	
	焦仲卿眼中的焦母	

(学生阅读、思考,小组合作探究,完成表 1)

师:我们请第一组的代表来说说刘兰芝这个形象。焦母眼中的刘兰芝是怎样的?焦仲卿眼中的刘兰芝是怎样的?刘兰芝怎样看待自己?记得要结合原文来回答。

生:焦母认为刘兰芝没有礼节,"此妇无礼节,举动自专由"。焦仲卿认为刘兰芝勤劳、美丽,没有过错,很维护她,觉得自己很幸运,"幸复得此妇""女行无偏斜"。从第 2、8 段可知,刘兰芝认为自己辛勤劳作。(继续播放 PPT 第 4 页,展示焦母、焦仲卿眼中的刘兰芝形象特点,见表 2)

师:针对婆婆的控诉,说她举动随意,不尊重婆婆,刘兰芝怎么认为?

生:刘兰芝觉得自己孝顺婆婆,很守礼节。

师:从哪句话看出来?

生:"奉事循公姥,进止敢自专"。(继续播放 PPT 第 4 页,展示刘兰芝眼中的刘兰芝形象特点,见表 2)

师：第一组同学的意见大家赞同吗？

（很多学生点头）

师：好，我们基本认同第一组的意见。跟老师的意见也基本吻合。下面请第二组同学来说说对焦仲卿的认识。

生：刘兰芝眼中的焦仲卿我们只找到第 2 段中的一句“守节情不移”，说明他很守纪律。焦仲卿对自己的评价不高，第 3 段有一句“儿已薄禄相”，从注释可以知道，他对自己的未来没抱多大期望。焦母对仲卿的评价我们暂时没有找到。

师：对焦仲卿评价的话比较少，而且分散，确实有难度，哪位同学来补充一下？

生：我在第 28 段看到焦母一句话“汝是大家子，仕宦于台阁”，我觉得在焦母眼里，焦仲卿是一个很了不得的人，出身很好，是在大官府工作的人。

师：这句话找得非常好。这里的“仕宦”是什么意思？

生（大多数）：做官。

师：对，“仕宦于台阁”准确翻译是“在大的官府当官”。做官和做吏是有区别的，“官”由中央任命，“吏”由官府选聘；“官”对皇帝负责，“吏”对上官负责；“官”吃皇粮，可以升迁，而“吏”不能。序文说焦仲卿是“庐江府小吏”，在焦母眼中却成了“官”，母亲眼中的儿子前途无量啊。不过在前面的对话中，焦母好像对儿子也有不满，在哪里？

生：第 4 段“何乃太区区”。

师：“区区”是什么意思？

生：愚拙。

师：在什么事情上焦母认为儿子愚拙？

生：焦仲卿求母亲不要把刘兰芝赶走。

师：所以，焦母认为自己儿子本来是非常好的，之所以愚拙是因为什么？

生：受了刘兰芝的蛊惑。

（教师继续播放 PPT 第 4 页，展示刘兰芝、焦母、焦仲卿眼中的焦仲卿形象特点，见表 2）

师：对。这是老师的答案，我们所见略同。下面我们来听听第三组同学对焦母形象的梳理。

生：刘兰芝认为焦母不懂得包容，事事得顺从她，很专制。

师：焦仲卿心中的焦母是怎样的人？

生：很有权力，在家中地位很高。

师：所以，他对自己妻子“哽咽不能语”，无奈而痛心地说“逼迫有阿母”。在焦仲卿眼中，母亲是一个怎样的存在？

生：权威，绝对的权威。

师：通过分析，我们发现刘兰芝和焦仲卿对焦母的认识基本是一致的。与我们读者对焦母的认识也基本是一致的。（继续播放 PPT 第 4 页，展示刘兰芝、焦仲卿眼中的焦母形象特点，见表 2）

表2

人物	角度	认知
刘兰芝	焦母眼中的刘兰芝	没有礼节，举动随意，不尊重婆婆
	焦仲卿眼中的刘兰芝	美好，没有过错
	刘兰芝眼中的刘兰芝	知书识礼，勤劳，顺从，没有过错
焦仲卿	刘兰芝眼中的焦仲卿	遵守规则，工作勤奋
	焦母眼中的焦仲卿	出身好，才能出众的人才。受妇人蛊惑的糊涂蛋
	焦仲卿眼中的焦仲卿	前途平平的平庸男子
焦母	刘兰芝眼中的焦母	专制固执
	焦仲卿眼中的焦母	是绝对的权威

任务三：见微知著，探究原因

师：以上就是各人眼中对三位人物的认知，我们再来审视这张表格，就发现问题了。同一个刘兰芝在不同人物眼中有截然不同的看法，同一个焦仲卿也是如此，是什么原因造成了这种认知偏差呢？通过分析这种认知偏差，我们大概可以知道焦母为什么要休弃刘兰芝。请同学们先思考第一个问题，在刘兰芝和刘母眼中"知礼仪"的刘兰芝，在焦母眼里却是"无礼节"的粗俗妇人，为什么会产生这么大的偏差？（播放 PPT 第 5 页）我们一起来读第 2 段和第 13 段关于刘兰芝十三岁到十七岁的经历，你发现了什么？

（学生齐读第 2、13 段中关于刘兰芝经历的话）

生：这两段话基本一样，就十六岁这里有不同，刘兰芝说"十六诵诗书"，刘母说"十六知礼仪"。

师：从这点不同，我们可以看出，在刘家的教育观念中是怎么来定义"知礼仪"的？

生：饱读诗书。

师：很好。可是焦母是如何来定义"知礼节"的？

生：要顺从，听婆婆的。

师：现在我们能不能理解焦母与刘家对刘兰芝产生不同认知的原因？

生：想法不一样。

师：确实如此，上面我们已经分析过焦家母子相处的模式，焦仲卿认为自己的母亲是绝对的权威。而在刘家，刘兰芝怎么跟母亲相处？大家看一下县令和太守先后来提亲，刘母分别是怎么回复的？

生：第一次刘母听从女儿的心意回绝了县令家的提亲。第二次，刘母对媒人说"女子先有誓，老姥岂敢言！"

师：所以，在子女教养方式上，刘母会考虑女儿的想法，而焦家更看重子女的服从性。婆媳之间有这么大的认知偏差，归根结底是因为观念不一样，观念不同往往导致偏见。（板书"观念不同"）那么，在当时汉末建安年间这样的时代背景下，公认的好儿媳应该是怎么样的

呢？刘兰芝符合这样的标准吗？（播放 PPT 第 6 页）

《礼记·内则》：在父母、舅姑之所，有命之，应“唯”，敬对。进退周旋慎齐，升降出入揖游。不敢哕（yuě）噫（ài）、嚏咳、欠伸、跛倚、睇视，不敢唾洟（yí）；寒不敢袭，痒不敢搔；不有敬事，不敢袒裼（xī），不涉不撅……

翻译：在父母、公婆居住的地方，他们有什么吩咐，要先用“唯”答应，然后恭敬地回话。在父母、公婆跟前，前进、后退、转身，态度都要谨慎庄重，上堂、下堂、出去、进来，都要俯身而行。在父母、公婆跟前，不敢打嗝，不敢打喷嚏、咳嗽，不敢伸懒腰、东倒西歪左靠右倚，不敢斜视，不敢吐唾沫、流鼻涕。在他们跟前，感到寒冷也不敢加衣，身上发痒也不敢抓挠；在他们跟前，不是为长者干活，不敢脱衣露臂，不是涉水，不敢撩起衣服。

《女诫·曲从》：姑云不尔而是，固宜从令；姑云尔而非，犹宜顺命。勿得违戾是非，争分曲直。

师：《礼记》是儒家经典文献，《女诫》是东汉班昭写的教导妇女做人道理的书，都是影响很大的著作。这里“姑”跟我们课文里哪个词意思一样？

（生茫然没有回应）

师：与课文中“姥”的意思一样，都指“婆婆”，公公一般用“舅”这个词。从这些记载可以看出，当时主流观点与焦母的观点相合，儿媳妇要顺从婆婆，这样才是“知礼仪”。要顺从到什么程度？儿媳妇在婆婆（姑）面前要唯唯诺诺，甚至连打嗝、打喷嚏、咳嗽等基本的生理表现都不敢有。还不能有是非观，不能质疑，不能争辩。这完全就是要求儿媳丧失独立人格，低声下气。刘兰芝能做到这样吗？

生：不能。

师：你怎么知道的？

生：刘兰芝有自己的想法。第 2 段刘兰芝自请遣归，这是另一种形式的反抗。回娘家前的精心打扮，与婆婆告别，没有掉眼泪，与小姑告别时才流下眼泪。可以看出刘兰芝比较倔强。

师：说得非常好。大家还可以注意一处细节，在应对媒人上门提亲时，刘兰芝面对母亲时是“含泪答”，而面对性情暴躁的哥哥时是“仰头答”，从这两处不同的动作、神态，我们可以窥知刘兰芝有怎样的性格特点？

生：很倔强，也比较刚毅。

（板书“倔强刚毅”）

师：而焦母又是怎样的性情？

生：专制、固执。

（板书“专制固执”）

师：这样的刘兰芝显然达不到焦母对“知礼节”的要求，被遣归也就在意料之中了。这对婆媳间不仅观念不同，性格也有冲突。（板书“性格冲突”）我们再来分析对焦仲卿的认知偏差。焦母的认知与焦仲卿的实际情况一致吗？

生：不一致。

师：焦仲卿实际上只是庐江府小吏，也就是小小的办事员，不是“官员”。焦母对儿子的认知并不符合事实（播放 PPT 第 7 页），为什么会这样？我们可以结合焦家家庭结构做一些推理和思考。

生：焦家可能是寡妇当家。

师：从焦母的叙述中可知焦仲卿可能是世家子弟，可是他现在只当了小小的庐江府小吏，说明焦家现在还显赫吗？

生：很可能家道中落了。

师：这样的人家，寡母往往把全部的希望都压在儿子身上，“仕宦于台阁”既然不是事实，那就很可能是母亲的期望。这个期望是很高的，而刘兰芝是怎么期待焦仲卿的？也一样有很高的期望吗？

（生茫然没有回应）

师：请大家再读一读第 2 段和第 8 段。第 8 段的“伶俜萦苦辛”是什么意思？

生：意思是“孤孤单单，受尽辛苦”。刘兰芝可能希望焦仲卿有更多时间陪陪自己。

师：这是很朴素的情感，就是希望丈夫多回家看看，增进夫妻感情。这是焦母希望看到的吗？

生：不是。

师：所以，对焦仲卿的期待，两个女人是不一样的。（板书“期待不同”）而焦仲卿又是怎么认识自己的？

生：认为自己比较平庸。

师：大家联系焦母对儿子的认知和期待，她会把儿子的不思进取归因于谁？

生：刘兰芝。

师：通过以上探讨可知，刘兰芝被休弃的原因是婆媳不和（播放 PPT 第 8 页），而婆媳间观念不同、性格冲突、对焦仲卿的期待不同，以及焦仲卿胸无大志、对妻子的维护（板书“仲卿的维护”），是婆媳不和的主要原因。这节课上到这里，下课！

第二课时

师：欢迎同学们回到课堂，上节课我们重点探讨了兰芝被遣的原因，被遣是焦刘悲剧的起点，这节课我们来探究焦刘悲剧的根源。（板书“悲剧探源”，播放 PPT 第 9 页）

任务四：比较阅读，探究悲剧根源

师：请同学们阅读《后汉书》中记载的一则小故事，说说姜诗妻与刘兰芝遭遇的异同。（播放 PPT 第 10 页）

广汉姜诗妻者，同郡庞盛之女也。诗事母至孝，妻奉顺尤笃。母好饮江水，水去舍六七里，妻常溯流而汲。后值风，不时得还，母渴，诗责而遣之。妻乃寄止邻舍，昼夜纺绩，市珍羞，使邻母以意自遗其姑。如是者久之，姑怪问邻母，邻母具对。姑感惭呼还，恩养愈谨。

师：昨天已经让大家预习过《后汉书》中的这则小故事，这个故事也发生在东汉，与焦刘悲剧发生时间接近，我们来说说姜诗妻与刘兰芝遭遇的异同。

先来说说相同点。

生：两人都很贤惠，都因为与婆婆发生了不愉快而被休弃。

师：不同点是什么？

生：结局不一样，姜诗妻保住了婚姻，刘兰芝自杀了。

师：说得好。还有什么不一样？（生没有作答）我们把机会留给后面的同学。

生：丈夫的态度不一样。焦仲卿是被焦母逼迫才休妻，姜诗是主动休妻。

师：确实如此。还有什么不一样吗？大家还可以考虑两个女人的做法。

生：刘兰芝直接回娘家了，自请回家。

师：上节课我们分析过，这种自请回家是一种以退为进的反抗。同学们再读一读第9段，刘兰芝美不美？

生（齐声笑答）：美！

师：刘兰芝回娘家前精心打扮，要给丈夫留一个最美的背影。婆婆不是说东家邻女很美吗？刘兰芝用行动告诉婆婆，她也很美。这种行为意味着什么？

生：无言的反抗。

师：而姜诗妻是怎么做的？

生：寄住在邻居家，辛勤纺织，赚了钱给婆婆买东西吃。

师：不仅如此，姜诗妻怕婆婆不接受，还拜托邻居来送食物。在姜诗母知道真相"感惭呼还"后，姜诗妻"恩养愈谨"。这里的"谨"是"恭敬"的意思。同学们，我们思考一个问题，为什么有丈夫支持的刘兰芝最终被休弃，而被丈夫"责而遣之"的姜诗妻能保住婚姻？当与婆婆发生矛盾后，刘兰芝主动请归，姜诗妻主动弥合与婆婆的裂痕，根据当时人们的传统观念，会更赞同谁的做法？

生：关键在于两个人的做法不一样。我觉得当时人会更赞同姜诗妻。

师：我赞同这位同学的观点。大家一起来看PPT。（播放PPT第11页，投影背景资料）

> 妇顺者，顺于舅姑，和于室人，而后当于夫，以成丝麻布帛之事，以审守委积盖藏。（《礼记·昏义》）
>
> 子甚宜其妻，父母不说，出。（《礼记·内则》）
>
> 孟懿子问孝。子曰："无违。"（《论语·为政》）
>
> 妇者，服也，以礼屈服也。（《白虎通》，由东汉班固整理）

师：从这些记载可以知道，在当时，在内宅里，说话算数的不是丈夫而是婆婆。在那个时代，妇女在家庭中地位比较低，所谓妇的顺从，首先是要顺从舅姑，婆婆（姑）是内宅里绝对的权威，儿媳妇在婆婆面前没有任何人格自由可言。而且，儒家讲究"孝弟也者，其为仁之本与"，作为孝顺儿子，焦仲卿必须无条件顺从母亲。只要父母不喜欢儿媳，哪怕儿子再喜欢也要遣归。（播放PPT第12页）

> 我们的家是个绵续性的事业社群，它的主轴是在父子之间，在婆媳之间，是纵的，不是横的。夫妇成了配轴。配轴虽则和主轴一样并不是临时性的，但是这两轴却都被事业的需要而排斥了普通的感情……在中国的家庭里有家法，在夫妇间得相敬，女子有着三从四德的标准，亲子间讲究负责和服从。这些都是事业社群里的特色。（《乡土中国·家族》）

师：这是同学们高一学过的《乡土中国》里的一段话，在传统的乡土中国，在家族里父子、婆媳是主轴，夫妇是配轴，而且我们的家族是一个事业组织，排斥感情。因为这样的时代背景、这样的传统文化，我们才能理解这种不合理。在这样的封建礼教统治下，媳妇只能听婆婆的，对错不论，这就是制度的"冷酷"啊！

任务五：步步诘问，再探悲剧根源

师：接下来我有四个问题要问大家，准备好了吗？

（生纷纷点头）

师：第一个问题——为什么刘兄能够决定妹妹的婚姻？（播放 PPT 第 13 页第一个问题）

生：长兄如父。

师：哦，课文中没出现刘兰芝的父亲，大概父亲已经过世，那么，刘兄就是刘家的家长。根据封建礼教的规定，他完全可以决定妹妹的婚姻。（播放 PPT 第 13 页第二个问题）第二个问题——夫妻双双自杀，是焦母、刘兄期望的结果吗？

生（纷纷摇头）：不是，他们都很伤心。

生：我觉得焦母希望儿子能够"仕宦于台阁"，她希望儿子前途远大。

师：是的，焦母两次提到东邻贤女，那是因为东邻贤女符合她好媳妇的标准，她认为对儿子的前途更有帮助。刘兄希望看到这个悲剧结局吗？大家有没有注意到刘兄说的一句话，即使放在现代，可能很多人也会赞同刘兄的观点。

生：刘兄认为"先嫁得府吏，后嫁得郎君，否泰如天地，足以荣汝身"。

师：请你领着大家来读一读这句话。

（生齐读）

师："否泰"是什么意思？

生：坏运气，好运气。

师：什么情况是坏运气？什么情况是好运气？

生：嫁给小吏是坏运气，嫁给太守家公子是好运气。

师：作为哥哥，这种逼迫未尝不是为妹妹今后的幸福做打算。两人殉情后，两家求合葬，这也是一种补偿。焦刘殉情，焦母、刘兄很悲痛，这是真实的。（播放 PPT 第 13 页第三个问题）第三个问题——在那个时代背景下，贤惠的刘兰芝、姜诗妻们可以找谁主持公道？谁有权力来监督、制衡焦母、刘兄们？

生：似乎没有。

师：确实没有。习近平总书记说，要“把权力关进制度的笼子”，可是封建制度却为家长权力提供了广阔无边的天地。权力一旦失控，很容易伤人伤己。这种制度本身就是非常粗暴的。这一类悲剧在封建时代具有普遍性。第四个问题——你还知道哪些因封建礼教导致的爱情悲剧？（播放 PPT 第 13 页第四个问题）

生：陆游和唐婉的悲剧。

师：如果我们现在去绍兴沈园旅游，还可以看到写在墙上的两首《钗头凤》，读来字字是泪啊。还能想到哪些爱情悲剧？

生：梁山伯和祝英台的悲剧，也是因为祝英台家长反对。

师：是的，这是我们很熟悉的悲剧故事。老师还给大家补充一个故事，关于白居易和湘灵，据说白居易写《长恨歌》的部分灵感就是源于此。我们一起来读白居易写给湘灵的两首诗。（播放 PPT 第 14 页）

寄湘灵

〔唐〕白居易

泪眼凌寒冻不流，
每经高处即回头。
遥知别后西楼上，
应凭栏干独自愁。

冬至夜怀湘灵

〔唐〕白居易

艳质无由见，
寒衾不可亲。
何堪最长夜，
俱作独眠人。

（生齐读）

师：湘灵只是一位村姑，因为门第关系，白居易的母亲反对两人结婚，造成“此恨绵绵无绝期”的悲剧。因封建礼教造成的爱情悲剧在中国历史上还有很多，即使是帝王至尊，也会有这种遭遇，清朝的光绪帝和珍妃的悲剧，也是因为慈禧太后不喜欢珍妃造成的。所以，冷酷、粗暴的封建制度是造成焦刘悲剧的主要原因。

（板书“制度”）

任务六：假设情境，三探悲剧原因

师：网络小说中流行重生故事，今天，我们也来进行这类故事的虚构。（播放 PPT 第 15 页的第一个假设）如果现在时间倒流到刘兰芝刚嫁到焦家时，如果你是焦仲卿，你认为能做些什么来阻止悲剧发生？前后桌可以交流、讨论，在哪个时间点焦仲卿可以做些什么来阻止悲剧的发生？

（学生交流讨论）

生：我们组的讨论结果是还不如让刘兰芝去嫁给太守家的郎君，放她自由。

师：就是在刘兰芝嫁人前夕，焦仲卿就不要去找她了，让她嫁入太守府。在课文里，这个时间点，焦仲卿对刘兰芝说了什么？

生：“贺卿得高迁！……卿当日胜贵，吾独向黄泉！”

师：听了这番话刘兰芝说了什么？我们一起来读第26段。

（生齐读）

师：焦仲卿这番话看似祝贺，其实是什么意思？

生：指责刘兰芝不守“磐石”和“蒲苇”的誓约。

师：以刘兰芝倔强刚硬的性格，听了丈夫的这番话，很容易说出激愤之词，做出自杀的行为。可惜，焦仲卿还是说出了这番话。从这番话，我们可以看出焦仲卿什么性格？

生：有点偏执，不够理性。

（板书“偏执”）

师：在上节课我们也分析过这种偏执、不够理性的性格，比如，在第5段与焦母的对话，再比如，焦仲卿对夫妻再聚的盲目期望。除此以外，如果时光倒流，焦仲卿还可以做些什么？

生：在刘兰芝刚嫁到焦家时，就告诉刘兰芝焦母的性格脾气，让她不要与婆婆正面冲突。

师：避其锋芒，这确实是很聪明的做法。丈夫要在婆媳间起调节、协调的作用。我们再来听听下一组的想法。

（生茫然答不上来）

师：请坐。我给大家一个时间点，在刘兰芝刚刚被遣回娘家的时候，焦仲卿可以做些什么？在课文里这个时间点，焦仲卿做了什么？

（生七嘴八舌）

师：同学们已经发现，这个时间点课文里没有写到焦仲卿，也就是说他什么都没做。可他本来应该做些什么来安抚刘家？

生：可以去表心意，说明决心，让刘兄多给点时间。可以去安慰刘兰芝，让她安心。

师：可惜，这些，焦仲卿都没有做。他在干什么？

生：恐怕只是在认真上班。

师：一个人如果有想法，却迟迟没有行动，可以看出他什么性格？

生：优柔寡断。

（板书“优柔”）

师：在该行动的时候优柔寡断，在该谨慎的时候偏执决断，这样的焦仲卿不大可爱。如果时间真的倒流，你是刘兰芝或焦母，你又会做些什么呢？（播放PPT第15页的第二个假设）

生：如果我是焦母，就不要那么专制，多一点包容。多理解儿子，学着成全儿子。

师：说得太好了。婆婆要改改自己专制固执的性格。“己所不欲，勿施于人”，婆婆也是从媳妇过来的，要懂得包容，懂得成全。我们再来听听对刘兰芝的重生构思，哪位同学来分享？

生：我要把理性保持到底，嫁给太守家的公子。

师：如果是这样，还是刘兰芝吗？她的性格特点是怎样的？

生：倔强刚毅。

师：其实刘兰芝可以做的真的很少。或许在与婆婆相处中可以更讲究一点方式方法。但也不能放弃对爱情和人格尊严的坚守，否则，就不是“这一个”刘兰芝了。（播放 PPT 第 16 页）造成焦刘悲剧的主要原因是冰冷粗暴的封建礼教，此外，人物的性格特点——焦母的专制固执、兰芝的倔强刚毅、仲卿的优柔偏执，也在一定程度上推动了悲剧的发生。

（板书“性格”）

师：（播放 PPT 第 17 页）“多谢后世人，戒之慎勿忘！”诗歌在最后劝诫我们这些后世人要从焦刘悲剧中吸取教训，这个教训是什么？

（生思考、讨论）

生：要珍惜生命，真正爱一个人得希望她活得更好。

生：家人间相处也要讲究方式方法。

师：仁者见仁，智者见智，不同的读者可以读到不同的启示。通过探源，我们对这个悲剧有了更加深刻的理解，作为“后世人”，希望“戒之慎勿忘”。下课！

（附板书设计）

汉末

倔强刚毅　兰芝 ┐
偏执优柔　仲卿 ├ 痛苦、激愤
专制固执　焦母 ┘

被遣　殉情

观念不同 │ 悲剧探源
性格冲突 │
期待不同 │ 制度　性格
仲卿的维护 │

【教学反思】

《孔雀东南飞》是统编高中语文教材选择性必修下册第一单元里的一篇课文，对应学习任务群 8“中华传统文化经典研习”。我希望在课堂实践中积累一些如何指导学生更好地研习传统文化经典文本的经验。通过本次实践，我有三点收获：

1. 找准“爆破点”，切入文本内层

适于“研习”的传统文化经典必须进行精读，而传统文化经典的精读绕不开文言知识的落实。我们的困境往往是一旦执着于文言字词句知识的积累与落实，整篇文章就会有被肢解的风险，最终支离破碎，只见“文字”而不见“文章”。如果文本篇幅比较长，这种风险会更高。因此，我们需要找到经典文本的爆破点，能够通过一个点切入文本内层。在这次课堂实践中，我抓住了乐府诗多“人物对话”这个特点，把诵读、分析人物对话作为“爆破点”，在一定程度落实了重要文言知识，又通过分析人物形象的认知偏差，带着学生切入文本内层。学生的思考是基于文本研习的思考，重视涵泳，重视品味，因此，更能激起学生对优秀经典文本的兴味。

2. 兼顾古代立场和今人视角

任务群8的学习目标规定要“在特定的社会文化场景中考察传统文化经典作品，以客观、科学、礼敬的态度，认识作品对中国文化发展的贡献”，我的理解是要兼顾古代立场和今人视角。在“多谢后世人，戒之慎勿忘：焦刘悲剧探源”课堂实践中，我收集大量背景资料和补充材料，希望让学生了解东汉末年的时代背景及当时社会的主流价值取向，能够基于古代立场来思考问题。同时，又通过对比阅读、步步诘问、假设情境等活动引导学生用今人视角来审视封建礼教的影响和人物的性格冲突。希望在古今对视中，把学生对文本的解读、对悲剧根源的探索引向更深的层次。在这两节课中，这一意图基本得到落实，我们对焦刘悲剧的探源，没有停留在表层，学生的思考有一定的深度。

3. 活动情境化，激发表达热情

传统文化经典往往时代久远，与学生的现实生活隔阂重重，如何激发学生思考与表达的热情，是一大难点。在这次课堂实践中，我用两课时落实了六个任务，力求任务指向清晰，学生有话可说。特别是第六个任务的设置，突出了情境性，抓住现在网络小说中热门的“时光倒流”话题来布置任务，让学生乐于思考，乐于分享。在课堂实践中，这个活动设置取得了很好的效果，点燃了学生的表达热情，课堂气氛非常活跃。

课堂实践永远是有缺憾的，这两节课也不例外，在提问艺术、课堂生成、时间掌控等方面，还存在很多不足。我越来越深切地感受到教师语言表达和教学机智的重要性，课堂生成的契机往往转瞬即逝，能否准确把握、有效利用，非常考验教师的智慧。在今后的切磋琢磨中，我会永不停止思考与实践的脚步。

历史感和浪漫风:李杜诗风比较

执教 / 陕西省宝鸡中学　樊宝玲

本课课件

【专题目标】

通过比较阅读的方法,感受李白、杜甫诗歌风格的区别。借助《蜀道难》和《蜀相》两首诗歌,从诗歌的节奏感、意象的选择和艺术手法的运用等方面体会杜甫诗歌的深沉喟叹和李白诗歌的浪漫飘逸,从而掌握运用比较阅读鉴赏诗歌的方法。

【预习任务】

1. 查阅词典,解决读音问题。
2. 熟读两首作品,能够读准节奏,最好能够背诵。
3. 结合课下注解,理解诗歌大意。
4. 查阅资料,了解两首诗歌的写作背景。

【教学实录】

师:(播放 PPT 第 1 页)同学们都知道,李白和杜甫被称作盛唐诗歌的"双子星",二人并称为"李杜",唐朝诗人韩愈曾在《调张籍》一诗中这样盛赞二人的诗歌成就,"李杜文章在,光焰万丈长"。这节课我们通过对《蜀道难》和《蜀相》两首诗歌进行朗诵涵泳、比较阅读,感受两首诗歌以及两位诗人的迥异风格。(播放 PPT 第 2 页)

环节一:初读感知

师:请同学们自由诵读《蜀道难》和《蜀相》,想一想你读了这两首诗歌之后整体上感觉有哪些区别。

(学生自由朗读)

师:(播放 PPT 第 3 页)请两名同学示范朗诵,其他同学体会一下,这两名同学分别读出了两首诗怎样的感觉?

生:第一首《蜀道难》读得节奏急促激昂却又酣畅淋漓,《蜀相》读得很深沉,有深深的喟叹。

师:朗诵的同学读得很精彩,点评的同学评价也很到位。那么我们读了这两首诗之后,觉得它们有什么区别?

生:我感觉诗的长短有区别。《蜀道难》长,《蜀相》短。

(生笑)

师:大家不要笑,这"长"和"短"确实算是这两首诗的不同。那么,是什么使得这两首诗一首长,一首短呢?

生:体裁吧?

师:体裁?能具体说说吗?

生:我觉得《蜀道难》是乐府诗,《蜀相》是律诗。

师:是的,律诗在格律方面要求更多、更规范,乐府诗形式更自由。

生:老师,我觉得这就像李白和杜甫两个人的区别一样,一个更自由洒脱,一个更严谨。

师:这样的类比非常精彩,所以我们其实发现,李白的乐府诗更多,杜甫的格律诗更多。宋朝很多诗人学写诗,都是从杜甫的诗作里寻找方法,因为杜甫的诗格律非常规范,而李白的诗是天才之作,是学不来的。大家再读读看看,还有什么区别?

生:《蜀道难》感情比较激昂,《蜀相》好像更厚重一些。

师:你概括得很好,能具体阐述一下吗?

生:《蜀相》有对国家的感慨,还有对诸葛亮这位历史人物的感慨。《蜀道难》写自己的感受比较多一些。

师:真好,很有自己独到的感悟。还有哪位同学能再说一说吗?

生:我觉得《蜀道难》里用了很多感叹词,还把感叹词叠用,感觉抒情就很直接。

师:对,很直接,直抒胸臆。你能找出一些句子来读一读吗?

生:"噫吁嚱,危乎高哉!"就是直接抒情的一个句子,感叹蜀道好高呀!

(学生笑)

师:是呀,感叹蜀道好高呀!尤其是"噫""吁""嚱"三个感叹词连用,大家想一想,有什么好处?

生:有强调的意味,增强感叹的力度。

师:是的,增强感叹的力度。这样的手法就很"李白",情绪饱满,有一泻千里的气势。文中还有哪些能够表达强烈感情的句子呢?大家找一找。

生:像"蜀道之难,难于上青天"在文中就出现了三次,可见李白在极力渲染蜀道的难以逾越。

师:三次"蜀道之难,难于上青天",贯穿全文始终。每次都是在什么情况下发出这样的慨叹呢?

生:第一次,在诗歌的开篇,"噫吁嚱"这一句感叹的后面;第二次在第二段的中间;第三次在文章的结尾处,以再一次的慨叹收束全文。

师:很好。李白用直抒胸臆的手法,在反复咏叹中强化感情,表达自己对友人入蜀的担忧之情,对蜀道高、险、难的慨叹之情。那么与此相对的,杜甫在《蜀相》中用了什么手法来表达自己的感情呢？

生：借景抒情。像“锦官城外柏森森”，写了武侯祠周围的环境，树木高大，松柏萦绕，营造了一种庄严肃穆的气氛，能够表达作者对诸葛亮的缅怀之情。

师：你的口头表达真是凝练又生动，此处应该有掌声，这样的口语表达能力值得我们学习。（学生热烈鼓掌）那《蜀相》中还用别的什么手法来抒发感情吗？

生：《蜀相》还运用了典故，用诸葛亮的故事来表达作者自己的感情。

师：对。借诸葛亮的故事来抒发自己的感情。那么老师还想再问一下，是什么样的故事？什么样的感情？

生：作者应该想用诸葛亮深受蜀汉二主的重用，来表达自己人生不得志。

师：好的，我们再找一找，这两首诗还有什么不同呢？

（学生沉默）

师：没有区别了吗？大家感受一下，这两首诗在音韵上有没有区别呢？

生：老师我不知道我说得对不对，就是我感觉《蜀道难》押韵了，“天”“烟”“巅”“连”、“攀”“山”“颜”等，这些韵脚中大多有“an”的音，读起来就很放得开。

师：不要怀疑自己，你的感受很有道理。你说的这些字，它们的韵腹都是“a”，“a”在单韵母中开口最大，也就是发音时嘴巴张得最大，所以读起来就比较响亮。经常演讲的同学大概就知道，我们演讲的内容如果是大气磅礴的，一般喜欢用以“a”为韵腹的字，如“啊”“呀”“昂”“来”，读出来感觉气韵舒朗；反之，如果一个字韵腹开口较小，那么读起来就比较深沉涩滞。其实诗歌也是一样的。同学们能不能找到这样的例子？

生：李白的《将进酒》“黄河之水天上来”，“来”的韵腹也是“a”，他的很多诗喜欢用“ang”的韵，读起来就很畅快、磅礴；像杜甫的《登楼》里，“心”“临”“今”“侵”“吟”，这些韵脚的韵腹“i”，念起来开口较小，让人就觉得很沉重。《蜀相》也是这样。

师：大家课后再找一找那些不同风格的诗、词，体会它们在韵脚的选择上和感情、风格有没有关系。

师：刚才我们通过朗读，整体上感受了两首诗的区别。（播放 PPT 第 4 页）第一个区别是音韵的区别，《蜀道难》气韵舒朗，感情昂扬，《蜀相》气韵浑厚，感情深沉。第二个区别是《蜀道难》为古体乐府诗，长短句结合，时常换韵，形式自由，符合李白这个浪漫主义诗人洒脱不羁的气质与风格，《蜀相》是格律诗，工整严谨。第三个是抒情方式的区别，《蜀相》抒情委婉含蓄，借历史人物表达对自身的感慨，《蜀道难》是写给在蜀地做官的友人，着力描写蜀道的雄奇艰险，表达对友人的规劝与担忧，多用直抒胸臆手法，反复咏叹，强化情感。

环节二：精读深思

师：（播放 PPT 第 5 页）杜甫被称为“诗圣”，请同学们自由朗读，结合课下注释以及所查阅的历史资料，思考《蜀相》体现了诗人怎样的圣人情怀。给几分钟大家思考一下，想好了就可以举手来说。

（学生自由朗读）

师：好了，有很多同学已经举手了，说明大家思考得差不多了。老师想先问一个问题，你们觉得什么是圣人情怀？

生：我觉得圣人情怀是一种大格局、大情怀。

师：你用了两个“大”字，能具体说一说吗？怎样的大格局、大情怀？

生：应该就是跳出自己的个人际遇，心系天下、心系国家的济世情怀。

师：对。一种济世情怀，一种担当意识。

生：我们学过杜甫的“三吏”“三别”，能够感受到他对百姓的同情心、怜悯心，还有博大的包容心。

师：关心苍生的一种仁爱之心。所以，我们回到《蜀相》，来看看这一首诗是如何体现杜甫的圣人情怀的。

生：我查阅了一下资料，了解到，写《蜀相》的时候，杜甫生活在成都，在剑南节度使严武的资助下，寓居在浣花溪。当时“安史之乱”尚未平息，他自己也仕途坎坷、报国无门。但是我们从这首诗里看到的却不是他自己的怨愤不平之气，更多的是对“天下计”的思考，是对“老臣心”的赞颂。“长使英雄泪满襟”中的“英雄”诸葛亮鞠躬尽瘁死而后已，能为国家效力，这让杜甫非常仰慕与钦佩。我觉得这就体现出了杜甫的一种忧患意识。

师：“知人论世”是非常好的一种学习方法，谢谢你，教会我们走近诗人的生活经历，去体会作品的情感思想。有想法的同学继续来说说。

生：我觉得同李白更多表达自己喜怒悲欢的情绪相比，杜甫往往从个人的情绪联想天下百姓的安危、时局的动荡和安稳。这应该是他的一种担当意识。

生：“出师未捷身先死，长使英雄泪满襟”里的“英雄”我觉得不仅仅是诸葛亮，还是天下所有想要为国尽忠效力的人（也包括他自己），有一腔爱国情、满心济世志的人。

师：说得真好。还有什么地方能让我们感受到《蜀相》中的圣人情怀？

生：“三顾频烦天下计，两朝开济老臣心”中，我们看见了杜甫希望自己像诸葛亮一样为忧患中的国家贡献自己的才智，实现自己的政治抱负。

生：在“三顾频烦天下计，两朝开济老臣心”中，我们看到了诸葛亮的雄才大略，也看到了他的圣人情怀，那就是为国尽忠，死而后已。杜甫如此敬仰诸葛亮，也希望自己能像诸葛亮辅佐刘备成就蜀汉一样，大济天下。

师：对。我们能看到杜甫希望早日结束关中战乱的忧患意识，也有大济天下的胸怀。我们知道，杜甫年轻的时候，就立下了“致君尧舜上，再使风俗淳”的雄心壮志。在仕途中，他一度坎坷颠沛流离，但是他从未放弃对国运的关注，对百姓的同情。

师：结合以上同学的发言，我们来归纳一下《蜀相》中“圣人情怀”的体现。（播放 PPT 第 6 页）一个是杜甫的仁爱之心，杜诗内容着眼于现实，他有着圣人般对苍生的悲悯情怀，用一支笔书写着人间的百态，堪称真正的圣贤。《蜀相》中“三顾频烦天下计”句，写的是刘备三顾茅庐问计于诸葛亮之事，也暗含了自己对诸葛亮心系天下的钦佩之情。一个是杜甫的忧患意识。他的诗中有对社会的关注、对国家大计的担当、对国运发展的忧虑。杜甫在《蜀相》中用“天下计”“老臣心”表达对诸葛亮的雄才大略，辅佐两朝、忠心报国等的赞美；最后一联表达对诸葛亮出师未捷而身死的惋惜之情，作者借对诸葛亮的赞叹与惋惜，抒发自己心系国运、壮志难酬的愤懑。

师：杜甫的诗被称作“诗史”，同学们认为怎样的诗堪称“诗史”？（播放 PPT 第 7 页）朗读课下注释，结合我们所查阅的关于杜甫的史料，谈谈《蜀相》是如何体现“诗史”特征的？小组展开讨论，讨论结束后，各小组发言。

生：我们现在称杜甫的诗为“诗史”，是因为这些诗已经成为历史，但在他那个时代其实是现实。他的诗歌反映了当时的现状。

师：对。现在我们称其诗为“诗史”，其实在杜甫的时代，他的诗反映了现实。

生：像“出师未捷身先死”这一句就反映了杜甫对诸葛亮出师未捷的慨叹，“长使英雄泪满襟”这一句作者在慨叹诸葛亮功业未竟的同时，表达了自己对于安史之乱尚未平息，国家时局动荡，而自己又无能为力的愤懑。所以这首诗看似在写历史，也是在写他自己生活的时代的现实。

师：写出了他自己时代的重大现实。所以作者借对诸葛亮的缅怀、敬仰，来表达自己对于社会的担忧，还有同自己一样心怀壮志又报国无门的英雄人物的慨叹。来，下一组。

生：有对历史人物的客观评价。既有像“三顾频烦天下计”对诸葛亮受到刘备重用的歆羡，又有像“出师未捷身先死”中对诸葛亮壮志未酬的痛心、遗憾。

师：有对历史人物客观公允的评价，还有吗？（学生沉默）那同学们想一想，历史对于我们来说有什么作用？

生：有借鉴作用。所以说是不是可以理解为，杜甫的诗歌被称为“诗史”，我们现在的人可以从他的诗歌中有所借鉴？

师：是的，完全可以这么说。那你觉得《蜀相》对于我们来说有什么可以值得借鉴的地方吗？

生：“三顾频烦天下计，两朝开济老臣心”对后世为官者有启示，那就是，要对国家尽忠竭智，鞠躬尽瘁；而“三顾频烦”则是从国君的角度来说，就是要任用忠臣，任用贤臣。

师：很深刻的思考。这首诗对于后世为君、为相都有启迪。继续说，杜甫诗还有什么值得借鉴之处？

师：同学们如果没有补充的了，那么老师给大家看《新唐书》中的一段话，可能会对同学们的理解有所帮助。（播放 PPT 第 8 页）“甫又善陈时事，律切精深，至千言不少衰，世号‘诗史’。”能理解意思吗？（学生摇头）

师：这句话的意思是说，杜甫的诗歌善于陈述时事，同时他的格律精细严整，哪怕写一千句，在格律上也不会有所衰減，所以世人称他的诗歌为“诗史”。

生：老师，我想起来了您刚才一上课说杜甫的诗歌格律工整，很多人都向他学习。

师：是的。杜甫诗歌格律精切、对仗工整，堪称典范。他的诗歌所抒发的忧国忧民的家国情怀，对后世很多文人也产生了深远的影响。

生：老师，我也想起来了，我们初中学过范仲淹的《岳阳楼记》，里面所抒发的“先天下之忧而忧，后天下之乐而乐”的感情，应该是受到了杜甫的影响。

师：是的。大家学过的诗歌里，有很多诗人的思想都受到了杜甫的影响，所以连苏轼都说，“古今诗人众矣，而子美独为首者，岂非以其流落饥寒，终身不用，而一饭未尝忘君也欤？”可以说，杜甫在诗歌中表现出来的忧民之思、忧国之志，对后世士大夫精神内涵有所扩充。大家以后可以将这类诗歌搜集整理出来，积累、涵泳、感悟。

师：我们来概括一下杜甫诗歌“历史感”的内涵。第一个是情感上有仁爱之心、忧患意识；第二个是内容上多写历史或着眼现实；第三个是意义上对后世文学影响深远。（播放PPT 第 9 页）

师：说完了杜甫和《蜀相》，我们再来看看李白和《蜀道难》。先请一位同学来为我们朗诵一下《蜀道难》。

（一名学生朗诵《蜀道难》）

师：李白被称作“诗仙”，你认为诗仙的诗应该具有什么特点？结合《蜀道难》谈一谈。（播放 PPT 第 10 页）

生：“诗仙”就是诗中的神仙。我觉得“仙”在从诗歌风格上体现出来的浪漫主义和个人气质上体现出的自由洒脱、狂放不羁。

生：我觉得这首诗里有奇特丰富的想象。比如，“西当太白有鸟道，可以横绝峨眉巅”“黄鹤之飞尚不得过，猿猱欲渡愁攀援”，这些画面应该不是他看到的，但是他通过想象，借助这些擅长飞翔、攀登的飞禽走兽的反应，来写蜀道的“危乎高哉”。

生：我觉得还有用典。运用典故，“蚕丛及鱼凫”“五丁开山”这些典故，里面“茫然”“四万八千岁”等语句既写蜀地历史悠久，也衬托出蜀道的艰险。

师：同学们，这里的典故是真实发生过的历史故事吗？

生：不是，是神话传说。用神话传说，让诗歌有一种神秘浪漫的气息。

生：还有夸张手法的运用。像“尔来四万八千岁”，夸大了蜀国的历史；还有“可以横绝峨眉巅”“难于上青天”等句子，夸大了蜀道的高度。

生：我还觉得他的景物描写也大气磅礴。像“峨眉巅”“六龙回日之高标”“冲波逆折之回川”，再加上“四万八千岁”，一会儿天上，一会儿深谷，一会儿远古，一会儿现在，很有一种神游八极的感觉。

师：是的。思接千载，视通天地，有时间上的纵深感和空间上的开阔感。你这一点分析得很有创新性，这是老师没有想到的。

师：我们总结一下，李白之所以被称为“诗仙”，一个原因是他曾经被贺知章称作“谪仙人”，第二个原因是诗歌所呈现出来的浪漫主义气息，第三个是个人豪放的性格表现出的自由洒脱的气质。在《蜀道难》中表现在一是神话传说的引用，为诗歌增添神秘浪漫的气息；二是极度的夸张，让诗歌有一种磅礴的气势；三是奇特的想象，让人在历史和现实中穿梭，营造了一种峥嵘瑰丽、浪漫迷离的意境。（播放 PPT 第 11 页）

环节三：深度溯源

师：李白和杜甫同处盛唐，可是他们风格迥异。大家小组探究一下，是什么原因导致这二人迥然不同的诗歌风格的？（播放 PPT 第 12 页）

生：我觉得经历不同导致两个人风格不同。李白年轻时仗剑游历，后来在长安城担任过一段时间的翰林供奉，不久便被赐金放还，我觉得他的一生都行走在江河湖海之间，这使得他有一种开阔的胸襟。而杜甫年轻时也有过游历的时光，但是安史之乱以后，他的生活一直处于漂泊动荡的状态，这使得他的诗歌就更沉重、更沉郁。

师：是的，大山大河滋养了李白的精神气质，使得他骨子里拥有一份大开大阖的浪漫洒脱。所以同学们呀，课余时间，不要埋头于手机电脑之中无法自拔，也应该走到天地自然当中去，汲取天地的精华灵秀。

生：我觉得跟他们从小接受的文化教育有关。李白受到儒释道多重精神的滋养，他身上还有一种仙侠的气质；他出生于碎叶城，后来随着经商的父亲游历天下，获得了一种开放自由的精神内涵。杜甫的祖父曾中进士，也是有名的诗人，杜甫从小更多地受儒家济世思想的影响，所以他这个人总体上来说是一个典型的儒家士大夫形象。

生：我觉得跟一个人的经济状况也有很大的关系。（学生大笑）

师：大家不要笑，他这么自信，应该有他的理由。你继续说说你的理由。

生：我查阅了资料，李白的父亲是个商人，他第一次仗剑去国的时候就带了很多钱；他曾在扬州"散金三十万"；他在长安担任翰林供奉，后来被唐玄宗赐金放还，然后又去游历山水，这种有钱还有闲的经历让他很洒脱、很豪迈。杜甫却从来没有这么阔气过，他年轻的时候也游历过，但是没见过有关杜甫很有钱的记载，而且中年以后他还经常为生计发愁。我觉得李白骨子里的那种大气豪迈，杜甫的那种雄浑厚重，和他们的经济状况有关。

师：有一定的道理。还有没有其他层面的思考？

生：我看过一段话，说李白生活在唐王朝走上坡路的时候，杜甫生活在唐朝走下坡路的时候。所以，李白身上有一个王朝的煊赫、繁盛、开放所带来的自信与骄傲，所以他的诗风就能呈现出一种万千气象。而杜甫中年经历"安史之乱"，"安史之乱"导致民不聊生，这些也反映在了杜甫的诗歌里，像"朱门酒肉臭，路有冻死骨"。杜甫的诗风也就更加深沉。

师：是的。虽然同处盛唐，但李白生活在唐王朝最繁盛的时候，当时唐朝的政治、经济、文化呈井喷之势，这样的盛世滋养了李白的乐观自信，他的头是昂着的；杜甫生活在"安史之乱"前后，当时天下的大乱正从中国的北方开始蔓延，国运式微，时局动荡，民不聊生，在这种背景之下，杜甫的诗风也相对深沉厚重，有个人际遇的反映，更有对百姓、民族、国家的担忧。（播放 PPT 第 13、14 页）

师：还有要补充的吗？好的，老师把刚才大家说的总结一下。李白和杜甫风格迥异的原因在于时代的影响，个人际遇、经历、家庭环境和所接受教育的影响，还有个人的性格。以上种种原因，使李白写《蜀道难》，既劝诫朋友不要去蜀地，表达自己的担忧之情，又得山水之势，体现磅礴气势，而《蜀相》中体现的则是知识分子的担当。（播放 PPT 第 15 页）

如果说李白是飘逸在天上的神仙，那么杜甫就是扎根于大地的圣人。这二人一个重视表现个人的情绪，无拘无束、洒脱不羁，另一个则往往跳出个人际遇，将目光投向家国苍生，满心忧患。二者并无高下优劣之别，都对后世文学产生重大影响。（播放 PPT 第 16 页）

师：今天我们的课就上到这里。下面老师给大家布置一个作业，请同学们阅读下面几组同题材的李白和杜甫诗歌，再次深刻体会这两个人的不同。我们也可以将自己所学过的李杜诗歌整理一下，感受李白的浪漫风和杜甫的历史感。

(1) 同为寓居之作：（播放 PPT 第 17 页）

客中作

〔唐〕李　白

兰陵美酒郁金香，
玉碗盛来琥珀光。
但使主人能醉客，
不知何处是他乡。

月夜

〔唐〕杜　甫

细草微风岸，危樯独夜舟。
星垂平野阔，月涌大江流。
名岂文章著，官应老病休。
飘飘何所似，天地一沙鸥。

(2) 同为经过白帝城之作：(播放 PPT 第 18 页)

早发白帝城

〔唐〕李　白

朝辞白帝彩云间，
千里江陵一日还。
两岸猿声啼不住，
轻舟已过万重山。

白帝

〔唐〕杜　甫

白帝城中云出门，白帝城下雨翻盆。
高江急峡雷霆斗，翠木苍藤日月昏。
戎马不如归马逸，千家今有百家存。
哀哀寡妇诛求尽，恸哭秋原何处村？

【教学反思】

1. 依据学情，调整教学内容

在第二个环节探讨“圣人情怀”时，有的同学提出“什么是圣人情怀”的疑问，所以我在这里针对学生的疑惑，增加了解读“什么是圣人情怀”的环节，把这个问题解决了，才有可能、有基础来探究“杜甫的圣人情怀”这个问题。

所以，从这点上来讲，教师的教学设计一定要紧扣学生的学情，对学生的认知、理解能力有一定的预判。同时，要针对学生的课堂反馈，及时对既定的教学设计进行有针对性的调整，让学生能够充分理解问题的内涵，充分思考，从而充分地解决问题。

2. 充分备课，从容应对课堂状况

《普通高中语文课程标准(2017 版 2020 年修订)》指出："帮助学生认识自己已有基础、发展需求和方向，激发学习兴趣和潜能，在跨文化、跨媒介的语文实践中开阔视野，在更广阔的空间发展各自的语文特长和个性。"

在教师备课过程中，因为不知道学生了解了多少，就要做更加充分的准备，教师备课内容要远远超过学生已知的内容，这样才能在课堂教学过程中随时补充学生知识的盲点。有人说教师要给学生一碗水，自己必须有一缸水。其实，教师需要的何止一缸水？教师简直就要做那个汩汩不息的水源。

在教学过程中，在初步感受两首诗的区别这一环节，我准备了音韵、体裁和抒情方式三个方面的内容，而学生却只理解到了后面两者，对于音韵的区别比较陌生。这时，请一个经常参加演讲朗诵活动的学生来体会音韵的区别，调动学生已有的知识储备，去联系已学过的诗词作品，其韵脚中韵腹开口大小的区别，加深学生的知识理解。

3. 要极大地调动学生的思考，促进课堂生成

在探讨杜甫诗歌对后世的影响时，有学生谈到了《蜀相》这首诗中所反映出来的封建社会君主的为君之道和臣子的为相之道，这是一个新的生成。在探究李白"诗仙"风格的表现时，学生补充了《蜀道难》这首诗中景物描写从时间到空间，所呈现出的一种纵深高远、大气磅礴之感，这也是一个新的生成。

这些生成其实是基于学生不断诵读、不断交流，进行思想碰撞而产生的智慧火花，这样的火花在课堂上出现，是非常宝贵的，它预示着学生思维的拔高和深刻化。所以，教师在课堂上要走进学生心灵，捕捉智慧火花迸射的瞬间，给予学生刺激，使其思维更富有智慧。

铺叙和聚焦:欣赏长调之美

执教 / 浙江省金华市汤溪高级中学　杨建华

本课课件

【专题目标】

精读《望海潮》(东南形胜)、《扬州慢》(淮左名都),赏析两首词的表现对象、写作手法和情感意趣的差异,并联读相关宋词短制,如潘阆《酒泉子》(长忆观潮)、欧阳修《朝中措・平山堂》等,欣赏长调和小令的不同之美。

【预习任务】

1. 制作本专题所涉作家作品资料卡片,卡片信息至少包括作者姓名、字号、籍贯、生活时代、传世作品集、创作缘起或背景、后人对作品评价(至少一则)等内容。

2. 自主查找并阅读词中所涉及的《诗经・黍离》、杜牧《赠别二首(其一)》、《遣怀》、《寄扬州韩绰判官》等几首诗歌,初步感知其表达的思想感情。

3. 有感情诵读《望海潮》(东南形胜)、《扬州慢》(淮左名都),圈画出两词的韵脚,特别注意古今读音有变化的韵脚。

4. 简要列出两词表现手法及思想感情的差异。

【教学实录】

第一课时

任务一:诵读感知

师:(播放 PPT 第 1 页)今天我们学习柳永的《望海潮》(东南形胜)和姜夔的《扬州慢》(淮左名都)。首先,请听两首词的诵读录音。听读时,注意生字词的读音,注意体悟诵读的节奏和感情。(播放诵读音频)

师:请集体诵读两词,进一步熟悉两词的内容。

（教师播放 PPT 第 2、3 页，学生朗读。教师注意检查学生朗读的字音是否正确，停顿是否恰当，如有错读，提出纠正）

任务二：梳理意象

师：《望海潮》《扬州慢》两词多有相同或相近之处。比如，二者都是自度曲，都是长调，都以城市为表现对象。我们采用对比阅读的方式，整体把握它们的内容。请同学快速筛选、整合词中信息，填写表 1。（播放 PPT 第 4 页）

表 1

词作	所写城市	判断依据	城市特点	历史背景	主要意象	意境特点
望海潮						繁丽壮美
扬州慢				南宋劫后		

（学生思考并填写表格）

师：请同学公布表格第二列“所写城市”、第三列“判断依据”的内容。

生：两词所写城市分别是杭州、扬州。我的判断依据是两词的题目。

师：修正一下你的表述。刚才你所说的“题目”，用严格的术语来说，应是词牌。特别提醒大家，词牌是词的音乐形式，一般与词中表达的内容没有直接关系。但是，在初创词调时，词牌往往就是词题，能涵盖词的内容。比如，白居易初用“忆江南”词牌时，该词所写内容即为思忆江南。这两首都是自度曲，由柳永和姜夔初创。“望海潮”一名，包含着本词中所写的在“钱塘”可以观赏到壮阔的钱江涌潮的内容；而“扬州慢”一名，则明白告知读者该词是写劫后扬州的慢词。所以，根据实事求是、“因地制宜”原则，“望海潮”和“扬州慢”的词牌名，在本词中，可以视为确定表现对象的依据。但是，这不是主要或根本性的依据。我们能否从正文中找出更多的判断依据？

生：《望海潮》中的“钱塘”一词明确点出了所写城市为杭州；综合“东南形胜，三吴都会”“怒涛卷霜雪”“三秋桂子，十里荷花”“重湖叠巘”等描写可以间接推断出所写地方为杭州。《扬州慢》中“淮左名都，竹西佳处”“二十四桥”等介绍，点出了所写城市为扬州，从“杜郎俊赏”的典故中也可以推断出所写地方是扬州。

师：言之有据，所以言之成理。请同学填写第四列“城市特点”。最好用原文词语回答。

生：杭州的特点是“形胜”，地理形势优越；“繁华”，人口众多生活富庶；“清嘉”，景色优美。扬州的特点是“萧条”，整座城市已经成为一座“空城”。

师：两座城市呈现截然不同的特点，其中很大的原因是所处的时代背景不同。我们从《扬州慢》的小序中已经可以看出，《扬州慢》所写的扬州，是南宋初期战火劫难之后的扬州。那《望海潮》所写的杭州呢？

生（齐）：北宋盛世。

师（追问）：何以见得？

生：作者柳永生活的时期正是北宋盛世，词中所描写的场景也凸显了盛世风貌。

师:为了描写不同历史背景中的不同城市风貌,诗人主要采用了哪些意象来突出其特点?

生:《望海潮》主要选用了“烟柳”“画桥”“云树”“怒涛”“重湖”“叠巘”“桂子”“荷花”“羌管”“菱歌”“箫鼓”等意象来彰显杭州“形胜”“繁华”“清嘉”的特点。《扬州慢》则用“荠麦”“废池”“乔木”“清角”“冷月”等意象来突出扬州城“萧条”“空寂”的特点。

师:不同的意象,不仅描述了两个城市不同的特征,同时为两首词营造了不同的意境——《望海潮》繁丽壮美,《扬州慢》凄清悲凉。可见,意象的运用,既是为了描摹人、景、事、物,使其具体生动,也是,或说更是,为了营造诗歌特有的意境,以便更好地、艺术地感染读者。(播放 PPT 第 5 页,展示表格表 2)

表 2

词作	所写城市	判断依据	城市特点	历史背景	主要意象	意境特点
望海潮	杭州	钱塘、怒涛等	形胜、繁华、清嘉	北宋盛世	烟柳、画桥、云树、怒涛、重湖、叠巘、桂子、荷花、羌管、菱歌、箫鼓等	繁丽壮美
扬州慢	扬州	淮左名都、竹西佳处 杜郎俊赏 二十四桥	萧条、空	南宋劫后	荠麦、废池、乔木、清角、冷月等	凄清悲凉

师:《望海潮》《扬州慢》都是长调,意象比较丰富。现在,请同学利用表格中“主要意象”一栏中的学习成果,探究一下作者是如何组接、组合各个意象的。

生:《望海潮》将描写自然景色的意象和描写人文风情的意象进行交叉组合。如罗列“画桥”“风帘”等人文风情意象后,转而呈现“云树”“怒涛”等自然景色意象,随后又转列“珠玑”“罗绮”等人文意象,再转接下阕的“重湖”“桂子”等自然意象,最后以“菱歌”“箫鼓”等人文意象收束。《扬州慢》按时间顺序组合意象,先写白天的“荠麦”,再写黄昏时的“清角”,最后写夜中的“冷月”。

师:作者采用这样的组接、组合方式,其主要目的或作用是什么?

生:《望海潮》的意象交叉组合方式,使全词描述避免了可能出现的平铺直叙、呆板黏滞的缺陷。多变的场景很好地表现了杭州风景优美、市井繁华、人民生活安乐的特点。《扬州慢》按时间顺序组合意象方式,有序而全方位地呈现了扬州城萧条空寂的特点,同时暗示作者意绪步步趋冷的变化。

师:分析得到位到点!全面而深刻!我们欣赏诗词,一定要理解作者的“文心”,在解决了诗词“写了什么”的问题后,多思考“怎样写”这一问题。

任务三:赏析手法

师:下面我们要进一步赏析两首词“怎样写”的有关问题。先来“八卦”一下《望海潮》的逸事。《望海潮》有两则广为流传的逸闻,这两则逸闻存在着较难考证甚至无法考证的缺点,读者却普遍认可这两个故事为真。请大家仔细阅读故事材料，然后展开小组讨论，从诗歌艺术鉴赏角度分析读者认故事为真这一现象产生的原因。（播放 PPT 第 6 页，展示材料）

柳耆卿与孙相何为布衣交。孙知杭州，门禁甚严，耆卿欲见之，不得，作《望海潮》之词，往谒名妓楚楚曰："欲见孙相，恨无门路。若因府会，愿借朱唇歌于孙相公之前。若问谁为此词，但说柳七。"中秋府会，楚楚宛转歌之，孙即日迎耆卿预坐。（〔南宋〕陈元靓《岁时广记》引杨湜《古今词话》）

孙何帅钱塘，柳耆卿作《望江潮》词赠之……此词流播，金主（完颜）亮闻歌，欣然有慕于"三秋桂子，十里荷花"，遂起投鞭渡江之志。（〔南宋〕罗大经《鹤林玉露》）

（学生讨论，分歧较大）

师：补充说明一下，如果我们认可这两个故事为真，那就是认可故事中的两位特殊读者的阅读感受为真。假如我们认可孙何、完颜亮的阅读感受为真，那就是认可本词所写杭州景色具有非凡感染力。作者采用了什么艺术手法使得本词充满感染力？

生：《望海潮》是长调，篇幅较长，所以有可能采用铺叙手法，全方位展示杭州的繁盛、安乐、壮美、秀丽。铺叙内容越丰富，越容易感染人。

生：词人在铺叙杭州景色过程中，做到点面结合，既有整体介绍，如"东南形胜，三吴都会"，又有细部聚焦，如"三秋桂子，十里荷花"，让读者对杭州的美好形成感性而深刻、全面且深入的认识，进而产生对杭州热爱、羡慕、向往之情。正是因为读者自己有此感受，所以也认可了孙何、完颜亮对本词的阅读感受。

师：是的。《望海潮》的关键艺术手法正是铺叙，同学抓住铺叙这一手法对全词进行鉴赏，收到了事半功倍的效果。还需提醒大家的是，本词铺叙中不仅点面结合，而且以点带面。比如，以"市列珠玑"这个具体的"点"写出杭州市井的繁华一"面"，以"嬉嬉钓叟莲娃"写出杭州居民生活的安乐，收到了既具体可感又引人联想的艺术效果。接下来我们齐声朗诵一遍《望海潮》，朗读时注意体会词作中的铺叙之美。

（学生朗读。教师板书"铺叙"）

师：我们再来欣赏《扬州慢》。如果说《望海潮》的主要艺术手法是铺叙，我们梳理一下，《扬州慢》采用的主要艺术手法是什么？

生：用典。

师：使用了哪些典故？我们试着梳理一下。

（学生梳理词中典故。师生共同明确主要典故）

师：词中"春风十里""杜郎俊赏""豆蔻词工""二十四桥"等句，分别化用以下诗歌中的相关诗句。（播放 PPT 第 7 页，展示相关诗歌）

赠别二首（其一）

〔唐〕杜　牧

娉娉袅袅十三余，

豆蔻梢头二月初。

春风十里扬州路，
卷上珠帘总不如。

遣怀

〔唐〕杜　牧

落魄江南载酒行，
楚腰肠断掌中轻。
十年一觉扬州梦，
赢得青楼薄幸名。

寄扬州韩绰判官

〔唐〕杜　牧

青山隐隐水迢迢，
秋尽江南草未凋。
二十四桥明月夜，
玉人何处教吹箫。

师：用典有什么特点？

生：词中所用的典故都是有关杜牧的。

师：作者为什么仅仅采用杜牧一人的典故？这样很容易被人误解为作品取材单一，作者学养不深、视野不广。

生：杜牧写扬州的诗歌最多，也写得最好。杜牧的诗也最能让人看到扬州过去的繁华。本词要突出今日扬州的萧条破败，最好就用杜牧笔下的扬州来反衬。

师：分析得很有道理。需要补充说明的是，“写扬州诗歌最多的诗人是杜牧”“写扬州最好的诗歌是杜牧的诗歌”这两个判断还需要斟酌、考证一下。但很明显，作者仅用杜牧一人典故，是为了将本词写作聚焦于扬州今昔盛衰的对比。杜牧的扬州诗写得极具特色，极能展现扬州的繁华。杜牧的扬州和姜夔的扬州形成了鲜明对比。词人一面描摹眼前景象，一面想象杜牧重游故地的震惊和悲哀，突出了自己面对劫后扬州的沉痛和悲凉。我们欣赏本词时，一定要紧紧抓牢“扬州今昔盛衰”这个“牛鼻子”。带着这样的认知，我们集体朗诵一遍《扬州慢》。

（学生朗诵。教师板书“聚焦”）

师：《望海潮》《扬州慢》两词，除了已分析的铺叙和聚焦艺术外，还有许多艺术特色值得大家咀嚼、赏析。课后请同学们从两词中挑选自己最欣赏的句子，进行赏析，要求形成文字。（播放PPT第8页，提供赏析示例）

“二十四桥仍在，波心荡，冷月无声”，词句运用拟人（或移就）修辞，富有韵味。月本无声，但作者在此特意拈出，给读者以特别的思考余地。因为，按照事理逻辑“正”“反”相成，你提出一个否定式命题，一定预设着一个肯定式命题。比如，我们说“你不要走”，就暗含着“你要走”这一前提。姜夔说“冷月无声”，这是一个简单的事实或命题，但根据正反相成的逻辑规律，它给了读者一个“冷月”原先或本应是有声的暗示。这一暗示又引领读者做这样的思考：“冷月”现在何以“突然”“无声”？原来，“冷月”也和诗人一样沉浸在对扬州城的衰败的沉痛和感伤中，故而失声、无声了。诗人借用这一有点“无厘头”的陈述或描述，曲折含蓄但又淋漓尽致地表达了当时情境特有的氛围和作者微妙的心理。同时，“冷月无声”隐隐包含着与昔日“冷月有声”的对比：昔日“二十四桥明月夜”，笑语喧哗，玉箫悠扬，月儿也与人同乐。诗句也因此而拥有了特别蕴藉的意味。

第二课时

任务四：体悟感情

师：学习诗歌要注意诗歌所述内容、所用手法、所抒感情。上节课我们了解了《望海潮》《扬州慢》两词的所述内容和所用手法，这节课我们重点体悟两词的感情。请全体男同学朗诵《望海潮》，全体女同学朗诵《扬州慢》（已经会背诵的同学背诵）。注意朗诵出词人所要表达的感情。

（男女生分别朗诵）

师：古典诗词常常借助特定意象来营造意境，又借助特定意境来含蓄表达感情。利用上节课表2中的“主要意象”“意境特点”两栏内容，推断、概括两词作者所用意象表达的基本感情。

生：《望海潮》用“烟柳”“画桥”“云树”“怒涛”“重湖”“叠巘”“桂子”“荷花”“羌管”“菱歌”“箫鼓”等意象营造繁丽壮美的意境，抒发了作者对盛世杭州的壮美、秀丽、繁华、安乐的赞美之情。《扬州慢》用荠麦”“废池”“乔木”“清角”“冷月”等意象营造凄清悲凉的意境，表达了作者对劫后扬州的萧条、空寂、荒芜的震惊和悲哀之情。

师：是的。两词都用铺排较多意象的方式，营造特定的意境，借以增加情感表达的力度。这是两首词情感特别浓郁和感人的重要原因。在诗词作品中，除了通过上述“意象—意境—感情”途径表达思想情感，作者还可能通过设置“诗眼”“词眼”的方式，或者直抒胸臆，直接“泄露天机”。自由朗诵两词一遍，找出自己认为最能表现作者思想情感的一个词或句子，并简要分析该词或该句表达的丰富思想情感。搜检词句的时候可以利用预习任务中收集的诗歌创作背景或创作缘起的内容。

生：《望海潮》中的“夸”字，最能表现作者情感，可以看作是本词的词眼。“夸”字具有多重含义，表面上表达对杭州美景的夸耀之情，暗中委婉表达对孙何政绩卓著的夸赞之情，同时寓含对孙何入朝执政的祝福之意。

生：《扬州慢》中的“惊”字，最能表现诗人对昔盛今衰的扬州感到震惊的感情，可以看作是本词的词眼。

师：两位同学的分析完全符合学术界对两词的评论。补充一点，《扬州慢》中的“惊”字包含内容丰富，唐圭璋先生评析，作者“用杜牧之诗意，伤今怀昔，不尽唏嘘。‘重到须惊’一层，‘难赋深情’又进一层，‘二十四’两句，以现景寓情，字炼句烹，振动全篇。末句收束，亦含哀无限”。（播放 PPT 第 9 页）根据唐先生的解说，联系词前小序交代的创作背景，“惊”字所表达情感至少包含以下四点——①震惊于劫后扬州的荒凉；②震惊于自己（杜牧）无法表达内心的沉痛和悲怆；③震惊于物是人非的悲凉；④震惊于花开无人赏、国难尚未息的现实困境。同学们在赏析两词情感的时候，要特别留意这两个“词眼”丰富的内涵、意蕴。

任务五：拓展阅读

师：我们上课时多次谈到《望海潮》《扬州慢》两词是长调，对一些艺术手法的分析就是基于这点做出的。爱思考的同学可能会提出这样的问题——长调、中调或者小令在艺术特色上会有怎样的不同？下面我们就探究一下这个问题。潘阆《酒泉子》和本课《望海潮》都是写北宋时期杭州盛况的著名词作。下面我们对两者进行对比阅读。

（教师播放 PPT 第 10 页，展示潘阆《酒泉子》。学生个人示范朗读。随后集体朗读）

酒泉子

〔宋〕潘　阆

长忆观潮，满郭人争江上望。来疑沧海尽成空，万面鼓声中。

弄潮儿向涛头立，手把红旗旗不湿。别来几向梦中看，梦觉尚心寒。

师：结合“预习任务 3”，我们简要梳理、概括一下两首词的用韵特点。

生：《望海潮》通篇押一韵；《酒泉子》开头两句不押韵，此后两句换一韵。

师：著名学者叶嘉莹先生曾说，即使对柳永词常存讥评的学者、读者，也不得不承认柳永长调中具有的“声律之美”和“铺叙之美”。我们对比阅读《酒泉子》《望海潮》两词，探究《望海潮》的“声律之美”“铺叙之美”的具体表现。要求形成书面阐述。

（学生思考，撰写赏析文字。教师选择部分文字展示）

师：我们综合刚才同学的观点，可以得出以下结论。《望海潮》的声律之美主要体现在以下三点——①《望海潮》通篇押韵，气韵流畅，因篇幅较长而“特显悠扬”，适于吟咏。《酒泉子》两句一换韵，气息略显短促。②《望海潮》除末句“异日图将好景，归去凤池夸”外，其余部分均三句成群，其中逢三必押韵，带来了非常鲜明的节奏感。《酒泉子》两句一韵，也能形成节奏，但起首两句无韵可押，有节奏不稳之嫌。③《望海潮》各句群，有的仅第三句押韵，有的则一、三两句押韵，韵脚形式灵活有变化，其节奏也因此变得规律而灵动。铺叙之美主要体现在以下三点——①内容上，《望海潮》是长调，所叙内容繁多，涉及历史、市井、西湖、江潮、人物等，体现了内容的丰富之美。《酒泉子》是小令，由于篇幅所限，仅仅描述江潮一事，所以略显单薄。②结构上，因铺叙内容繁多，《望海潮》特别注意叙述对象的层次安排，显示出叙写层次之美。③手法及风格上，《望海潮》的铺叙，“状难状之景，达难达之情，而出之以自然”（冯煦）、“细密而妥溜，明白而家常”，体现了手法纯熟之美和风格自然之美。带着这样的认

识，我们再集体朗诵一遍《望海潮》。（播放 PPT 第 11 页）

（学生朗诵）

师：为了更好地体会两词的艺术特点和艺术魅力，课外请完成背诵两词的任务。下课。

【教学反思】

本专题通过对比阅读的方式，引导学生学习长调《望海潮》《扬州慢》，赏析两词的表现对象、写作手法和情感意趣的差异，着重赏析《望海潮》的铺叙手法、《扬州慢》的"聚焦"技巧，体会长调的铺叙之美和声韵之美。同时开展《望海潮》与潘阆《酒泉子》(长忆观潮)（两者同写杭州盛世风貌），或《扬州慢》与欧阳修《朝中措·平山堂》（两者同写扬州风貌）的联读，辨识并欣赏长调和小令等短制的不同艺术特色。教学中，教师可以根据学情以及自己的爱好等，选择采用哪一组诗歌进行教学。

本课教学着力于引导学生掌握欣赏古典诗词尤其是宋词的方法。比如：强调运用对比方法、表格形式迅速把握不同诗词所述内容、所用手法、所抒情感的差异；提倡采用"意象—意境—感情"逻辑链条梳理及寻找词眼等不同方式，概括、分析诗歌情感意蕴等。受教学时间所限，学习、总结这些鉴赏方法后，课堂中尚未开展"举一反三""学以致用"的变式训练或巩固训练，建议教师根据自身教学情况，创设情境，如通过布置作业形式，补上这一环，以期达到教学效果最大化。

因本课为选择性必修内容，主要学习方式为研习，又因本课注解颇为详实，同时考虑到宋词鉴赏等相关基础性知识学生在必修阶段已经有所接触等情况，教学中对字词解说、文句梳理等活动进行了适当的淡化处理。对于诗词阅读、欣赏水平相对薄弱的班级，建议老师根据实际情况，在赏析诗词艺术时，随时穿插讲解字词，同时加强诵读安排。研习过程中，对于一些引起争论的解答，教师应及时反馈，学生解答如无明显常识性错误，教师应予以包容。

古老的诗意：诗歌鉴赏写作

执教 / 浙江省宁波市海曙中学　查婺波

本课课件

【专题目标】

诵读、欣赏单元所选的诗词名作，初步掌握鉴赏古典诗歌的重要方法。从“情景交融”这一角度，重点赏析《蜀相》，联读《雨霖铃》，发现作者独特的艺术创造，初步学习古典诗歌鉴赏写作。

【预习任务】

1. 巩固诗歌鉴赏方法，建构鉴赏写作支架。

(1) 阅读周汝昌《怎样欣赏中国诗词(节选)》等名家关于诗歌鉴赏的相关文章。

(2) 勾画圈点《唐诗鉴赏辞典》《宋词鉴赏辞典》中相关鉴赏模板文章。

2. 写作诗歌鉴赏片段初稿。

(1) 关注作者“全人”，明晰创作背景，在此基础上把握作品的思想内容。

(2) 从情景交融角度赏析《蜀相》，拟写提纲，试写初稿。

【教学实录】

师：中国古代诗人的情感特别丰富，凡所见之物、所听之音、所遇之事皆可形之于笔端，造就了浩如烟海、风格各异的诗歌王国。我们常说，诗句是天才创造的，诗意却可以属于每一个追求真善美的灵魂。本堂课我们的落脚点是鉴赏写作，而不仅仅停留在诗歌鉴赏。(播放 PPT 第 1 页)让我们从完成第一个任务开始。

任务一：去留争鸣，觅得精髓——体悟情景交融的价值

(班级齐读《蜀相》。教师播放 PPT 第 2 页，请学生读“思考争议”)

思考争议：有人说，题曰“蜀相”，而不曰“武侯祠”，可知杜甫此诗意在人而不在祠。有人说，既然诗人意在人而不在祠，那为何八句中为“碧草”“黄鹂”、“映阶”“隔叶”就费去了两句？又有人说，在“蜀相”题下设此两句，既无必要，也不精彩，是一处败笔。对此，你怎么看？

（生讨论，讨论组其中一位同学负责做好记录）

生：我觉得诗人就是为了找个机会情景交融。

师：你的回答直白无趣且很投机，蹩脚诗人都不屑这么做。

生（覃同学）：我觉得他先写武侯祠周围之景是为了渲染气氛，让读者在心里先形成一种凄凉的感觉，最后表达“出师未捷身先死，长使英雄泪满襟”，使情感有个递进的过程，就能更好地表达自己所想。

师：显然你比同桌高明多了。诚如覃同学所说，诗人从巍峨大殿瞻仰出来，再见映阶碧草，又听黄鹂鸣叫，带给他怎样的感受呢？这两句诗起到渲染情感、层层递进的作用。

生（陆同学举手）：我觉得这两句诗是不是在反衬前面的“锦官城外柏森森”？

师：我没有明白为什么是“反衬”，你能说得具体、通透些吗？

生：我好像也还没考虑好。

师：没关系，等一下你想到了可以随时补充。请埋头沉思的王同学来说说。

生（王同学）：“映阶碧草自春色，隔叶黄鹂空好音”，这两句肯定不能拿掉。这和前面的“柏森森”形成了对比。

师：小陆的“反衬”还搁浅着，你又来了个“对比”，那你的理由呢？

生（王同学）：寂静肃穆中，有了黄鹂的叫声，形成了鲜明的动静对比。

师：那我们就应该着眼于黄鹂的叫声在作者笔下是欢愉雀跃还是兀自空鸣了。

生：我觉得“隔叶黄鹂空好音”这句比较有生机，和上句“锦官城外柏森森”形成了对比。

师：这两句诗真的引发了课堂争鸣。我们不妨设想一下，杜甫到了成都，安顿好自己以后，大约头一遭事情就是怀着庄严崇仰之心直奔武侯祠，他感受到的是满园的生机吗？

（陆同学又举手）

师：看来小陆想好了，那你继续刚才“断线”的发言。

生（陆同学）：“映阶碧草自春色，隔叶黄鹂空好音”，表明诗人去拜访武侯祠的时间是春天。这两句诗我觉得是暗含褒贬的。

师：你积淀丰厚，感情细腻，但表达不能如此玄虚，要让同学们能接收、明白你所说的。

生（陆同学）：我的意思是，一个是这个“自春色”的“自”有一种自顾自地生长的意思，有点感觉是在埋怨这个祠为什么如此荒凉，应该是没什么人来拜访。

师：确实，草是兀自生长的。

生（陆同学）：还有一个就是“空好音”。鸟好像也是自顾自地在那儿叫。

师：草兀自生长，鸟兀自鸣叫。大家可以感受一下，有什么情感暗含在里头？诗人当日怀着满腔崇敬直奔祠堂，加以重点描绘，理所当然。但是诗句先呈现阶前碧草、叶外黄鹂，这是什么原因呢？殿宇看了吗？塑像观了吗？答案是肯定的。然而当诗人整理完自己的情绪，要写这首诗的时候，在意的绝对不是那些外在的行迹，而是要着重表达内在的感受。这两句诗为何不能去掉，它诚然是全诗景和情交融、凝结之处。(播放 PPT 第 3 页)

诗人正是游赏了巍巍殿宇、凛凛塑像，百感中来，万端交集，然后才越发觉察到满园萋萋碧草，寂寞之心难言，才越发感受到数声呖呖黄鹂，荒凉之境无限。在这里，你才看到诗人独自一个，满怀心事，徘徊瞻眺于武侯祠庙之间。没有这两句，诗人何往？诗心安在？杜甫一片诗心，全在此处凝结。

师：诗人最初注意点不一定是满园萋萋芳草。看完了巍峨的殿宇，瞻仰了凛然的塑像之后，诗人百感交集，万端中来。从殿宇出来后，目光再次触及，听到黄鹂鸣叫，联结诸葛亮的生平，想到自己的境遇。这位阶前林下徘徊的诗人不禁老泪纵横。他想到诸葛亮，想到自己，也想到天下与他们心事、命运相契之人。我们一起再来读读这首诗。

(生有感情地读诗)

任务二：一番风景，几番情意——感受词人微妙情绪

师：诗词总是在一番风景中蕴含着几番情意，诗人的微妙情绪是如何与景致融合在一起的呢？我们来欣赏一幅画(图 1)。(播放 PPT 第 4 页，展示图 1)

图 1

生(小声):《雨霖铃》。

师:你们一看便知,果真是经典之作。这正是刊印在《唐诗鉴赏辞典》中《雨霖铃》的插画。我来问问离我最近的这位同学,你是如何确定的?

生:看到了经典的"执手相看泪眼"。

师:你觉得这幅经典之作是否完整、完美地传达了诗人所想传达的情感呢?

生(斩钉截铁):不可能。

师:你果断否定背后的理据是什么?

生:记得做过一篇关于"诗画"的现代文阅读。我记得其中有几句大概意思是说,王维"诗中有画,画中有诗",诗和画可以相互表现,但又有离合异同。画不能完全表达出诗的色彩、诗的意象以及诗的意境。画和诗是没办法完全互相表达的,就像这首词中很多意味在这幅画中是无法体现的。比如,诗人的心境,和恋人分别时候的不舍以及对未来的惆怅,这些在画中都是看不到的。

师:大家是不是要给这位同学一点掌声?(生鼓掌)他铿锵有力的发言引自我们曾经做过的一份练习。给他鼓掌一是肯定他是学习的有心人,而非刷题的机器;二是他还能学以致用,把对于诗画的论述灵活地迁移到诗歌鉴赏中,表达"画不能尽诗情"的观点。诚然,好画家可以设法暗示意味和感觉,却不能在画面上直接画出来。而那不能画出来的恰是"诗中之诗",正是使这首诗是诗而不是画的精要部分。画笔无法复印机式地再现诗情之境。

任务三:铺设支架,搭建框架——建构鉴赏知识链

师:各位同学,何谓诗词鉴赏写作?鉴赏是基础,写作是进阶。我们通过经典示范来学习诗词鉴赏写作。(播放 PPT 第 5 页,展示《唐宋词鉴赏辞典·唐、王代、北宋》中鉴赏《雨铃霖》情景交融的经典片段,分别请两位女生朗读)

> 起首三句写别时之景……然而词人并没有纯客观地铺叙自然景物,而是通过景物的描写,氛围的渲染,融情入景,暗寓别意。时当秋季,景已萧瑟;且值天晚,暮色阴沉;而骤雨滂沱之后,继之以寒蝉凄切:词人所见所闻,无处不凄凉。
>
> "今宵酒醒何处?杨柳岸、晓风残月"……这三句本是想象今宵旅途中的况味:一舟临岸,词人酒醒梦回,只见习习晓风吹拂萧萧疏柳,一弯残月高挂杨柳梢头。整个画面充满了凄清的气氛,客情之冷落、风景之清幽、离愁之绵邈,完全凝聚在这画面之中。

师:阅读诗词的一条秘诀便是"一切景语皆情语"。对于"烟波""暮霭""晓风残月"等心灵密码进行解读,就会发现诗人不是抽取了情感孤立地写景,景承载着诗人复杂的情感,诗中之情也并非没有依托,亦是借由景流露。我们一起来完成诗词鉴赏的知识链(见图 2)。(播放 PPT 第 6 页)

生:《蜀相》是对诸葛亮赤子忠心、鞠躬尽瘁的歌颂,同样也蕴含杜甫自己壮志未酬的感慨。《雨霖铃》表达依依惜别之情及对前程的担忧迷惘。

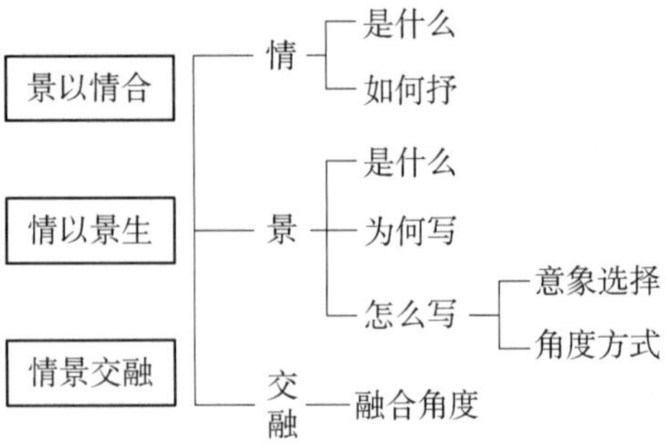

图 2

师：通过这组同学对“情”的阐发，我们来提炼概括一下，诗词中的“情”是什么？

生：应该是诗人的志向、追求等。

师：概括精当。诗词中的“情”就是作者由眼前之景触发而生的思想情绪等。诗词又是如何来抒情的？

生：最常见的应该就是借景抒情吧。

师：看来训练有素。的确，诗词中的情感往往不是直白流露的，而是借由景物曲折传达。中国古典诗词“贵含蓄，忌直露”。譬如《蜀相》，诸葛亮的故事耳熟能详，你们觉得在首联之后抽去“映阶碧草自春色，隔叶黄鹂空好音”两句直接抒情效果好吗？

生：未免过于突兀，缺少一些铺垫，不符合抒情的逻辑。

师：入诗之景皆非多余。那什么是“景”？请用一句话来概括。

生：客观物象。

师：你的回答极其简练。景即投射了诗人主观情感的客观物象。意象的选择有讲究吗？

生：要贴合当时诗人想要抒发的情感。

师：同桌来说说写景有哪些角度和方式？

生：调动各种感官，如视觉、听觉。动静结合。

师：还有吗？继续补充。

生：有眼前之景，也有想象之景。虚实结合。

师：总之，通过对情景的揣摩，我们才能走进诗人内心，读解诗人心灵密码。

任务四：铺设支架，搭建框架——建构鉴赏知识链

师：既然是一堂鉴赏写作课，我们必定要试水写作。大家对自己的初稿还有印象吗？当时你的写作思路是怎样的？鉴赏写作是写作的一种，也是要讲究写作逻辑的。

师：一般品读诗词可从“是什么”“怎么样”这两处着手。我们首先应该关注这首诗“是什么”。它包括哪几个方面？

生：诗歌写了什么？主旨思想是什么？还有就是诗人的情感。

师：精辟。然后我们要考虑什么？

生：诗人是如何写的。

师：不错，“始可与尔言‘诗’矣”。（生笑）接着，我们要思考的是“怎么样”的问题，就是诗

人通过什么方式来表达，也就是品鉴一首诗词独特的艺术创造。譬如今天这堂课我们从情景交融角度赏鉴诗词艺术特色。我知道不少同学对写作的态度不大友好，事实上，我们可以细化写作过程，把它分为具体可操作的几个步骤。大家说说鉴赏写作的第一步是什么。

生：就是刚才说的搞清楚诗歌写了什么。

师：听课有效率。诗歌是很美好的东西，“搞清楚”三个字不大搭调。可以说通过知人论世等方法探微主旨。那么第二步呢？

生：明了诗歌情感。

师：对。可以用到本单元学过的哪些方法？

生：抓住意象品读诗歌。

师：讲得很有道理。通过本单元学到的联想、想象等方法连缀诗歌画面。接着就进入我们诗歌鉴赏写作的重点——从“情景交融”角度分析，我们已在任务三初步达成。完成这三步后，还差最后点睛之笔。刚才读到的《雨霖铃》的鉴赏范文本身就像一首诗。可见，诗歌鉴赏写作的语言很是讲究，大家需要在语言表达上多多着力。

师：我们请一位同学就如何进行诗歌鉴赏写作给大家做个小结吧。

生：用学到的写作提示，整体把握诗歌，读懂诗人情感，找一个自己最有感觉的角度，用准确流畅的语言，哦，不，最好用诗情画意的语言写下来。

师：总结到位。鉴赏写作就是发现作者独特的艺术创造，记录阅读审美体验的过程。我给大家推送了《一首能治愈鱼的诗》的绘本故事。诗在每个人心里呈现不同的样子，通过阅读诗歌、品鉴诗歌、鉴赏写作等活动，或许能擦拭心灵的浮灰，把平凡日子点石成金。今天的作业即修改之前的初稿。小组合作，提出意见，评出佳作。下课。

（附《蜀相》诗歌鉴赏写作片段一则）

从城外翠柏森森到阶前碧色，由远及近，迤逦铺展。杜甫怀着一腔崇仰之情，游赏完了巍巍殿宇、凛凛塑像后，悲从中来，百感交集。当诗人从深沉悲壮的感情中抽离出来，看到满园萋萋碧草，听到数声黄鹂鸣叫，越发觉得园中春色寂冷、凄清。情随景生，景以情合。现实的单薄难抵历史的厚重，苍凉中的一抹生机难以消解内心的沉郁。阶前青草年年碧绿，隔叶黄鹂声声鸣叫。“自”“空”两字让景致失了意味，使无限春色陡转。庭草自春，何妨人事；黄莺空啼，更为伤情。碧草和黄鹂自顾自的情态得以充分展现，暗含诗人的落寞与感伤。

【教学反思】

笔者课前进行了小调查。调查显示，学生表示从来没有进行过诗歌鉴赏写作，近六成学生认为诗歌鉴赏写作就是诗歌鉴赏。学生的“原生态”诗歌鉴赏写作基本分为两类：一类是将诗歌鉴赏写作变成了诗词翻译；另一类是写成了读后感。诗词翻译只是改变语言形式，将“诗”变为“文”，本质上还是原有内容的复现。读后感则泛泛而谈，既不符合诗歌鉴赏“赏”的要求，也不合乎写作基本逻辑。诗歌鉴赏写作如何从无到有，慢慢走近学生生活？本案例主要从以下三个方面努力：

1. 聚焦审美品格与语文能力的结合

审美品格的塑造没有语文能力培养的落实就如同海市蜃楼。本案例注重对学生语文能力的培养。鉴赏需要学生与作品进行审美力的交锋,学生在参与和交锋中,感受诗歌的独到之处。写作教学着力于设计层递渐进的过程,把粗线条的原则转化为可操作的写作习得行为。

师生通过完成系列任务,建构了一条富于逻辑的表达路径。比如,为学生提供撰写诗歌鉴赏写作的基本逻辑图式。要进行诗歌鉴赏的写作,先要读懂诗歌的内涵,把握诗人情感,即回答"写什么"和"是什么"这两个问题;再聚焦情景交融这一视角,深度赏析,探讨"怎么写"的问题。这种写作图式看似简单,却能帮助学生建立一条鉴赏写作的路径,使他们有方向可循。从现场效果看,这堂课基本达到预期目标。学生把握了诗歌鉴赏写作的基本维度,掌握了鉴赏写作的基本范式。

2. 把握诗词鉴赏与写作训练的融合

诗歌鉴赏写作是建立在读者与诗歌、与诗人在交流、对话中生成的感悟与思考之上的,继而追根溯源,品鉴"这样写"的妙处,使写作训练点落地。本案例在初步鉴赏《蜀相》以后,对情景交融做触类旁通的阅读。教师提供学习支架,指向写作训练点:(1)发挥想象和联想,把自己"摆"进去。(2)运用恰当策略,获得审美体验。比如,可借助想象,置身诗境,也可将揣摩意象,体察意境等鉴赏古诗词的重要方法迁移到写作中。(3)诗人的寄托象征和读者的审美体验要予以整合。

鉴赏是基础,写作是进阶。正确引导学生处理鉴赏与写作的关系,是诗歌鉴赏写作一个重要的环节。教写作步骤只是教了形式内容,容易把诗歌鉴赏写作教成静态样式。决定诗歌鉴赏写作水准的重要因素还是鉴赏能力。因而,教师对于诗歌鉴赏的写作指导,不应仅仅局限于搭建写作框架、传授写作技巧,而应立足于引领学生深入品鉴诗歌。

3. 指向从引导学习到自主学习的转变

本案例以任务驱动活动,引导学生在情境任务中探究诗歌鉴赏写作的基本范式。新课程倡导发现学习、自主学习。教师要做的就是为学生提供必要的支架。单元研习任务四建议"从语言、构思、意象、情感等方面选择一两个角度,发现作者独特的艺术创造",本案例"情景交融"的鉴赏角度是经综合考虑后选择的。如果条件允许,教师可以通过小调查或者安排系列小专题,从学生最感兴趣的角度切入尝试鉴赏写作教学。另外,从写作知识链建构到鉴赏写作步骤的达成,教师可以设计多样化的、学生乐于参与的小任务来调动他们的探究欲,让他们在发现中学习,在自主学习中收获学习的快乐。

诗教传统：举办“今天，我们为什么读古诗”研讨会

执教 / 宁波市镇海中学　叶隆晓

本课课件

【专题目标】

组织开展综合实践活动并参与研讨，就“今天，我们为什么读古诗”进行交流。关注自己，关注时代，关注生活中的“诗”和“诗意”，以此来提高对古典诗歌的当代价值的认识水平，激发学习诗歌的内驱力。

【预习任务】

1. 观看叶嘉莹在《朗读者》的采访片段，阅读先生的《唐宋词十七讲》等专著，并做好读书笔记。

2. 搜集古今中外“论读诗”的观点材料，重点了解我国诗教传统的渊源及发展。

3. 了解研讨会的一般流程与要求，从多个角度思考“今天，我们为什么读古诗”，写好发言提纲，为研讨会发言做准备。

【教学实录】

师：同学们好！（播放 PPT 第 1 页）

生：老师好！

师：同学们，说说你们是什么时候开始读诗的？读的是什么诗？

生：我是从幼儿园开始的，最早读的是《春晓》。“春眠不觉晓，处处闻啼鸟。夜来风雨声，花落知多少。”

生：我刚会说话我妈就教我读诗了，读的是骆宾王的《鹅》。（学生笑）

师：同学们的“诗龄”都很长啊。看来你们跟诗非常有缘分。

任务一：与诗邂逅——总有一段诗意在等你

师：有句诗叫“文章本天成，妙手偶得之”。读诗的快乐与作诗相似，每一次邂逅都会给

人惊喜、感动。诗歌带给人最美妙的体验就是在一个特殊的场景，你突然生出了特殊的感动，并且感觉到胸中有一首诗非要吐露不可。在以下场景中，你会想到哪些诗句呢？请选择一个场景来说一说。（播放 PPT 第 2 页，展示图 1、图 2）

场景一　安静的校园小径

图 1

场景二　放学的校门口

图 2

生：我选择第一个场景，我想到了"蝉噪林逾静，鸟鸣山更幽"。我们的校园里亦动亦静，蝉鸣、鸟鸣更显得校园的美妙。悠然如斯，深感岁月静好。

师：看到了这个场景，想到了王籍的诗，同学们不仅看到了校园美如画，居然还能听到声音，确实是诗歌的魅力啊。

生：我也选择第一个场景。我想到了"众鸟高飞尽，孤云独去闲"。当我考试没考好，走

在校园小径中，有一种孤独感。不过，倒是跟李白惺惺相惜了。（众生笑）

生：那我就选第二个场景。我会想起“仰天大笑出门去，我辈岂是蓬蒿人”。每一天都是充实而快乐的，学习知识，让自己变得更加自信，有一种“激扬文字”的快感，所谓的“年少轻狂”就是如此吧。哪怕考试不好，也没什么，“天生我材必有用”。

师：不同的性格，不同的情感，不同时空境遇下会遇到不一样的诗句。这位同学很有激情，也很自信。

生：我也说说第二个场景。我想到的是“青青园中葵，朝露待日晞”。时节变换得很快，光阴一去不返，作为“园中葵”的我们要珍惜时间，发奋努力，有所作为。每次出校门的时候，我都会反省一下一天的学习，所谓“吾日三省吾身”嘛。（学生笑）

师：同学们想到的诗时间跨度很大，类型也多样。所以说，生活如诗，诗在生活中，与你邂逅。有时候不是我们去找诗，也不是诗在找我们，而是我们不小心就相遇了。

任务二：倾听思辨——他人之思与自我之辨

师：有了这些感性的认知，我们接下来就一起来聊一聊今天的话题“今天，我们为什么读古诗”。中国被视为诗的国度，自古以来就有“诗教”的传统，从《诗经》而下，其“温柔敦厚”的教育功能被运用到极致。不仅在中国，“为什么读诗”这个话题在世界各地均有论述，且让我们听一听先人的观点，并说一说你的理解。（播放 PPT 第 3 页）

子曰：“小子何莫学夫《诗》?《诗》可以兴，可以观，可以群，可以怨。迩之事父，远之事君，多识于鸟兽草木之名。”（《论语·阳货》）

感人心者，莫先乎情，莫始乎言，莫切乎声，莫深乎义。诗者，根情，苗言，华声，实义。（白居易《与元九书》）

我们读诗、写诗不是为了好玩，而是因为我们是人类的一分子。人类是充满激情的。没错，医学、法律、工程、商业，这些都是崇高的追求，足以支撑人的一生。但诗歌、美丽、浪漫、爱情，才是我们活着的意义啊。（《死亡诗社》）

师：在你们的预习作业里，老师选择了三段论诗的素材，大家请看 PPT。我们先请搜集这些素材的同学来说一说他们的认识和感受。我想，大家肯定很期待这些同学的发言。

生：在《论语》的学习中，我们都知道孔子非常重视《诗》。例如，“不学《诗》，无以言”“起予者商也！始可与言《诗》已矣”。《诗经》是当时社会的缩影，也是一部集聚政治、道德、伦理、哲学以及审美、文化教育意义的著作。人们学习《诗经》，不仅仅是学习其中记述的知识，雕章琢句的功夫，更重要的是要修炼完善自己的人格，继承风雅的传统，“君子以文会友，以友辅仁”。这也许就是诗教传统的开始。

师：你刚才说得很棒。孔子把诗歌教育作为教育最基本的内容之一，《论语》有言，“兴于诗，立于礼，成于乐”，诗教在整个传统的教化系统中都是基础性的，化入了人们的日常生活之中。古人云，“诗言志”。我们可以从诗歌中体会人格的教化、价值的方向。

师：白居易论诗是哪位同学找的？你又有何高见？

生：老师，这一句是从教材里找到的。（生笑）不过，我真的觉得讲得很好。读诗的人可以得到情感的润泽，感受世间真情。诗人是在诗里的，人类的共情自然也在诗歌里。恰似雨露滋润大地，诗情也会滋润心灵。我觉得诗歌最重要的就是感情，能够让人动心的都是好诗。不一定要“言志”，“言情”也是可以的。（生笑）

师：当然，这里的“志”，内涵可以丰富一些。孔子时代的“志”主要是指政治抱负，而到了庄子的“诗以道志”的“志”，就是指一般意义上人的思想、意愿和感情。下面有请第三位同学。

生：《死亡诗社》是我非常喜欢的一部电影。里面论诗的内容我想朗读一下。（学生鼓掌）

生：“我们读诗、写诗不是为了好玩，而是因为我们是人类的一分子。人类是充满激情的。没错，医学、法律、工程、商业，这些都是崇高的追求，足以支撑人的一生。但诗歌、美丽、浪漫、爱情，才是我们活着的意义啊。”（学生热烈鼓掌）我觉得诗歌的意义就像生命。诗歌没有命运的捆绑，没有身份的羁绊，没有生命里最后的寂寞和凄凉。我们不一定是人们心中的诗人，但是一定是自己内心深处的诗人。因为自己，你的存在才是存在。结合庄子的“无用之用”，还有笛卡尔的“人是会思想的苇草”，我想诗歌表达的才是人最后的意义。（学生再次鼓掌）

师：这也许正是我们今天上这堂课的原因。有人说“学了数理化，走遍天下也不怕”，我们班是理科创新班，数理化确实都很强，但是老师多么想，当你们有一天为了一个实验数据、一个数学猜想而绞尽脑汁时，如果有一首诗歌可以让你感受生命的轻松与愉悦，那是多么幸福的一件事情啊。

任务三：你的声音——今天，我们为什么读古诗？

师：有了感性的体会，也有了前人的指引，我们对诗歌的情感变得更加丰富了，认识变得更多元了。思想的争鸣需要听别人说，也要听到“你的声音”。大家觉得，在我们的现实生活中，在当代中国的国情中，我们为什么要读古诗？今天我们就开一个小型的研讨会。（播放PPT 第 4 页）

> 发言稿
>
> 一般包括标题、开场白、正文、结尾四部分。
>
> 发言稿的收束语一般为“我的发言完毕，谢谢大家”。
>
> 如果是争论性强的话题，可以说“不当之处，欢迎大家批评指正”等。
>
> 发言要注意：观点鲜明，条理清楚，语言简洁明快。

师：大家先看 PPT，了解一下研讨会发言的要求和发言稿的格式。大家做一下准备工作。本次研讨会由陈同学来主持，同学们根据座位分成 6 个小组，讨论后派代表发言。具体活动按照主持人的引导展开。

（按照座位分组，讨论。讨论充分后，开始会议）

生(主持人):各位同学大家好,“今天,我们为什么读古诗”研讨会现在开始。有人说这是一个诗歌凋零的时代,也有人说这将是一个诗歌复兴的时代,我们将何去何从?我想,答案是明确的。我们将继承先人的诗教传统,用诗歌滋养灵魂。请同学们从不同的角度来说说我们为什么读古诗。

生:衡量一个民族的文明程度有两个标尺,一个是物质,一个是精神。“诗教”在民族文化精神和文化人格塑造过程中曾经发挥过重要作用,在中国当代文化建设中,特别是在文化教育中,仍然具有重要的意义。一首好诗的熏染,往往要超过千言万语的说教。诗歌不仅给予了我们审美的享受,也教会了我们如何待人处世,如何与自己相处。我的发言完毕,谢谢!

生(主持人):好,这位同学从文化的角度阐释了诗歌的意义。下面有请第二组。

生:古诗词能够表达出很多不可言喻的内涵,具有意想不到的功用。例如,在新冠肺炎疫情暴发之初,日本给予我国的援助物资上就写着“山川异域,风月同天”“岂曰无衣,与子同裳”的诗句,而我们后来援助日本时,则写着“青山一道,同担风雨”“道不远人,人无异国”的诗句。一来一往之间,诗有尽而意无穷、情无边,这就是诗歌的作用。这是我们的观点,谢谢!

生(主持人):第二组的同学从诗歌的当代运用的角度来解读其功用。古为今用,用出了韵味。

生:在诗词无用的喧嚣年代,我们更要去找回诗意,找回灵魂的温度。从前车马很慢,书信很远,所以每次思念都是深刻的,每一次告别都是认真的,每一次相遇都是惊喜,每一次邂逅都会让人情不自禁。时移世易,订一张机票,千山万水也不算什么距离,一个视频电话,远人可以近在咫尺,所以再也不用登高怀远、见字如面。可是当每一次见面都变成相视无言,每一次相聚都变成各刷手机时,你又是否怀念从前慢的日子?也许时代已经不是那个遥远的时代,但是情感仍可以是那样的情感。发言完毕,谢谢!

生(主持人):诗歌给了人们心灵栖居的场所,里面很静,也很美。

生:我们组认为诗歌的用处便在于“无用”。“我们为什么读古诗”的答案是丰富多彩的,人的多元意味着诗歌的功用的多元。我们这些人的观点是“喜欢,不需要理由”。(生笑)

生(主持人):这组同学似乎没有说理由,但是喜欢就是一个理由。这就是感性。还有两组同学请发言。

生:诗歌可以让人变得更加有气质。各种文学体裁各有特点,我觉得最优雅的就是诗歌。言语隽永,内涵丰富。腹有诗书气自华,在这个快节奏的时代,真正的气质和风度肯定不会是外在,而诗歌给人带来的气质是不会散去的,淡雅清新,沁人心脾。就这些,谢谢!

生:我们想好的他们基本上都说到了。我最后补充一下,在这个时代,我们为什么要讨论为什么读古诗,是因为很多人不读诗了。不仅不读诗,也不读书。越是无知的人,越是固执、狂妄;越是缺乏感性的人,越是无情。我觉得读古诗,让我们更具有“人性”。我的发言完毕,不当之处,请批评指正。

生(主持人):现代化的转型带来了社会的巨大进步和提升,但同时,快速的现代化也使得许多内在的、深沉的东西无处寄托,修养不足、道德滑坡乃至价值缺失。诗歌的存在,诗教传统的价值,不能停留在学校,我们要把它带入生活。凡有空气的地方,就有诗歌,就有我们的“志”和“情”。因时间关系,本次研讨会到此结束。课后,同学们仍然可以展开讨论。谢谢大家!

（鼓掌）

师:同学们准备得很充分,预习作业做得很好,不仅有广度,也很有深度,有些同学还很有灵气。我想说一点,读古诗是一件非常私人化的事情,为什么读更是因人而异,同学们讲得都很有道理,列举了种种读古诗的原因。经过这次研讨会,我相信,同学们都会更热情地去接受诗歌的熏陶。

任务四:与诗偕行——听叶嘉莹讲“为什么读古诗?”

师:好了。最后,我们一起来听一听叶嘉莹先生的想法,她为什么读古诗。（播放 PPT 第 5 页）

> “诗,让我们的心灵不死!”
>
> “用语言把你的心走过的路说出来,这就是诗啊。”
>
> 如果心灵完全沉溺在物欲之中,那将是人生中最可悲哀的事。“倘若一个人听到山鸟的鸣叫、看到花开花落的变化都会从内心生发感动,这样的心灵才是纯净动人的。”
>
> “假如生活发生不幸,当你将之用诗来表达的时候,你的悲哀就成了一个美感的客体,就可以借诗消解了……”

师:她被称为中国古典文化的传灯人,一个被称为“先生”的人,一个毕生诲人不倦的“师者”。有人借她讲解的宋词度过忧患,疗愈伤口;有人学着她一样在诗词中缱绻,找寻人生意义。下面就请同学来读一读。

（学生采用个人读,齐读,接力读等多种方式朗读。在朗读声中,结束整堂课）

【教学反思】

在本单元的学习中,学生从我国的诗歌源头出发,一路探寻,一路欣赏,应该对古诗给我们带来的在审美、情感、文化等方面的益处有些体会。本专题为综合实践活动专题,也是本单元的最后一个部分,旨在让学生参与研讨,并进行表达交流;引导学生关注自己,关注时代,关注渗透在我们生活中的古诗;正确认识古典诗歌的当代价值,激发学生学习诗歌的内驱力。这个专题采用项目化的活动方式,体现了新课程的理念。真实而富有意义的语文实践活动情境有益于学生充分运用所学知识,形成、发展语文学科的核心素养。因此,我在教学设计中紧紧抓住“实践”的特点,设计典型的任务,用多任务、多驱动的方式推进学生学习,为学生独立思考与拓展应用留下足够的机会和空间。

为了达成教学目标,我采用了感性体会与理性分析相结合的方式进行教学。这个专题的核心是研讨会,因为班级学生人数多,不可能每个学生都有发言的机会,因此采用小组合作,代表发言的方式,全程由学生主持进行。在这个核心活动之前,我还设计了“与诗邂逅”“倾听思辨”两个任务,为核心任务的顺利开展做铺垫。“与诗邂逅”旨在勾起学生对诗歌的感性认识,让其身临其境;“倾听思辨”旨在让学生倾听来自不同国度、不同年代的关于诗歌功用的论述，拓宽学生思路。而最后一个任务“与诗偕行”则是升华主旨，在感性与理性的交织中感受叶嘉莹先生的崇高的力量。

开一个成功的研讨会的前提是充分的调查、研究、学习，如此才能言之有物，言之有理。课前，我让学生做了大量的准备工作。了解叶嘉莹先生的事迹，搜索并鉴赏叶先生的文章，观看先生在《朗读者》的采访片段；搜集古今中外论读诗的观点材料，重点了解我国诗教传统的渊源及发展；了解研讨会的一般流程与要求，从多个角度思考“今天，我们为什么读古诗”，为研讨会发言做好准备。这些准备工作让整个课堂变得非常流畅，学生的回答也非常有深度。在学生广泛参与的背景下，激发了学生探索的热情和表达的欲望。研讨会在主持人的引导下，也是井井有条。这堂课最大的特点是需要做充分的准备，此外，课堂活动要主次分明，核心任务和辅助任务相得益彰。研讨会需要理性，而诗歌又特别感性，如何将二者融合，就需要设计更多的活动帮助学生感受和体验。

回顾整堂课，还有不少地方需要改进。例如，学生在研讨会中发表见解时，如果教师能够适时地帮助学生想起一些诗句，就会让整个过程变得更加亲切可感，也能充分印证学生自己的观点。

第二单元

独特性和典型性：阿 Q 的精神胜利法探究

执教 / 杭州外国语学校　李　芳

本课课件

【专题目标】

精读《阿 Q 正传（节选）》，参读《阿 Q 正传》和丰子恺《漫画阿 Q 正传》，赏析阿 Q 这一典型人物形象，梳理建构“精神胜利法”的丰富内涵，理解旧中国国民的“劣根性”，从而理解鲁迅的启蒙思想。

【预习任务】

1. 阅读《阿 Q 正传》序言（第一章），了解作者对“文章的名目”以及阿 Q 姓氏、名字、籍贯的说明，思考作者为什么用如此庄重严肃的文学样式来给无名无姓、籍贯渺茫的阿 Q 作传。（第一课时）

2. 阅读课文《阿 Q 正传》（节选），尝试概括阿 Q 的生活片段，找出阿 Q 精神胜利法的主要表现，在教材空白处做旁批。（第一课时）

3. 阅读《阿 Q 正传》第四至九章，梳理主要情节，深入思考作者为什么要塑造阿 Q 这一人物形象。（第二课时）

4. 欣赏丰子恺《漫画阿 Q 正传》，想想画家笔下的阿 Q 形象是否符合你的理解和期待。（第二课时）

【教学实录】

第一课时

任务一：漫画激趣，细读慢品

师：（播放 PPT 第 1 页）同学们好，今天我们一起来学习鲁迅的经典小说《阿 Q 正传》，教材节选第二、三章，我们先来看个视频。（播放北京卫视《念念不忘：含蓄人间情味　开创者丰子恺》前 6 分钟，让学生了解丰子恺于 1937、1938、1939 年三度创作《漫画阿 Q 正传》〔见图

1、图 2、图 3]的主要故事。播放 PPT 第 2 页)

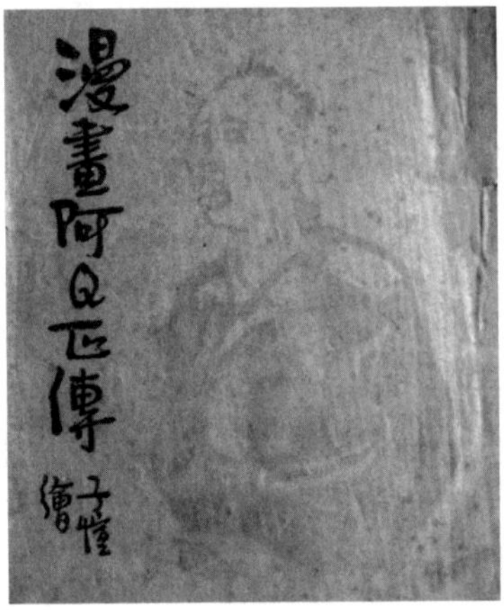

图 1

图 2

图 3

师:在战火纷飞、颠沛流离的艰难岁月,画家丰子恺不顾画稿一再被毁的惨痛遭遇,坚持创作并成功发表《漫画阿 Q 正传》。《阿 Q 正传》为何能让他读之落泪、潜心创作并祈祷将来的中国不复有阿 Q 及产生阿 Q 的环境呢?

(学生思考)

师:课前大家阅读了《阿 Q 正传》全文,认真完成了学习任务单。《阿 Q 正传》共九章。第一章是小说序言,交代了小说人物名字的由来,介绍阿 Q 是一个无姓无名、籍贯模糊的底层小人物。教材节选的第二、三章精练刻画了阿 Q 的精神胜利法,请同学找出小说在何处明确提出"精神胜利法"?

生:在小说第二章"阿 Q 想在心里的,后来每每说出口来,所以凡有和阿 Q 玩笑的人们,几乎全知道他有这一种精神上的胜利法"。

师:(播放 PPT 第 3 页)是的。课前请大家找出能体现阿 Q 精神胜利法的言行并进行点评。现在我对大家最为关注的三处文段和点评进行了整理,我们一起来看一下。(播放 PPT 第 4 页)

> 闲人还不完,只撩他,于是终而至于打。阿 Q 在形式上打败了,被人揪住黄辫子,在壁上碰了四五个响头,闲人这才心满意足的得胜的走了,阿 Q 站了一刻,心里想,"我总算被儿子打了,现在的世界真不像样……"于是也心满意足的得胜的走了。

师:这一段发生在什么情节之后?

生:发生在未庄闲人用语言羞辱阿 Q 之后。

师:之前闲人已经取笑阿 Q"亮起来了""保险灯",却"还不完,只撩他",你能想象闲人是如何"撩"的吗?

生(直接表演,右手作灯泡发光状):"哎呦哎呦,你看,你看,越来越亮了!"

(许多同学笑)

师(笑):这就是从未庄出来的人。

生:之前是用语言羞辱他,现在可能会直接上手,比如,弄他的头。

师:下次如果我们排戏,可以设计这样的动作。

生:闲人可能会故意凑近阿Q,想照出人影。

(师生笑)

生:可能会发出奇怪的"嘘"声。我不太能模仿。

(师生笑)

师:好的,通过大家的想象,我们似乎也能理解"于是终而至于打"了。但阿Q被打败了,被人"揪住黄辫子"碰响头,"揪"和"抓"有什么区别?

生(纷纷回答):"揪"更加有力。

师:对的。每个字都值得细品。我选了一些同学的点评,一起来看。(播放PPT第5页,展示许同学的点评)

磕响头表示惶恐、感激的心理状态,此处阿Q被揪住辫子磕头本是很屈辱的事,然而他却通过幻想辈分获得了心理上的满足,就像晚清政府割地赔款应为奇耻大辱,然而通过以"天朝上国"身份自居,"心满意足的得胜"了。

师:许同学,你写的"磕响头"和阿Q被"碰响头"的姿态不大一样?

生(许同学):是的,其实闲人就是用"碰响头"的方式让阿Q向他磕头致敬。

师:鲁迅《拿来主义》中也有一句"只好磕头贺喜,讨一点残羹冷炙做奖赏",这里的"磕头"就是丧失主权、尊严的亡国奴行径。对这个"碰响头"有不同的理解吗?

生:揪着辫子碰响头就是欺侮阿Q。但阿Q竟能用"被儿子打了"来自我开导,最后"心满意足"。

师:你用"竟能"这个词,想表达什么情感?

生:震惊!

师:超出了你的想象。

生:对。

师:"被儿子打了"这句的潜台词是?

生(纷纷回答):你是我儿子,我可是你老子。

师:阿Q靠虚构占了上风。我们再来看吴同学的点评。(播放PPT第5页,展示吴同学的点评)

两个"心满意足的得胜的走了",读起来颇为荒诞。但是真正让我为阿Q心痛的是"站了一刻"——一个瘦弱的男子站在街边十五分钟,想来便觉得悲伤。

师:我必须诚实地告诉大家,之前我没有特别留心过这"站了一刻",但我现在也确实觉得可以一品。谁来说说阿Q这一刻的所思所想所感?

生:他被打了,刚开始有一些难过和委屈,然后转变成愤怒,接着他可能回顾了以前被欺负但也没办法反抗的经历,就很无奈,最后放弃了。

师:你把阿Q的心理发展过程梳理了一下,很清晰。

生(沃同学):阿Q被在墙上碰了四五个响头之后,他应该有些脑震荡之类的。(同学笑)所以他应该没有缓过来,还处在脑子昏昏的状态中,后来他肯定想自己也没有办法,打不过闲人,于是就用辈分更大来安慰自己,“没有关系的”。

师:你的分析很切实。可能我们大家都没有这样的经历,但或许也有不小心头撞到桌子、门墙的体验,如果要发出“响”声,那撞击的力量必定不小,头是痛的,阿Q的身体是痛苦的。

生:我非常赞同沃同学的说法。阿Q第一个阶段应该是非常茫然的,我脑海中能浮现出一幅画面——一个男人,张着嘴巴,眼神空荡荡;第二个阶段应该是非常无助,因为他的敌人已经扬长而去,而他只能一个人站在那里,什么都不能做;第三个阶段应该是比较尴尬,他是比较在乎别人眼光的人,他这样被人打了,被别人瞧见了,非常尴尬;最后应该是比较愤怒的。

师:所以他需要用精神胜利法来帮他去除这些情绪。

生(许同学):刚开始不知所措,后来摸摸自己的伤口,无奈。

师:是的,阿Q的头上肯定有肿包的,阿Q确乎是受伤的。大家的分析都很有道理。是吴同学启发了我们“字词必较”,经典文本往往能让千万读者沉潜其中,越解读越丰富。好,接下来,我们一起来欣赏大家关注度并列第一的另一个片段。(播放PPT第6页)

但虽然是虫豸,闲人也并不放,仍旧在就近什么地方给他碰了五六个响头,这才心满意足的得胜的走了,他以为阿Q这回可遭了瘟。然而不到十秒钟,阿Q也心满意足的得胜的走了,他觉得他是第一个能够自轻自贱的人,除了“自轻自贱”不算外,余下的就是“第一个”。状元不也是“第一个”么?“你算是什么东西”呢!?

师:这处文段就在第一处文段的四段后。虽然阿Q已经把自己贬为“虫豸”,但闲人也并不放过他。我有两处发现,先和大家说一说。第一,阿Q被碰响头的次数由先前的“四五个”变化到了“五六个”;第二,阿Q之前被碰响头后是“站了一刻”,这里却是“不到十秒钟”。按照刚才沃同学的理解,阿Q应该是“昏昏的”,那现在应该是更加“昏昏的”,按照许同学所说,阿Q是受伤的,那现在应该是受伤更明显的,怎么可能“不到十秒钟”也心满意足的得胜的走了?

生:阿Q被欺侮久了,应该已经是条件反射了。

生:阿Q好像已经习惯被打了,他的身体适应了这种高强度的撞击。(有笑声)

师:是的,请大家注意,未庄的闲人们可不止一个,今天可能是这个闲人,明天可能是那个闲人。我知道大家笑,其实内心是挺复杂的。好,我们来看一下同学的点评。(播放PPT第7页,展示卢同学的点评)

在被人揪辫子、碰响头后,他依然能通过精神上的诡辩实现精神上的胜利,有时我真想看看阿Q脑子里究竟装了些什么,他是将痛苦埋藏在找不到的脑海深处了吗?还是他麻木得感觉不到羞辱与痛苦?

师:什么是诡辩?诡辩指外表、形式上好像是运用正确的推理手段,实际上违反逻辑规律,做出似是而非的推论。一般我们在“第一”后面跟的都是好事,比如,第一个获得“三好学生”称号，但阿Q没有好事，他从“第一个能够自轻自贱的人”中截取了“第一个”，并迅速想到状元是殿试取中的“第一个”，以此获得也有“第一个”的优胜感。这个确实是诡辩了。卢同学，我感觉你在写“我真想看看阿Q脑子里究竟装了些什么”时，似乎有些咬牙切齿。

生（卢同学）：对正常人来说，在受到这样的屈辱时，是不可能忍气吞声至此的，阿Q却可以，他的异化已经到了一定的奇怪的程度了，让我非常震惊，非常痛心。

师：“异化”，没有人的尊严，人体会不到身为人的主体性。我理解你的震惊和痛心。我们再来看看王同学的点评。（继续播放PPT第7页，展示王同学的点评）

这段特别体现了他对“第一”的病态的追求，不管是好事或是龌龊事，只要能争个“第一”，对阿Q来说就是骄傲的资本。尤其是拿自己与“状元”相比，体现他对于上层社会地位抱有幻想。幻想与现实的巨大落差深深显出了他的无力。

师：这样的“第一”，你们还能替阿Q说出几个？

生：我是未庄人身上虱子第一多的。

生：我是未庄第一个被“儿子”打的。

生：我是未庄第一个被游街示众后再被枪毙的。

师：这应该是说不出来了。（学生笑）

生：阿Q找借口的能力增长了，之前是幻想辈分获得优胜，现在进化为“断章取义”。

师：应该是“断章取义”的升级版“扣词取义”。（学生笑）好的，接下来，我们再来关注一个片段。（播放PPT第8页）

但他立刻转败为胜了。他擎起右手，用力的在自己脸上连打了两个嘴巴，热剌剌的有些痛；打完之后，便心平气和起来，似乎打的是自己，被打的是别一个自己，不久也就仿佛是自己打了别个一般，——虽然还有些热剌剌，——心满意足的得胜的躺下了。

师：这个片段之前发生了什么？

生：阿Q赌博时被人趁乱抢走了好不容易赢的钱。

师：是的，阿Q这次怎么来转败为胜？

生：擎起右手打自己嘴巴。

师：“擎”和“举”有什么不同？

生（做手势）：“擎”的力量汇聚到手掌中，用力大。

师：很好。一般我们把“擎”字用在怎样的语境中？

生：拿很重的东西，“擎起来”。

师：可见，阿Q应该是很重地打自己。他之前是“被虐”，现在已经进步到“自虐”了。这个让我想到陆同学的点评“丢了钱用自虐的方式聊以自慰，说他乐天又不妥，大概只能用‘蠢’来形容了罢”。

生：现在阿Q已经发展到“断行为取义”了。（学生笑）

（教师播放PPT第9页，展示卢同学的点评）

被偷光了刚赢来的钱，竟也能用这精神胜利法转败为胜！打的人还是自己！这种极懦弱、自欺欺人、掩耳盗铃般的荒诞之举，竟是阿Q“心满意足”排忧解难的唯一出路。那是怎样一个生活在残酷时代里的可悲人啊！

师：“那是怎样一个生活在残酷时代里的可悲人啊”，这句话也提醒我们考虑小说的环境和主题。刚才三个片段中，我留心到三句话，从一、二两个片段中的“心满意足的得胜的走”到第三个片段中的“心满意足得胜的躺”，“走”和“躺”一字之差，你们怎么看？

生：说明阿Q“躺平了”，越来越不在乎了，他的脸皮越来越厚了。

（学生笑）

师：好的。我们还有同学关注第三章中的一些片段，比如陈同学关注阿Q和王胡比虱子、吴同学关注阿Q戏弄小尼姑等，大家在课后多交流。而基于这些文段的解读，我们渐渐从精神胜利法的表现中认识它的本质。许多人曾对“精神胜利法”下过定义或做过解释，请大家一起来看下列观点，并对比思考，你更欣赏哪家的观点？当然你也可以尝试着来解释“精神胜利法”。（播放PPT第10页）

A. 精神胜利法，指自卑的人靠幻想来使自己暂时得到一点精神上的满足却无法真正改变现状的方法。

B. 精神胜利法，是对真正的现实不敢正视，而用狂妄自大、自欺欺人的方法达到自我麻醉效果的方法。

C. 精神胜利法，是在现实生活中处于失败者的地位，但不敢正视现实，用自轻自贱、健忘、以丑为荣等种种妙法来自欺自慰。

D. 精神胜利法，即对于事实上的屈辱和失败，用一种自嘲自解的方式，在想象中取得精神上的满足和胜利。

（经过统计，获得最多认可的是C项）

生：A中说“暂时”的满足，但文中的阿Q是通过精神胜利法一直麻痹自我直至被枪毙，可见其效果是长久而显著的。

师：做出这个判断，需要借助全文阅读，用阿Q一生来佐证这一点。

生：C对“失败者”这一定位非常精辟。他的一系列“精神胜利法”的实质是通过诡辩逻辑和歪曲事实使自己免于直面失败，从而麻痹自己，逃避现实。而A中的“自卑的人”这一概括显然不如C中的“失败者”那般一针见血。相比较于A、D提到的“精神上的满足”，我认为逃避现实的懦弱是文章集中火力抨击批判的核心。

师：这位同学已经在探索作者的创作本意了，很好。

生：B中的“狂妄自大”，我觉得语气过重，阿Q自己打自己，安慰自己打了“别人”，与狂妄自大差点距离。

师：很好！大家字斟句酌，这是非常严谨的态度。那么，我们有同学能给出自己的定义或解释吗？

生：精神胜利法是失败者面对挫折时，使用反逻辑、反常识的方式达到精神上的满足。

生:精神胜利法是在现实中受挫,通过幻想使自己占上风,获得满足感。

生:阿Q运用精神胜利法好比在一间绝无窗户而万难破毁的铁屋子中熟睡,不久将被闷死,然而是从昏睡入死灭,因而并不感到就死的悲哀。

师:很有见地。我也推荐一篇作品《阿Q"精神胜利法"的误读及正义》,发表于《鲁迅研究月刊》2020年第4期,作者陈俊冷静地提醒读者切莫误读"精神胜利法",他认为阿Q的"精神胜利法",是指面对现实中所遭受的挫折、失败,通过自骗、转移等方式,把真实的失败与痛苦转化为虚幻的精神上的胜利和快乐。(播放PPT第11页)你们认同吗?

(许多同学点头)

第二课时

任务二:整书阅读,理解本意

师:2006年,《亚洲周刊》与来自全球各地的学者作家联合评选出"二十世纪中文小说一百强",鲁迅小说集《呐喊》位列第一,《阿Q正传》正是其中的佳作。课前,大家梳理概括了剩余章节的主要情节。(播放PPT第12、13页,请学生指出王同学和季同学的概括中存在的问题,再组建小组修改完善,结果见表1)

表1

剩余章节	标题	主要情节	
		王同学小组	季同学小组
第四章	《恋爱的悲剧》	阿Q想女人入狂,对吴妈口出狂言,被赵家打骂后逃回土谷祠,地保迫其订定赔罪等五条件	徒然求爱,阿Q身败名裂
第五章	《生计问题》	阿Q遭人嫌弃,生计难保,与赵府新佣人小D"龙虎斗",去静修庵偷萝卜果腹,被黑狗追咬,决定进城	生计难谋,斗败还偷萝卜
第六章	《从中兴到末路》	阿Q返乡,因现钱和新衣受人尊敬,在倒卖衣服时引人怀疑,后承认做小偷帮手,重新被看不起	进城归来,声名鹊起又落
第七章	《革命》	未庄笼罩在革命阴影下,阿Q见革命令老爷们害怕,也神往革命,喝醉后自称革命党受人敬畏,醒后却发现错过了革命	风声鹤唳,唯恐天下不乱
第八章	《不准革命》	革命党进城后,阿Q也盘起辫子,为了结识革命党去见"假洋鬼子"却被赶走,赵家遭抢后,阿Q痛恨不能造反	赵家遭抢,阿Q痛失机遇
第九章	《大团圆》	阿Q被抓并说自己想造反,受审时被认定为打劫赵家的同伙,画花押、游街示众后被枪毙	团圆不圆,沉默灵魂归天

师:纵览全文,我们能对阿Q这一经典形象做出总结吗?

生:阿Q是一个懦弱、庸俗、无知、愚蠢、麻木、可恨又可怜之人。

生:阿Q是混沌的、未睁眼的人。

生:阿Q是中国旧社会底层的典型雇农,饱受他人欺凌,却不愿认清现实,自我麻醉,终于成为懦弱的废物、有势者手中的玩物。

生:阿Q是质朴愚昧又圆滑无赖、自尊自大又自轻自贱、争强好胜又忍辱屈从、狭隘保守又盲目激进、憎恶权势又趋炎附势、蛮横霸道又懦弱卑怯、不满现状又安于现状的矛盾者。

(教师播放PPT第14页,展示沈雁冰和何满子的观点)

现在差不多没有一个爱好文艺的青年口里不曾说过"阿Q"这两个字。我们几乎到处应用这两个字。在接触灰色人物的时候,或听得了他们的什么"故事"的时候,《阿Q正传》里的片段的图画,便浮现在脑前了。我们不断的在社会的各方面遇见"阿Q相"的人物,我们有时自己反省,常常疑惑自己身中也免不了带着一些"阿Q相"的分子。(沈雁冰《读〈呐喊〉》)

作为光辉的典型人物,他(阿Q)将和哈姆雷特、唐·吉诃德等不朽的名字一样万古不朽。

阿Q,是一个卑微渺小的人物,但却是一个巨大的名字。我不说"伟大"而说"巨大",是因为这个小人物的确称不上伟大,但这个名字的历史的和美学的内涵容量却真是巨大得无比,我想不出世界任何一个文学人物能有阿Q那样巨大的概括性,把几亿人都涵盖进去。几乎每个中国人,你,我,他,都有阿Q的灵魂的因子。别的民族的人群中,也常见阿Q的影子或一枝一节,人性不能不相通。(何满子《世纪末读〈阿Q正传〉》)

师:阿Q似乎可以一眼识别,却万般复杂,丰富性和独特性互相哺育,遂成经典。阿Q已然走出阅读世界融入了我们的生活乃至意识。那么,鲁迅为什么要塑造这样一个文学形象?(播放PPT第15页)

要画出这样沉默的国民的魂灵来,在中国实在算一件难事。(鲁迅《俄文译本〈阿Q正传〉序》)

凡是愚弱的国民,即使体格如何健全,如何茁壮,也只能做毫无意义的示众的材料和看客,病死多少是不必以为不幸的。所以我们的第一要著,是在改变他们的精神,而善于改变精神的是,我那时以为当然要推文艺。(鲁迅《〈呐喊〉自序》)

师:《阿Q正传》以辛亥革命前后的中国农村为背景,写出了贫苦雇农阿Q的短暂一生。"辛亥革命推翻了两千多年的封建帝制,宣扬了民主共和的观念。但它没有完成在全国范围内彻底反帝反封建的任务,没有深入广大农村。广大农民仍处在帝国主义和封建主义的残酷统治之下,思想上没有得到根本的启蒙和解放"(《普通高中教科书　教师教学用书:选择性必修·下册》)。可见,鲁迅写作的目的就是要"写出中国人特别是广大受压迫的劳动人民的苦难、愚昧而落后的人生,希望改良这悲惨的人生,为疗救病态的社会、病态的人们而呐喊”(《普通高中教科书　教师教学用书:选择性必修·下册》)。同学们能理解吗?

(学生频频点头)

任务三:学术争鸣,照出镜像

师:(播放 PPT 第 16 页)创作于 1921 年的《阿 Q 正传》,至今已有 100 多岁了,有人说,“事实已经很明显地放在眼前,我们能不能说阿 Q 的时代是万古常新呢?我们愿意很坚决地说,《阿 Q 正传》着实有它的好处,有它本身的地位,然而它没有代表现代的可能,阿 Q 时代是早已死去了”,也有人说阿 Q 始终活着,那么,阿 Q 是否具有超越时代、民族的意义和价值呢?

生:当然具备。鲁迅写的是人性,而人性不囿于某个时代、某个民族。

生:现代社会,这些年流行的“佛系”“躺平”“摆烂”其实也可以说是一种不愿努力而麻醉自我的方法,从中可以看见阿 Q 之影。

生:是的,现在有人沉迷于虚幻世界,像阿 Q 一样靠精神胜利法来“愚乐”自己。

生:当今社会不乏阿 Q 这样的人,“阿 Q 精神”是阻碍社会发展进步的,需要有这类经典作品来讽刺、批评,借此唤醒“阿 Q”们的羞耻心和上进心。

生:所有人都会遇见失败,而“阿 Q 精神”还在不断警醒着人们,以更加积极的心态应对挫折,不断前进。(播放 PPT 第 17 页)

师:是的,“鲁迅的作品不会过时,阿 Q 也不会死去”(张梦阳)。经典作品扎根于沃土,枝叶繁茂。阿 Q 既是时代之像,亦是人性之镜,他的光芒不灭,必将穿越时空。课后,请大家围绕“说不尽的《阿 Q 正传》”这个话题,写一篇不少于 800 字的评论。(播放 PPT 第 18 页)

【教学反思】

作为《浙江省普通高中学科教学指导意见》(语文 2021 版)中选择性必修下册第二单元教学指导意见的撰写者,我深知“中国现当代作家作品研习”这一任务群的独特使命,而“时代镜像”这一人文主题又引导教师不是就文论文,而是把作品放入时空维度,引领学生感悟经典作品的强大生命力,探索其蕴含的民族心理和时代精神。

对节选作品的教学,我始终坚持从节选走向整本书,避免断章取义造成的误读、错读,何况《阿 Q 正传》只两万余字,高二学生完全有能力读完。因此,我设计了学习任务单,要求学生读完全作,点评“精神胜利法”言行,思考“精神胜利法”实质,概括剩余章节,思考作家创作本意。随后,我对预习作业进行了梳理、筛选、整合,将其融入教学设计。

教学过程中,我遵循“入乎其内”“出乎其外”的基本思路带领学生走入文本、走出文本。第一节课,多次采用“抓关键词、关键句”,让学生联想、想象阿 Q 的处境和状态,迅速贴入文本,贴近人物,充分认识和理解人物,甚至与人物同呼吸、共命运;第二节课,给学生典型材料,引导学生跳出文本,理性思考作家创作本意。两节课中,一直穿插呈现学生课前预习——存有疑惑的,一起交流探讨;值得肯定的,一起补充提升。学生学习兴趣浓厚,不断产生碰撞,生成了不少新鲜有趣的教学生命。有的学生化身为阿 Q 以及闲人展开表演,有的学生冷静深思挑战权威，即便下课铃响，学生也喊着“继续继续”。这或许可以用“能且愿”来形容，教学的生命力亦在于此。

课后，稍觉遗憾的是，精神胜利法三个品读片段，虽充分尊重学生兴趣，但均集中在第二章，对第三章的关注略显不足，最好能择一交流，比如，阿 Q 戏弄小尼姑、阿 Q 和王胡比虱子等，都很可以体现阿 Q“泯灭了善恶界限，‘以丑为美’”（陈俊）的一面，这也是阿 Q 精神胜利法的突出表现。

美丽与忧伤:《边城》的诗意欣赏

执教 / 浙江省嘉兴市第一中学　奚素文

本课课件

【专题目标】

《边城》是一篇带有田园牧歌情调的散文化小说。在梳理情节的基础上体会翠翠的心理、情感变化过程,感受人性的美好、湘西风俗之美,赏析小说的诗意笔法,并感悟人在命运面前的无奈和悲凉。

【预习任务】

提前一周自读《边城》完整的小说文本,要求:

1. 圈点勾画让你“动心动情”之处,准备课堂交流。

2. 概括每一章的主要内容,关注翠翠、祖父等主要人物的情感、心理变化过程。梳理选文部分的内容,完成预习单(见表 1)。

表 1

端午节	相关事件概括	翠翠的心理、情感
第一年	在军民和乐的端午盛会,翠翠初识傩送二老,因误会骂了他	翠翠知道二老身份后又吃惊又害羞,对他产生了不一样的情愫
第二年		
第三年		

【教学实录】

师:(播放 PPT 第 1 页)同学们,今天,我们一起来交流对于沈从文先生《边城》的阅读感受,因为这是一篇中篇小说,所以一周前布置大家阅读整篇小说并圈点、梳理,现在我们来交流一下。(播放 PPT 第 2 页)

任务一：整体感知，梳理脉络

师：就选文部分来说，作者写了三个端午场景。之前，请同学们按时间顺序，用表格梳理相关事件和翠翠的情感、心理发展过程。预习单上第一年的已经给出，第二、三年你们是怎么填的？我随机抽三位同学的，大家一起来看。先看第二年的（见表2）。（投影学生的预习单）

表2

端午节	相关事件概括	翠翠的心理、情感
① 第二年	翠翠和祖父遇见大老，大老送鸭子给翠翠，祖父打算把翠翠嫁给大老	翠翠为祖父可笑的想法着恼
② 第二年	翠翠因为不能忘记上个端午节甜而美的经历，又进城看赛龙舟。途中遇雨，翠翠与祖父到顺顺家的吊脚楼里躲雨，没见到二老，见到了大老	翠翠因没见到外出的二老而不高兴，也为祖父关于"大老要你做媳妇，请人来做媒"的调侃而羞赧着恼
③ 第二年	不见二老，见了大老和船总顺顺，大老对翠翠有意，送了一只鸭子	翠翠对爷爷关于"做大老媳妇"的玩笑话感到恼怒，心中仍思念着二老

师：同学们你觉得哪个最好？请说明理由。

生：我觉得②最好，比较详细。

生：我有一个疑惑，感觉①中说"祖父打算把翠翠嫁给大老"不是很准确。从整本书看，祖父因为翠翠母亲的事，在翠翠的婚事上一直小心翼翼，一直比较尊重翠翠自己的意愿，说"打算把翠翠嫁给大老"感觉不妥，显得爷爷太主观、太专制了。

师：非常好，大家看看，关于这一点课本选段中有没有证据？

生：课本第五部分第37页第一段写到"祖父则很快乐地夸奖了翠翠不少，且似乎不许别人来关心翠翠的婚事，因此一到这件事便闭口不谈"。所以，只能像②③写的那样，爷爷是试探性地"调侃""说玩笑话"。

师：很好，由此，我们可以得出对于"情节概括"的一个评价标准——"准确"，符合原文。那么符合这个标准的②③，到底哪个更好？

生：我觉得③更好，字数少，但关键信息在，比如，从书里后面的情节发展看，这次是翠翠和大老的第一次相遇，"大老对翠翠有意"这个信息比②中的"途中遇雨"更重要。

师：很好，由此我们可以得出"情节概括"的第二个评价标准——简洁而全面，这个"全面"指不遗漏关键信息。好，那么第三年如何概括？按照刚才的两个标准，你们四人小组交流一下，选出最好的上来展示。（两位同学上来投影展示，见表3）

表3

端午节	相关事件概括	翠翠的心理、情感
第三年	翠翠仍回忆着两年前的端午见闻，替十五岁的新嫁娘过渡；祖父暗示她婚嫁之事	翠翠的爱情意识觉醒，意识到自己对二老的感情，却又因祖父的孤身而犹豫，感到苦涩

续　表

端午节	相关事件概括	翠翠的心理、情感
第三年	送亲的喜轿经过，祖父打听了新娘的信息，暗示翠翠到了出嫁的年纪	翠翠表面沉默，内心对二老的爱逐渐觉醒

师：大家看，按照刚才的两个标准，两位的情节概括都可以，翠翠的心理和情感概括，第一位的更全面一些。（生大多点头）

任务二：深入品读，赏析艺术

师：同学们，如果你是喜马拉雅APP“名作欣赏”栏目的主播，要与大家分享这篇小说，但因时间有限，你只能选择一个让你“动心动情”的片段，你会怎么选？说说你选择的理由。同学们先四人小组交流，小组再推荐一位同学交流。（播放PPT第3页）

（小组讨论，师巡视）

师：讨论的声音小下去了，那我们请小组推荐的同学分享吧。

生：我想分享的是第六部分第38页上“远处鼓声又蓬蓬地响起来了”，到第39页“祖父同翠翠留在船上，感情仿佛皆随着那唢呐声音走去，走了很远的路方回到自己身边来”。这一部分，包含了翠翠与祖父的对话，表达很生动，特别是爷爷逞强、不服老，侧面表现祖父对翠翠的爱，也为后文祖父的死埋下伏笔。还有，用翠翠“微带点儿恼着的神气，把头摇摇，故意说：‘我记不得，我记不得，我全记不得！’”写出她情窦初开时的可爱、娇羞。还有，她痴痴地看同龄的新嫁娘，“欣赏每一个人的脸色与花轿上的流苏”，巧妙地写出了翠翠爱情萌动、纯洁美好的少女情怀。

师：好的，比较长，你可以选一段给我们读一读。

（生读“翠翠还正想起两年前的端午一切事情哪……并且说：‘翠翠，你不信，你咬。’”其他同学鼓掌）

生：我选的是刚才同学读的上面的段落，“白日里，老船夫正在渡船上，同个卖皮纸的过渡人有所争持”，到“他得了我们那把烟叶，可以吃到镇筸城”。这一片段写了老船夫坚决不要过渡人钱，让翠翠拦住过渡人，通过语言描写“不成，你不能走”反映出老船夫坚决的语气，体现了老船夫纯朴、正直的真性情，又运用神态描写“闭上一只眼睛，装成狡猾得意神气笑着”，体现老船夫可爱的老顽童的一面，也可以看出他对翠翠浓浓的爱。

师：你给我们读一小段吧。

（生读“翠翠说：‘爷爷，我还以为那人偷你东西同你打架！’……‘礼轻仁义重，我留下一个。他得了我们那把烟叶，可以吃到镇筸城’”）

师：同学们看，这里除了能看出祖父的真性情、祖父对翠翠的爱，还有什么？

生：我觉得还有当地纯朴的民风。前面写的“一个不能接受所给的钱，一个却非把钱送给老人不可。正似乎因为那个过渡人送钱气派有些强横，使老船夫受了点压迫，这撑渡船人就俨然生气似的，迫着那人把钱收回，使这人不得不把钱捏在手里。但到船拢岸时，那人跳上了码头，一手铜钱向船舱里一撒，却笑眯眯的匆匆忙忙走了”，这里祖父“俨然生气似的”，那人撒钱后“笑眯眯的匆匆忙忙走”，这些神态描写都可以看出人与人之间淳朴美好的情意。

师：很好，边城的民情民风在这个地方很集中地得到了表现。我们可以一起读一读同学说的那个段落，到“那些人于是全笑着走了”，一起来体会感受一下。

（生读）

师：大家看，翠翠一开始不知道怎么回事，还以为是小偷，待其余商人告知之后，“更紧拉着卖纸人衣服不放”，“其余商人都笑着”，爷爷“强迫”还了钱，还搭了一大束草烟，“那些人于是全笑着走了”，非常和谐和乐的氛围，连黄狗也“同主人的意见一致”，最后爷爷还说“礼轻仁义重，我留下一个”，这个场景写得很细腻，细致入微地表现了边城的人情美。别的组呢？

生：我选的是第四部分的结尾，从“二老他怎么知道我在河边？”到“再也不说什么，默默地随了那火把走去”。这是翠翠与二老爱情主线的开端，翠翠在这里对二老埋下了爱情的种子，可以让读者感受到清纯少女的美好情愫。还有，这段语言朴素自然，反映整个《边城》清新温柔的文风，使读者置身于乡村古朴、宁静、如诗如画般的意境。

生（有点迫不及待）：我觉得这一段后面也很精彩，到“却使翠翠沉默了一个夜晚”，这些都要朗读进去。这是翠翠得知傩送二老身份后的表现，她既吃惊又害羞。一个从不骂人的少女第一次遇见船总家的二少爷便因乌龙事件骂了对方，并在一唱一和中埋下了别样的情愫。这属于自己的少女心事埋藏于心底，作者用极洁净的文字写出了湘西少女的纯，表现出人性中纯洁的爱意。情愫绵绵，引人入胜，很有浪漫主义色彩，并为下文三个青年人的感情交错做了铺垫，暗示翠翠早对傩送二老种下了情根。

师：说得非常棒！为我们读一读。

（生读）

师：还有没有同学选这一段的？

生：我也选了这一段，我很赞同刚才同学说的，这里的最后一句，意味深长，表达了翠翠对二老拥有了不寻常的情感，使她兴奋、羞涩而又紧张，致使沉默了一整晚去思考，思念，体现出翠翠的心思单纯、情感的纯洁美丽。我还注意到了祖父和翠翠的对话，很有趣。爷爷“哑声”体现他的虚弱和疲惫，以及他担心翠翠的着急心理，写出一个慈祥又衰老的祖父形象。一问一答中的“翠翠，翠翠”和“不是翠翠，不是翠翠”的重复回答，写出两人共同的，尤其是翠翠，淳朴可爱的特点。“轻轻答道”“翠翠早被大河里鲤鱼吃去了”，用夸张的语言，塑造出一个委屈得惹人怜爱的可爱姑娘的形象，十分生动。

生：老师，我有不同理解，这“不是翠翠，不是翠翠”的话，确实是因为翠翠等爷爷很久，有点委屈，有嗔怪爷爷的意思。但如果从整本小说看，翠翠一直是比较乖巧的，这里有点儿反常，其实也是写出在这一天里因意外受惊、害羞的翠翠心理上的余波荡漾。

师：很喜欢你说的“余波荡漾”！同学们都说得非常好，刚才的分享让我们领略到了小说中的少女情思美、祖孙情意美、人情风俗美，这也是沈从文先生创作时希望读者体会到的，下面这段话也是课后“学习提示”中有的。（播放 PPT 第 4 页）

> 1936 年，上海良友图书印刷公司出版《从文小说习作选》，沈从文在《习作选集代序》中写到“我要表现的本是一种‘人生的形式’，一种‘优美，健康，自然，而又不悖乎人性的人生形式’。”

从刚才同学分享的片段中，我们领略到了作者所说的“优美、健康、自然而又不悖乎人性的人生形式”的内涵。

而从艺术笔法上，从刚才同学的分享中，我们看到，人物丰富的内心活动往往只是潜藏在简洁的对话中，以及“沉默”“嗤地笑”这样含蓄的表达中，言短意长，有韵味。我找了4个写人物心理的片段。（播放PPT第5页）

聚焦心理描写（第四章）

（1）龙船水刚刚涨过，河中水皆泛着豆绿色，天气又那么明朗，鼓声蓬蓬响着，翠翠抿着嘴一句话不说，心中充满了不可言说的快乐。

（2）落日向上游翠翠家中那一方落去，黄昏把河面装饰了一层银色薄雾。翠翠望到了这个景致，忽然起了一个怕人的想头，她想：“假若爷爷死了？”

（3）老船夫即刻把船拉过来，一面拉船，一面哑声儿喊问：“翠翠，翠翠，是不是你？”翠翠不理会祖父，口中却轻轻地说：“不是翠翠，不是翠翠，翠翠早被大河里鲤鱼吃去了。”

（4）但是另外一件事，属于自己不关祖父的，却使翠翠沉默了一个夜晚。

师：第（3）（4）个片段刚才同学已做了很好的赏析，再来看（1）（2）两个片段是如何写人物心理的，你们可以选一句来分析。

生：我选第（1）句，人物心理用景物衬托，并融合多种感官。河水泛着豆绿色，是视觉之美；天气明朗，是皮肤触觉之爽；鼓声不断，是听觉之舒。全身上下由内而外都无比惬意，不说“悦”而让读者有感同身受之乐。

师：分析得很好，作者写人物心理、情绪体验与景物描写自然融合，相互映衬，富有韵味。小说注重营造诗的意境，含蓄蕴藉，这也是《边城》被称为“诗化小说”的重要原因。

任务三：思考探究，领会意蕴

师：同学们，现在我们来探究这个问题，小说以“翠翠”为主人公，以翠翠与二老、大老的情感为主线，但题目以“边城”而非“翠翠”命名，作者可能的用意是什么？

生：首先，文章有大段的内容描写边城自然与人文风光，这说明翠翠仅仅只是一幅巨大画面中折射核心的小细节。其次，小说要表现的应该是边城的生活，作者塑造的是群像而非翠翠一人，比如，对边城妇人的描写，无论是翠翠妈妈的贞烈，还是妓女的真挚情感，再比如，祖父的实诚、犹豫和顺顺家的热心、猜疑，翠翠和翠翠的故事只是反映边城社会生活的一个例子。

师：同学们，你同意她的观点吗？

生：我基本赞成。翠翠是文中纯洁美丽的代名词，但若以“翠翠”为题，便显得单薄。小说中所显露出来的是整个边城人民的人性美，不仅仅包括翠翠的纯良，还有天保、傩送间的手足情，杨马兵、祖父之间的忘年友情，翠翠与祖父间血浓于水、深厚绵长的亲情……边城，是一个未遭外界现代社会玷污，宛若桃花源的一个地方，以“边城”为题，能更好地涵盖主旨。

生：老师，我有个问题，作者对边城的态度到底是怎样的？从文中看，边城是一方净土，虽然人们愚昧懵懂且无知，但正因如此，才让人们保留着质朴和纯真。我觉得题目中的“边”字可能才是作者想要强调的重点。如果联系写作背景，当时中国处于内忧外患之中，边城是人们向往的桃花源，但如果人们在封闭中享受与世无争的惬意，那么中国将无望于未来，历史的车轮将无情地碾碎中华民族的头颅。我不确定，作者对边城的态度究竟是怎样的。

师：如果你以鲁迅般犀利的眼光看，可能《边城》在当时确实是非主流，我们来看看作者的思考，还有他的学生汪曾祺先生的看法。（播放 PPT 第 6 页）

> 《边城》中人物的正直与热情，虽然已经成为过去了，应当还保留些本质在年青人的血里或梦里，相宜环境中，即可重新燃起年青人的自尊心和自信心。（沈从文《〈长河〉题记》）
>
> “边城”不只是一个地理概念……这同时是一个时间概念、文化概念。
>
> “边城”是大城市的对立面……沈先生从乡下跑到大城市，对上流社会的腐朽生活，对城里人的“庸俗小气自私市侩”深恶痛绝，这引发了他的乡愁，使他对故乡尚未完全被现代物质文明所摧毁的淳朴民风十分怀念。（汪曾祺《又读〈边城〉》）

师：沈从文先生曾说，《边城》关涉“民族品格的消失与重造”。同学们，读了《阿 Q 正传》《祝福》等，我们看到鲁迅先生以批判来重塑民族品格，而沈从文先生则更多地以追念美和诗意的方式来重造民族品格，可以说是殊途同归吧。

任务四：迁移运用，深化思考

师：同学们，沈从文先生曾说，“你们能欣赏我文字的朴实，照例那作品背后隐伏的悲痛也忽略了”。（播放 PPT 第 7 页）翠翠与二老的爱情结局并不完满，结合小说的后半部分，你认为造成悲剧的主要原因是什么？请同学们回去梳理成图表或者写成小论文。下课！

【教学反思】

《边城》是作家沈从文的经典小说，写了翠翠凄美的爱情故事，以诗意的笔调展现了一幅古朴又绚丽的湘西风俗画卷；小说语言诗化，节奏舒缓、意蕴深沉。本课属于“文学阅读与写作”任务群，要求学生赏析翠翠和祖父形象，体会湘西风土人情，感受人性的善良美好，体会小说诗意笔法，并感悟人在命运面前的无奈和悲凉，能与他人分享自己的审美体验。

本课作为中篇小说节选的自读课文，篇幅长，课时紧，学生未必能耐下性子读完整本书，所以，提前一周布置预习单，设置探究问题，引导学生有方向地自读。在课中通过交流碰撞、提供助读材料的方式，帮助学生领会作品的深沉意蕴。

在具体上课过程中，满意之处如下：

其一，充分交流，及时评价。由于预习单的设置，解决了短课时与阅读深度之间的矛盾。“梳理脉络”“赏析艺术”“领会意蕴”三个任务都是提前布置思考并要求学生写下来的，课堂上做的就是充分交流和及时评价，聚合学生分散的思维，又将其推向深入。

其二，朗读体会，借以触发。对于这样一篇具有诗性美的散文化小说，圈读、朗读，是进入文学欣赏的有力抓手，同时也是呈现阅读成果的最生动、最直观的方式。在朗读中，学生传达自己对文字的理解，也给别的同学以灵感的触发，从而点燃更精彩的火花。

不足之处是时间没有把控好，梳理部分还可以更紧凑些。

大地上的颂歌：感受大堰河的形象及情感

执教 / 浙江省象山中学　黄黎莲

本课课件

【专题目标】

精读《大堰河——我的保姆》，并结合时代背景，分析大堰河普通农妇的形象，体会作者饱含的深情。联读艾青《雪落在中国的土地上》《我爱这土地》等诗歌，感受、分析现代自由体诗的表达特点。

【预习任务】

1. 阅读全诗，完成有关大堰河的表格，并思考当时身陷狱中的诗人为何以大堰河为创作对象。

2. 朗读诗歌，画出最打动自己的句子，并从写法上进行探究。

3. 结合背景，理解诗中“呈给大地上一切的，我的大堰河般的保姆和她们的儿子”的深刻内涵。

4. 查阅资料，了解“自由体”，进一步阅读艾青《雪落在中国的土地上》《我爱这土地》等诗歌。

【教学实录】

（课前播放《人世间》中周母的剪辑视频）

师：同学们好！刚才给大家播放的是最近热播剧《人世间》的片段，能不能谈谈你们的观看感受？

生：这位母亲有烟火气，温暖又慈祥，让我想起了外婆。

生：演员演得真好，很多细节让人觉得真实感人，很治愈，配乐也特别棒。

生：让我想到作家陈映真的一句话，“一个好的作品，应该能让迷惑的人得以有清醒的认识，让忧伤的人得到安慰，让绝望的人重新点燃希望的灯火”。

师：说得真好呀，好的作品总让我们看见生活，看见自己。《人世间》改编自梁晓声的同名作品，周母只是众多人物中的一员。从刚才的交流中，我们发现这位母亲能够打动我们，是因为这些关键词“真实”“细节”“生活化”。

现代文学史上也有这么一位母亲打动了许多人，请大家跟着季小军先生的朗诵走进艾青的《大堰河——我的保姆》。（播放 PPT 第 1、2 页）

（学生听朗诵录音，轻声跟读）

任务一：剪辑细节，鉴赏形象

师：《人世间》关于周母的片段是琐碎而零散的，剪辑过的短视频更好地表现了周母的温暖、慈爱与坚韧，宣传效果也非常好。（播放 PPT 第 3 页）作为网络的原住民，大家应该都很喜欢“B 站”吧。（同学笑）“B 站”上有 69 个关于《大堰河——我的保姆》的视频，但没有一个介绍大堰河这一人物的。请你根据文本，从画面、滤镜（色调）、背景音乐等方面“剪辑”一个视频（参见表 1），向大家介绍你理解的大堰河。

表 1

画面	滤镜（色调）	背景音乐（高亢、低沉、轻柔……）

（3 分钟过后）

师：“一千个读者有一千个哈姆莱特”，大家的“剪辑”各不相同。请同学们来展示一下。

生：大堰河是一个地位卑微、生活困苦、命运悲惨的底层劳动妇女。（视频“剪辑”见表 2）

表 2

画面	滤镜（色调）	背景音乐
她的家：打骂她、醉酒的丈夫，五个儿子，乌黑的酱碗、乌黑的桌子	悲伤、苦难、压抑的冷色调	低沉、哀怨
她的工作：不仅要喂养地主家的儿子，还要做饭、补衣、洗衣、切萝卜、掏猪食、晒谷等		
她的丧事：四块钱的棺材、几束稻草、几尺见方的坟地、一手把的纸钱的灰		

师：你从家、工作、丧事三个角度展示了大堰河的生活，用了卑微、困苦、悲惨三个形容词点明了大堰河的形象，整合得非常好。如果视频最后停留在“丧事”这个画面，你会聚焦哪个镜头？或者会配上什么文字？

生：嗯，“一手把的纸钱的灰”吧，极其潦草地结束了一个人的一生。文字的话，就写“四十几年，奴隶的凄苦，生活的凌侮，今卒”。

师：非常沉重！你巧妙地撷取了诗中的句子，还押韵，有点睛之妙呀。好，请继续展示。

生：大堰河是一位勤劳能干、善良宽容又非常爱“我”的母亲。（视频“剪辑”见表3）

表3

画面	滤镜（色调）	背景音乐
她的手：厚大的手掌，在每次劳作之后，她都会把“我”抱在怀里，抚摸我	昏黄的暖色调	加关于母亲的民间小调，亲切、悠扬、感人的音乐
她的哭：生活艰难时她没有哭，“我”被领回家时她哭了。她死时，乳儿不在她的旁侧，她含泪去了	压抑的冷色调	
她的笑：她洗衣、提篮、切萝卜、扇火时都含着笑，为乳儿切糖，为他到家里来，叫一声“妈”，为贴上他的画而笑	较明亮的暖色调	
她的梦：一个不能说的梦，期待乳儿成家立业	梦幻的滤镜	

师：你的视角与他完全不同，为什么选择这些画面呢？

生：其实我一开始，也关注了与他相似的内容。但是我再读诗歌的时候，感触更深的是她的善良勤劳，特别是她对“我”的爱。虽然她只是保姆，但是她的爱是那样深情而无私，我被深深感动了。（同学们纷纷表示赞同）

师：我被你的话语打动了。你选取的这四个细节，典型而真实，读来感同身受。（播放PPT第4页）艾青在《创作回忆》中说，“我出生在……地主家庭。……因为母亲难产，算命先生说我会‘克死’爹娘。父母迷信，因此不喜欢我，一生下来就遭到家庭的歧视。很快，就被送到本村一位贫苦的农妇家里抚养。……回到父母家里，我是在一种被冷漠、被歧视的空气中长大的。……我觉得只有在‘大堰河’家里，我才感到温暖，得到宠爱。‘大堰河’很爱我，我也爱她”。

（有同学做恍然大悟状）

师：这位同学，刚才看你的表情好像是什么困惑得到了解决？

生：是的，老师。之前我在读第六节时，对“家里的新客”“不熟识的妹妹”“吃着碾了三番的白米的饭忸怩不安”这些感到困惑，以为只是他回家后的不适应。刚才的背景介绍让我理解了，这些看上去的矛盾点，正与前文形成了对比，写出大堰河对他的爱是超越了血缘、阶级的。

师：你从生惑、推导到解惑的这个过程很值得大家借鉴。知人论世是解读诗歌的重要工具，当然文本依然是第一位的。说到困惑，我读的时候也有一个，就是“梦”既然“不能对人说”，为什么出现在“我”的诗歌里？

生：我认为，他们真挚的感情让“我”觉得乳母肯定期待他能够成家立业。

生：我觉得大堰河是不大可能跟乳儿诉说这个梦的，因为世俗的隔阂、阶级的差异，这说出来要遭人非议的。

生：联系创作背景，此时的诗人在狱中，大堰河也已过世。这个梦与其说是大堰河的，不如说是诗人的。他对她的离世是有哀悼、痛悔之情的，诗中说“大堰河，在她的梦没有做醒的时候已死了”。现实中无法实现，就在诗中与深爱他的乳母重逢。

师：梦境愈是美好，现实愈是残酷。我赞同你的看法，这个梦或许就是诗人造的，是他对大堰河深深的爱的回应。好的，还有同学展示吗？

生：大堰河是一位苦难而伟大的母亲，像一片雪花。（视频“剪辑”见表 4）

表 4

<table>
<tr><th>画面</th><th>滤镜(色调)</th><th>背景音乐</th></tr>
<tr><td>现实：雪花从监狱飘到草盖的大堰河的墓，又飘向枯死的瓦菲，融化在长了青苔的石椅上</td><td>朦胧，肃穆，冷色调</td><td rowspan="4">低沉，而有力量</td></tr>
<tr><td>回忆：她短暂而飘零的一生——没有名字、童养媳，四十几岁去世，有干不完的活儿</td><td>冷色调</td></tr>
<tr><td>特写：她的肖像——拥抱过我的厚大的手，吻过我的嘴唇，泥黑的温柔的脸颜，养育了我的乳房，还有笑容</td><td rowspan="2">暖色调</td></tr>
<tr><td>结尾：雪花落在黄土上，与紫色的灵魂融合</td></tr>
</table>

师：你的剪辑既契合了诗人的情绪起伏，又很独特，为什么想到以“雪花”来贯穿始终呢？

生：诗人看到了雪想起了她。雪天，很冷，诗人在狱中身心困顿，大堰河是他心灵的慰藉。雪飘洒大地，然后化为水渍，这就像大堰河命运悲苦的一生。雪花很美，大堰河在“我”的心中无私、善良，也很美。

师：你有诗人的潜质呀。由物及人，借物喻人，解读得合情合理。这里有个意象“紫色的灵魂”，该如何理解呢？

生：紫色给人很高贵的感觉。

生：我想到生活里，因受伤而皮肤淤紫，这是她苦难的写照。但是修饰“灵魂”的话，我觉得是苦难而伟大的灵魂吧。

师：诗人留学法国学习绘画，对颜色十分敏感。紫色可以说由蓝色与红色调和而成，蕴涵着诗人的生命体验——不选红色，是不掩其伤，她历经曲折坎坷；不选蓝色，是生活苦痛中她总给人暖意。“紫色的灵魂”与诗中的“手”“唇”“脸颜”“乳房”等意象组合在一起，表达了诗人对这位饱受苦难却与苦难和解的伟大母亲的深深赞美。

任务二：吟诵比对，品味诗情

师：（播放 PPT 第 5 页）母亲是文学史上永恒的母题，文坛上有不少脍炙人口的佳作，老舍、季羡林、史铁生、梁晓声等作家都写过有关母亲的散文，惹人泪目。而朱光潜在《诗与散文》中说道，“我们可以说，就大体论，散文的功用偏于叙事说理，诗的功用偏于抒情遣兴。事理直截了当，一往无余；情趣在低徊往复，缠绵不尽”。为了任务一中的视频获得更高点击量，我们要在标题上添加“最深情”。

（学生笑着说“套路”）

师：不不，我们有学理依据，请从诗人如何增强抒情性角度，提供《大堰河——我的保姆》

"最深情"的依据。

师：我为大家找了老舍先生《我的母亲》片段。（播放 PPT 第 6 页）

为我们的衣食，母亲要给人家洗衣服，缝补或裁缝衣裳。在我的记忆中，她的手终年是鲜红微肿的。白天，她洗衣服，洗一两大绿瓦盆。她作事永远丝毫也不敷衍，就是屠户们送来的黑如铁的布袜，她也给洗得雪白。晚间，她与三姐抱着一盏油灯，还要缝补衣服，一直到半夜。她终年没有休息，可是在忙碌中她还把院子屋中收拾得清清爽爽。桌椅都是旧的，柜门的铜活久已残缺不全，可是她的手老使破桌面上没有尘土，残破的铜活发着光。院中，父亲遗留下的几盆石榴与夹竹桃，永远会得到应有的浇灌与爱护，年年夏天开许多花。（老舍《我的母亲》）

师：节选文字与本诗的第四、七节有同工之妙，都描写了"母亲"的辛勤劳作。请两位同学朗读片段。

（两位同学分别朗读）

师：请你点评一下同学的朗读。

生（挠挠头，笑）：都挺好的，都很深情。

师：噢，对"母亲"的爱他们旗鼓相当啊！那我们来改写一下。请大家将选文仿照《大堰河——我的保姆》中的第四节或第七节改写成诗。来，试试看！

（学生反应比较快，3 分钟后）

师：好，差不多完成了。请大家前后左右推荐，或自荐一下修改得比较好的作品。

（学生相互交换、推荐，还有一位自荐）

师：好的，先请两位同学朗读一下自己的作品，并据此来说一说艾青在诗歌中是如何增强抒情性、感染力的。

改写 1：
你的手终年是鲜红微肿的：
在用你的手洗净布袜之后，
在用你的手补完衣服之后，
在用你的手收拾屋子之后，
在用你的手抹去尘土之后，
在用你的手擦亮铜活之后，
在用你的手浇灌花草之后，
你的手终年是鲜红微肿的。

改写 2：
你悉心照顾父亲留下的石榴与夹竹桃，年年花开；
在你洗了一两大绿瓦盆之后，
在你洗白屠户们黑如铁的布袜之后，

在你缝补衣服至半夜之后，
在你收拾院子干干净净之后，
在你抹去破桌面的灰尘之后，
在你擦亮残破的铜活之后，
你悉心照顾父亲留下的石榴与夹竹桃，年年花开。

生（朗读改写1）：《大堰河——我的保姆》第四节中，诗人通过首尾呼应，同一个句子构成反复吧（小声，不确定），抓住了“厚大的手掌”这一细节，中间用了“搭、拍、尝、放、补、包、掐、拿”八个动作，而且都采用了“在……之后”的句式形成排比，强调大堰河无论多么辛苦，总会在劳作之后关心我、爱护我，比散文的表达更加强烈！

生（朗读改写2）：我也差不多，但是我想表现的是，这位母亲不仅辛勤劳动，还有生活情趣，就是很温暖。我就把“悉心照顾花草”这一点进行了反复、强调。

师：哦，强调的句子就是最具张力的情感表达。我们回到《大堰河——我的保姆》中，发现这种反复大量出现在诗歌中，我们挑出来，读一读。（播放PPT第7页）

大堰河，是我的保姆。	大堰河，是我的保姆。
大堰河，今天我看到雪使我想起了你：	大堰河，今天我看到雪使我想起了你。
你用你厚大的手掌把我抱在怀里，抚摸我；	你用你厚大的手掌把我抱在怀里，抚摸我。
我做了生我的父母家里的新客了！	我做了生我的父母家里的新客了。
大堰河，为了生活， 在她流尽了她的乳液之后， 她就开始用抱过我的两臂劳动了；	大堰河，为了生活， 在她流尽了她的乳液之后， 她就用抱过我的两臂，劳动了。
大堰河，深爱着她的乳儿；	大堰河，深爱她的乳儿！
她死时，乳儿不在她的旁侧，	她死时，乳儿不在她的旁侧。
大堰河，含泪地去了！	大堰河，她含泪地去了。
这是大堰河所不知道的：	这，这是为你，静静地睡着的大堰河 所不知道的啊！

生：原来诗人将深情的话说了两遍，让人泪目。

生：就像一首诗歌的主旋律，循环往复地诉说着他对大堰河的怀念、眷恋、感激、同情等情感。

师：如泣如诉，吐露着一个儿子对母亲的深爱与赞美。好的，还有一位同学请继续分享。

生：我认同刚才两位的说法。同时我发现艾青的诗歌没有押韵，每行字数也不相同。但我觉得押韵可以让诗歌更有节奏感、旋律感，所以我选用了“净”“更”“清”“青”四个字结尾，还把每行字数保持相同。

改写3：
用那双鲜红微肿的手，将两大绿瓦盆的衣物洗净。
用那双鲜红微肿的手，守油灯缝补衣至半夜三更。
用那双鲜红微肿的手，将院落屋中灰尘一并扫清。
用那双鲜红微肿的手，护庭中的绿植常郁郁青青。

师：你提出了一个很有探究价值的话题，诗歌要不要押韵？每行字数是否要相等？《大堰河——我的保姆》这首诗歌基本不押韵，结构上句式参差不齐，这会影响其抒情的感染力吗？

生：不会，一个人真实情感流露的时候，和押不押韵没有关系吧。我读的时候，就感觉诗人把生活场景描写得非常真实，读起来很有代入感。譬如“为山腰的荆棘扯破的”“冰屑悉索”等修饰语就很真实，感情就在这细节里自然流露了。

生：虽然没有押韵，排比、反复等手法的运用让整个结构很和谐，刚才我们对诗歌中反复句子的梳理就体现这一点。每行字数相等，可能更多的是格律诗吧。现代的诗歌里对这一点好像并不遵循什么规则，参差错落，随着诗人情感而变化，很自由，但不削弱情感。

师：同学们讲得很好，并发现了艾青这首诗歌的体裁，它是一首自由体诗。我们了解到自由体诗的一些特点，如基本不押韵，体式很自由。

这个环节，我们以“最深情”为标签，从诗歌的抒情性上对这个“视频”做推荐。感受了这首诗歌与散文在抒情方式上的不同，它特别运用诗歌的分行、反复、人称变换、鲜明的意象等来增强诗歌抒情的感染力。同时，初步感知了自由体诗的特点。

师：其实，20世纪30年代末，有位诗人见到艾青时，激动地说，“德国有莱茵河，法国有塞纳河，埃及有尼罗河……我们可以骄傲地说，中国有大堰河！”他将大堰河与莱茵河、塞纳河等同列相比，这合理吗？（播放PPT第8页）请同学们相互交流、讨论。

生：合理。大堰河不再只是具体的哪个人，而是成了一种象征。我们之前研读的时候，觉得大堰河是指千千万万大地的母亲，而这位诗人将其理解为了母亲河。

生：合理。母亲河流淌在大地上，滋润着大地、哺育着人民，成为人类文明发展的摇篮。而大堰河们也是这样哺育着我们，滋养着我们。

师：的确，诗人的生命中确有一位大堰河，但文学世界中的“大堰河”显然不止于此。她是孕育生命、滋养灵魂的母亲河，她是慈母般的大地，是宽容博大、流传绵长的民族精神，甚至她就是那饱经岁月沧桑而伟大的祖国。

任务三：聚焦时代，揽镜观像

师：我们这一单元属于“中国现当代作家作品研习”，人文主题为“时代镜像”。

观当下，《人世间》成了一部现象级作品，茅盾文学奖授奖词评价它“一代人在伟大历史进程中的奋斗、成长和相濡以沫的温情，塑造了有情有义、坚韧担当、善良正直的中国人形象群体，具有时代的、生活的和心灵的史诗品质。他坚持和光大现实主义传统，重申理想主义价值，气象正大而情感深沉，显示了审美与历史的统一、艺术性与人民性的统一”。

（播放 PPT 第 9 页）“艾青在 30 年代初走上诗坛，他作品深沉而忧郁的抒情风格受到了人们普遍的注意。抗战爆发后，艾青事实上已成为最具代表性的诗人之一。”在中国新诗蓬勃发展的 20 世纪 30 年代，艾青和他的自由体诗为什么能轰动一时呢？这个问题有难度，请同学们联读《雪落在中国的土地上》《我爱这土地》这两部作品，以小组合作的形式，结合时代背景，从诗歌的内容、形式做一些探究。

生：自由体诗的语言口语化，有很多老百姓感到亲切的俗语口语。《雪落在中国的土地上》无深奥华丽的字词，《我爱这土地》中最后一句朴实平易，但又蕴涵着深沉忧郁的情感，受众多，流传广，成为爱国的经典句子。

生：这三首诗歌中“大堰河”“鸟”“风”“河流”生活化，接地气。有许多描写劳动人民苦难的画面，真实感人，能引起人的共鸣。

生：那时候的中国内忧外患，老百姓饱受凌辱。艾青在这些诗歌里，以一个“农人的后裔”“旷野的儿子”自居，从广大农民的感情出发，去感受生活的苦难，将自己的心灵贴近农民和土地，去吟唱这多灾多难的祖国大地，这也是爱国的主旋律。

师：大家都很有见地。（播放 PPT 第 10 页）自由体诗在中国新诗诗坛的主导地位，是由其诗体本质特征决定的，崇尚思想的自由和表达的自由，也是当时时代对于除旧立新的迫切渴求。艾青被誉为“人民的诗人”，“把诗从沉寂的书斋里，从肃穆的讲坛上呼唤出来，让它在人民的苦难和斗争中接受磨炼，用朴素、自然、明朗的真诚的声音为人民歌唱：这便是中国自由诗的战斗传统”。

大风泱泱，大潮滂滂，中国现当代文学承载了无数艰辛的探索，汇聚着不懈的追求。当下的我们，应在这“人世间”，于人间烟火处彰显道义和担当，让光明照亮时代的间隙！课后，可以读一读艾青的《光的赞歌》，那又是另一个时代之歌了！

【教学反思】

鉴于本单元任务群及相应的课标要求，根据单元导语、课后学习提示、单元研习任务等内容，结合《大堰河——我的保姆》这部作品的独特价值，确定本课的教学专题为“大地上的颂歌：感受大堰河的形象及情感”。

围绕这个教学专题，确定任务目标为：(1)阅读本诗时，要梳理全文，抓住细节，理解大堰河的人物形象，思考诗人的创作意图；(2)以听读、范读、自由读、配乐读等多种朗读形式，充分感受诗人的情感，体味诗歌的抒情性特点；(3)联读艾青的其他诗作，明晰现代自由体诗的特点，探究其兴盛的社会、文化背景原因。

为达成这个目标，主要采取了以下教学策略：

1. 设置有效的真实情境，拉近学生与作品的距离，激发学生主动性

整堂课的情境就是在“B 站”上推荐《大堰河——我的保姆》这首诗歌。《普通高中语文课程标准(2017 年版 2020 年修订)》中指出：“语文课程应引导学生在真实的语言运用情境中，通过自主的语言实践活动，积累言语经验。”郑桂华教授对此指出，“最有意义的真实情境是社会生活中真实的语言运用情境，适当淡化课堂中读课文、写作业、解题目等相对单纯的

语文学习活动色彩，借助一种真实阅读的需求，促使学生带着实际问题去阅读”。为实现情境的真实有效性，我抓住这三个要素：(1)学生非常喜欢浏览“B站”，娱乐、学习皆有；(2)课前视频导入，包含热播剧、母亲等要素，做情感铺垫；(3)增加视频标题“最深情”的“噱头”是学生们熟悉的吸引注意力的技巧。

2. 设计前后关联的学习任务，符合学生的思维进阶，避免碎片学习

三个学习任务“剪辑细节，鉴赏形象”“吟诵比对，品味诗情”“聚焦时代，揽镜观像”从人物形象鉴赏，诗歌抒情性的探究与表达，诗人、诗体与时代的关系溯因三个方面，培养学生的理性思维与探究能力，提高学生对现当代文学的理解和认识，提升鉴赏品位，把握时代精神和时代走向。三个任务之间难度递增，相互关联，前后印证。

3. 处理好预设与生成的关系，关注学生的困惑，及时调整教学策略

三个学习任务是课前预设的，但课堂上要关注学生的疑惑，及时提问、交流并反馈。如发现同学不理解为什么说是“父母家里的新客”、疑惑“诗歌要不要押韵，每行字数是否要相等”，确定其教学价值后，应在课堂上提出来交流，这也是课堂生成的重要契机。同时，要积极提供支架。当学生比较老舍的《我的母亲》与艾青的《大堰河——我的保姆》时很难着手，教师就提供了“改写”这一方法，学生在表达的过程中自然而然地发现了自由体诗的特点，不但课堂更流畅，学生的主体性也得到了体现。这一点应该是本节课的亮点。

同时，教学也存在很多不足。设置的情境与诗歌这一文体不完全贴合，诗歌朗诵这方面明显缺乏有效的评价和指导，特别在整个单元整体设计下考虑这一篇的独特性，并以这一篇来勾连单元任务设计这个方面还需要进一步修整和完善。

“双子星”与“三美论”:《再别康桥》《你是人间的四月天》联读

执教 / 浙江省宁波中学　褚树荣

本课课件

【专题目标】

精读徐志摩的《再别康桥》,联读林徽因《你是人间的四月天》,理解两人的感情,了解新月派的“三美论”,欣赏两首诗歌的韵律之美、绘画之美、建筑之美和情感之美。

【预习任务】

1. 查阅资料,梳理现代文学“新月派”代表诗人、诗歌主张及代表作品,填写表1。

表 1

代表诗人	代表作品	诗 歌 主 张
闻一多	《死水》《红烛》	诗歌“三美论”(音乐美、绘画美、建筑美)
……		

2. 阅读林徽因和徐志摩的社会关系图(图示见实录),概括两人的家族和生活上的共同点。

3. 阅读徐志摩和林徽因的人生交集大事记(见表2),寻找两人感情经历上的交集点。

表 2

时间	徐志摩与林徽因交集大事记
1897 年	徐 1 岁,出生于海宁硖石镇,富商之家
1904 年	林 1 岁,出生于杭州,官宦之家
1915 年	徐 18 岁,与张幼仪结婚

续 表

时间	徐志摩与林徽因交集大事记
1918 年	徐 21 岁，经张君劢介绍，拜梁启超为师
1920 年	徐 23 岁，从美到英。林 16 岁，林父（林长民）赴英讲学，林随行求学。10 月，徐林双方结识。年底，张幼仪赴英
1921 年	徐 24 岁，与林热恋。林 17 岁，父女俩不告而别，回国
1922 年	徐 25 岁，与张幼仪离婚。追随林徽因，退学启程回国。林 18 岁，与梁启超之子梁思成订口头婚约
1923 年	徐 26 岁，组织新月社。林 19 岁，林长民、林徽因、胡适等参加新月社活动
1924 年	徐 27 岁，林 20 岁，泰戈尔访华，两人任翻译。5 月，全英文泰戈尔著名抒情诗剧《奇德拉》排演，林演公主奇德拉，徐演爱神玛达那，林长民演春神伐森塔，梁思成担任舞台布景设计，徐对林的爱情之火再度燃起。徐陪泰戈尔去日本东京，与林作别。梁思成和林赴美国留学。年底徐在新月社活动中，与才女陆小曼相识相恋
1925 年	徐 28 岁，辞去教职，游历欧洲，拜会哈代等文豪，年底回国。林 21 岁，与梁同时在美宾夕法尼亚大学攻读建筑学，因建筑系不招女生，林注册在美术系
1926 年	徐 29 岁，与陆小曼结婚，梁启超证婚并致辞讽刺
1927 年	徐 30 岁，与陆小曼同演《玉堂春》。林 23 岁，取得宾夕法尼亚大学学士学位，入耶鲁大学戏剧学院学习舞台美术设计
1928 年	徐 31 岁，与陆小曼合著戏剧《卞昆冈》，与陆渐生龃龉，先后游历日本、美国、英国，重游剑桥，年底回国，1928 年 12 月 10 日发表《再别康桥》。林 24 岁，与梁思成在加拿大结婚。婚后，与梁思成共同到英国、瑞典、挪威、德国、瑞士、意大利、西班牙、法国考察建筑，之后回国
1929 年	徐 32 岁，梁启超在北京逝世，徐与胡适、梁思成等积极整理梁启超的遗稿。林 25 岁，任教于沈阳东北大学建筑系，讲授《雕饰史》和专业英语。同年，梁、林之女梁再冰出生
1930 年	徐 33 岁，应胡适之邀，到北京大学办校务。林 26 岁，与梁思成参与设计吉林大学校舍，开始考察全国古建筑。林患肺病，徐去沈阳探望
1931 年	徐 34 岁，林 27 岁，由徐引见金岳霖，林从此与金结下深厚的友谊。徐 11 月 19 日赶去参加林在北平举行的中国建筑艺术演讲会，途中大雾，飞机失事罹难。徐逝世后，林保存徐的遗物《康桥日记》，梁思成遵嘱到现场捡“济南号”木板一块，林挂在卧室，直到去世
1932 年	林 28 岁，怀念徐，写《别丢掉》。生子，取名梁从诫
1934 年	林 30 岁，4 月 5 日发表《你是人间的四月天》，创作原因有不同说法
1935 年	林 31 岁，发表散文《纪念志摩去世四周年》
1940 年	林 36 岁，因常年颠沛流离，工作劳累，肺病复发
1949—1952 年	参与编制《全国重要建筑文物简目》，先后参与设计中华人民共和国国徽和人民英雄纪念碑
1953 年	为抢救北京古建筑，与当时时代主流不协，夫妻俩被批判，林与吴晗争吵，病情恶化
1955 年	林病逝，享年 51 岁。治丧委员会由张奚若、周培源、钱端升、钱伟长、金岳霖等组成

4. 朗读《再别康桥》《你是人间的四月天》《偶然》《别丢掉》各5遍。

【教学实录】

第一课时

任务一：梳理与交流——熟悉身世与交集

师：徐志摩和林徽因，在中国现代诗坛上，享有“双子星”的美誉，他俩的感情也是现代文学史的一段佳话。课前已经布置过同学们预习，我们再来重温一下徐志摩和林徽因的社会关系图(图1、图2)。(播放PPT第1—3页)

图1

师：我从留学经历、亲属、朋友、成就等方面对这两个人的社会关系做了梳理。你们能发现他俩的社会关系和生活有哪些共同点吗？

(同桌讨论)

生：出身都是豪门贵族，都到美国和欧洲学习过。

生：都跟当时的社会名流有交往，朋友都是“大咖”。

生：都是文学爱好者，是新月社的创始人。

- 留学：先后在美国宾夕法尼亚大学、耶鲁大学求学，主修建筑专业
- 亲属：林孝恂（祖父，进士出身，前清官员）；林长民（父亲，北洋政府司法总长）；林觉民（族叔，民主先驱，革命斗士，《与妻书》作者）；梁启超（公公，近代著名思想家、革命家、文学家）
- 夫君（追求者）：梁思成（丈夫，著名建筑学家，梁启超之子）；徐志摩（著名诗人，新月派主要代表）；金岳霖（哲学家，逻辑学家）

林徽因

- 成就：参与设计国徽、人民英雄纪念碑，参与编制《全国重要建筑文物简目》，文学代表作《你是人间的四月天》《九十九度中》《莲灯》等，参演泰戈尔全英文诗剧《奇德拉》
- 新月诸君：胡适、闻一多、沈从文、陈梦家、卞之琳、臧克家、梁实秋、丁西林、陈西滢等人
- 其他同好（“太太客厅”）：周培源、钱伟长、梁启超、罗隆基等

图 2

师：恐怕不单单是文学爱好者。新月社的创始人是徐志摩，林徽因是骨干之一吧。

生：英文都很“给力”！

师：同学们发现很多共同点，如郎才女貌，家世显赫；留学欧美，经历相近；感情丰富，才华横溢；专业实用，爱好文学；社会活动积极，专业业绩非凡……这样两颗熠熠生辉的星星，注定要在这茫茫人海间相遇，并擦出火花的。我们再来看看徐林人生交集关系（见预习任务表 2），同桌之间讨论一下，他俩生活经历上有多少次交集？面对面的生活交往和感情心灵上的交集，都算在内。

生：第一次相遇在英国剑桥大学，徐的诗就是为林所写。

生：林和他的父亲为什么不告而别，回国呢？

师：我猜测可能是他父亲的有意为之吧，那时他们已经知道徐已经结婚了。

生：那么徐志摩辍学回国，也是为了追林吧，也算是交集了。

生：在新月社里，两个人都成为成员，肯定经常见面的。

师：应该是这样。冰心写过小说《我们太太的客厅》影射林徽因，徐志摩应该是“太太客厅”的常客。

生：1924 年应该是他们两个接触最频繁的年头。两人粉墨登场，演泰戈尔的抒情诗剧《奇德拉》，而且担任翻译。徐对林的爱情之火再度燃烧起来。

生：1929 年和 1930 年也应该经常在一起。师父梁启超逝世，徐积极整理梁启超的遗稿。

1930年林徽因肺病，徐还特地去沈阳探望。

生：最感人的是徐志摩飞机失事，林徽因叫梁思成捡来飞机上的残片，一直挂在自己的卧室里。

师：这一对多情的才俊，他们的交集是因为爱与美，表现在文学上，就有了中国现代诗歌史上的名篇《再别康桥》。

任务二：诵读与分析——感受音乐之美

师：1926年，徐志摩与民国才女陆小曼结婚。1928年，徐志摩与陆小曼渐生龃龉，徐志摩黯然离开中国，游历欧美，再次来到剑桥大学。7月底的一天，徐志摩在英国哲学家罗素家中逗留一夜之后，一个人悄悄来到康桥。昔日的朋友不见了，只有熟悉的康桥在默默等待他。在康桥盘桓低回以后，他独自坐船回国。在茫茫的大海上，6年前在剑桥的生活图景和美好爱情，又重新在他的眼前浮现，于是写下《再别康桥》。（教师播放乔榛老师的配乐朗读《再别康桥》，学生聆听）

时隔三年，1931年11月19日，一心恋着林徽因的徐志摩，当晚要赶到北京参加林徽因的建筑演讲会。因为天气大雾，乘坐的飞机撞上济南开山，这个诗歌天才，最终为了心仪的才女，如流星一般划过天空。第二年，林徽因发表纪念徐志摩的诗歌《别丢掉》，第四年，林徽因又发表《你是人间的四月天》。（教师播放配乐朗诵，学生聆听）

师：请大家谈谈听后感。

生：因为爱而短暂相遇，也因为爱而永远分离。

师：好有辩证哲理啊！有情人也不一定成为眷属的。

生：他们都是重感情的人，也都是热爱诗歌的人。

生：很美丽，也很悲伤。

师：美丽和悲伤，不仅仅是两个人的爱情，也是诗歌本身给我们的感觉。旅法艺术家陈伟农说过，《再别康桥》一个不可缺少的魅力，就在于它的音乐美！《你是人间的四月天》也是一样。我们可以从哪些方面去感受这两首诗的音乐之美呢？

生：旋律很优美，很有节奏感。

生：有一种朦胧的美，欲说还休的感觉。

师：这是意境之美，我们先从音乐之美感觉一下，同学们可以从句内的停顿、句末的押韵、诗行的复沓等角度，讨论这两首诗的音乐美体现在哪里。

生：这两首诗句内的停顿是不同的。《再别康桥》句内的停顿有规律一些，《你是人间的四月天》好像没有规律。

师：举个例子？

生：《再别康桥》句子长短差不多，如每节第一句，都是两个节拍。《你是人间的四月天》句子长短不一，节拍变化大。

师：节拍变化大吗？哪位同学读一读《你是人间的四月天》？从“四月早天里的云烟”到“你是夜夜的月圆”。（指名学生读这一部分）每个句子确实有长短，但是每个句子的内在节律是一样的。如果把每个意象前面加上“你是”，重组成排比的诗句，请同学们再齐声读一遍

这段诗。(播放 PPT 第 4 页)

你是四月早天里的云烟,
你是黄昏吹着风的软,
你是星子在无意中闪,
你是细雨点洒在花前。
你是那轻,那娉婷,
你是戴着鲜妍百花的冠冕,
你是天真庄严,
你是夜夜的月圆。

(生读诗)

师:现在,我们可以发现,这些表面上参差不齐的诗句,都是"你是"+"描述"的主谓式,可以读成二节拍,也可以读成三节拍,这一点跟《再别康桥》的句子节律是一样的。而且,我们还会发现,句末押韵,读来朗朗上口,也跟《再别康桥》一样的。

生:《再别康桥》押韵跟《你是人间的四月天》不一样。

师:不一样在哪里?你读读?

生:(读《再别康桥》第二段"那河畔的金柳"到"在我的心头荡漾")《再别康桥》是第二、四句押韵,每一节都是这样的,《你是人间的四月天》是第一、三句押韵。

师:这个发现很好!我们把两首诗押的韵都标注出来,看看还有什么新的发现。

(生给两首诗标注韵脚,同桌小声讨论、试读)

师:有什么新的发现吗?

生:《你是人间的四月天》押的基本是"an"韵;《再别康桥》每一节的韵都不一样,如第一节是"ai"韵,第二节就换成了"ang"韵。

师:无论是"an",还是"ao""ai""ang",发声明亮,回音悠长,很适合抒发明媚的悠长的情感。

生:老师,从情感角度看,《再别康桥》不全是你说的那种情感。

师:你说说看。

生:"但我不能放歌"这一节明显是离别的黯然。你看,"沉默是今晚的康桥"。

师:说得很好!从抒情基调上看,这两首诗是有所区别的。一首是明媚的、阳光的四月天,一首是盘桓的、离别的、迷离的七月之夜。但是,寄托着爱情美好的意象,是明媚的,对于爱情的眷恋,是悠长的。此外,《你是人间的四月天》用近似排比的诗句,吟唱了人间四月天的美好意象,这种复沓的诗句,《再别康桥》有吗?

生:开头与结尾两节,是重复的,有回环往复之美。《你是人间的四月天》中的"你是"也是反复出现的。

师:好,刚才我们其实从三个角度,品读了两首诗的音韵之美,现在我来梳理一下。(播放 PPT 第 5 页,展示表 3)

表3

角度	《再别康桥》	《你是人间的四月天》
句内停顿	句式整齐,每句两顿或三顿	每行长短不拘,内在节律也是两顿或三顿
句末押韵	二、四句押韵,每节换韵	一、三句押韵,押“an”韵,一韵到底
诗行修辞	首尾诗句重复,韵脚相同	每句大致有主谓结构,形成排比句式
音韵之美	节奏轻柔委婉,押韵明朗上口,旋律和谐自然。犹如一曲悦耳徐缓的散板,轻盈婉转,伴随着情感的起伏变化,拨动读者的心弦	

任务三:想象与重构——欣赏绘画之美

师:刚才我们欣赏了这两首诗的音乐美,现在请大家速读两首诗,画出意象,说一说这些意象的特点。男生说《再别康桥》,女生说《你是人间的四月天》吧。(学生速读两首诗)

生:西天的云彩、河畔的金柳、波光里的艳影、软泥上的青荇、康河的柔波、榆荫下的一潭、青草、一船星辉等。

生:还有夕阳中的新娘,虽然是比喻,也是意象。彩虹似的梦,还有沉默的夏虫、沉默的康桥等,那些虚的镜头也是。

师:刚才两个同学列举的这些意象有什么特点吗?

生:刚才两个同学,一个列举的意象基本上是现场见到的,一个是想象和回忆中的意象,是虚的。

生:这些意象是容易消失的,会随着时间变化而变化的。

师:是的,诗人把这些意象放在黄昏、傍晚的光线中,随着时间的变化,这些意象有着变换的光影。

生:这里还有空间的变化,一开始是天边的云彩,到河畔的金柳,再到水中的青荇,再到水中的星辉,最后到夜晚的康桥,好像电影中的摇镜头。

师:是啊,这个发现很好,这种时空的变化,导致了意象的色调也在变化。开始的意象是明亮的、客观的,以暖色调为主,随着时空推移,意象出现了冷色调,你用了一个专业名词“摇镜头”,使这些意象的组合具有梦幻色彩,这些特点跟抒情主人公的心情和行踪是有关系的。现在请女同学讲一讲《你是人间的四月天》里的意象。

生:都是春天里的意象,如春的光艳、早天云烟、黄昏、星子、细雨、百花冠冕、夜夜月圆、新鲜初放的绿芽、水光浮动的白莲、呢喃的燕子等。

生:也不一定都是春天的,如一树一树的花开,可能就是夏天,雪化后的鹅黄也可能是冬天。

师:我觉得是诗人把它们放在春天里了,春天也会有雪,也会有花,这些意象都聚集在四月天这个季节里。四月天,是不是意象?

生:四月天是总的意象,其他意象都围绕着四月天这个总意象。

师:我支持你的观点,你发明了一个很特别的词“总意象”,一般的说法是“核心意象”。

如果四月天是核心意象,那么,什么样的意象才可以成为核心意象?这两首诗有没有核心意象?

生:核心意象在诗歌里处于核心地位,其他意象是从这个核心意象里生发出来的。

生:核心意象是诗歌里多次出现的意象。

生:核心意象一定集中地寄托着诗人的情感,并成为某种象征。

生:《再别康桥》里的西天的云彩可以算是核心意象。

师:是的,"西天的云彩"首尾出现过多次,最初相遇的和最后回望的,都是云彩,可以算是核心意象。其他意象都围绕着它展开,成为一组"意象群"。这两首诗的"意象群",很有色彩感和画面感。请你们想象一下它们的色彩和画面。

生:从画面感觉来说,这两首诗的意象具有纯洁鲜明的色彩。

生:《你是人间的四月天》的意象,本身就充满动感,《再别康桥》也一样。

生:《你是人间的四月天》的意象都是暖色调的,就是雪后的意象也是鹅黄的。《再别康桥》的意象有冷色调的。

师:为什么意象的色调有这样的差异呢?

生:《再别康桥》是离别,冷色调里有哀伤和孤独,《你是人间的四月天》是赞美,画面是明媚的,带着亲昵。有人说是这首诗是写给她的孩子的。

师:你概括得真好。核心意象统率着意象群,意象群形成了灵动的绚丽的画面。我们来小结一下。(播放 PPT 第 6 页,展示表 4)

表 4

角度	《再别康桥》	《你是人间的四月天》
意象	西天云彩、河畔金柳、波光艳影、软泥青荇、康河柔波、榆荫潭水、青草星辉、夏虫康桥等	四月天的光艳、早天的云烟、黄昏、星子、细雨点、百花冠冕、圆月、鹅黄、新鲜的绿芽、水光浮动着的白莲花、一树花开、燕呢喃等
色彩	绚丽的云彩、金色的柳、潋滟波影、青色荇菜、五彩虹、青草、斑斓的星辉	春天的光艳、云烟、闪耀的星子、鲜妍的百花、皎洁的圆月、鹅黄、新鲜的绿芽、嫩绿的叶子、雪白的莲花
绘画美	金色辉煌、明丽斑斓、青绿暗冷,美好的画面中带有哀伤和孤独	热烈、新生、蓬勃、美丽、单纯、充满生机,明媚的画面中带着亲昵和呵护

第二课时

任务四:分析和鉴赏——品味建筑之美

师:《再别康桥》最初发表在 1928 年 12 月 10 日《新月》月刊上。起初每节两行排版,以句排列,校样时,徐志摩一定要排成现在这个形式。请大家猜一猜,徐志摩为什么要坚持这样的排列？

生：这样每节四行，有古典诗歌的结构美，现代诗也要讲究形式的。

生：第二句和第四句又缩进一字，结构上有参差错落之感。

师：你们讲得很好。《再别康桥》又被诗评家称为“新格律诗”。全诗七节，每节组成两个平行台阶，据说相当于英国的十四行诗。闻一多就说过，这首诗“节与节之间匀称，行与行之间均齐”，诗人似乎有意把古典格律诗与现代自由诗二者的形式糅合起来，富有建筑般的整齐美。大家看一看，《你是人间的四月天》有这样的整齐美吗？

生：《你是人间的四月天》没有这样的整齐美观。句子长短不一样，也不像《再别康桥》那样四句一节。

生：这首诗没有节，只有句，有些句子又断开排成几行。

师：同学们都发现了林诗不如徐诗那样有整饬之美。但是，上节课我们把“你是”加到每一种意象中，加以微调，这首诗就有排叠的句式，句子虽然有长短，但朗读起来，又如此整齐流畅，犹如一支回旋曲，绵绵不绝。现在我们了解到两首诗都有相对整齐的外在形式，还有两个节拍的内在节律。为什么有这样的异曲同工之妙？大家讨论一下。

生：两人都留学英美，怕都受过英国十四行诗的影响。

师：你的见识很广。陈梦家在《新月诗选》中就说到过，新月诗派的诗人有意识地模仿过十四行诗。十四行诗很讲究形式上的整饬。（播放 PPT 第 7 页）

陈梦家《新月诗选》：“十四行诗（Sonnet）是格律最谨严的诗体，在节奏上它需求韵节在链锁的关联中最密切的接合；就是意义上，也必须遵守合律的进展。孙大雨的三首商籁体给我们对于试写商籁体增加了成功的指望，因为他从运用外国的格律上，得着操纵裕如的证明。”

十四行诗，又译“商籁体”，是外文的音译。它是欧洲一种格律严谨的抒情诗体。最初流行于意大利，彼特拉克的创作使其臻于完美，又称“彼特拉克体”，后传到欧洲各国。

彼特拉克的十四行诗形式整齐，音韵优美，以歌颂爱情，表现人文主义思想为主要内容。他的诗作在内容和形式方面，都为欧洲抒情诗的发展开拓了新路。同时代的意大利诗人和后来其他国家的一些诗人，都曾把彼特拉克的诗作视为十四行诗的典范，竞相仿效。每首分成两部分：前一部分由两段四行诗组成，后一部分由两段三行诗组成，即按四、四、三、三编排。莎士比亚的诗作改变了彼特拉克的格式，由三段四行和一副对句组成，即按四、四、四、二编排，以形象生动、结构巧妙、音乐性强、起承转合自如为特色。普希金又对十四行诗进行继承和创新，创立的“奥涅金诗节”影响巨大。

生：林徽因是学习建筑的，她将建筑艺术与诗歌创作相结合，使诗歌充分体现了建筑美。

生：恐怕还有对传统格律诗的传承。押韵、意象选择等都有古典格律诗的影子。

师：同学们讲得很好，两个人都是新月诗派的骨干，也受到新月诗派理论的影响。闻一多先生对新月诗派的新格律诗之美，有一个很好的概括，叫作“三美论”，即音乐美、绘画美和建筑美。（播放 PPT 第 8 页）

《诗的格律》是闻一多先生系列诗论中最重要的一篇。在这篇论文中，他系统地提出“诗的实力不独包括音乐的美(音节)、绘画的美(词藻)，并且还有建筑的美(节的匀称和句的均齐)”。这一关于新诗“三美”的主张遂成为新格律诗派的理论纲领。

“音乐美”强调“有音尺、有平仄，有韵脚”;“绘画美”强调词藻的选择要秾丽、鲜明，有色彩感，每一句诗都可以形成一个独立存在的画面;“建筑美”强调“有节的匀称，有句的均齐”。也就是说新格律诗应该是形式整齐而不失灵动之美，节奏明快又有回环舒缓之美，继承古典诗歌特点又有所发挥的。

师:《再别康桥》《你是人间的四月天》可以说是“三美”兼备，堪称绝唱。这样的诗歌实践和理论创导，把当时过分散文化的诗歌带入诗歌新格律的正轨。

任务五:朗读与体会——体验情感之美

师:关于康桥，徐志摩不止写过一篇文章，他是有康桥情结的。(播放 PPT 第 9 页，展示剑桥大学的校园照片及诗碑)

诗人在《猛虎集·序文》中曾经夫子自道在 24 岁以前，他对于诗的兴味远不如对于相对论或民约论的兴味。正是康河的水，开启了诗人的心灵，唤醒了久蛰在他心中的诗人的天命。因此他后来曾满怀深情地说，“我的眼是康桥教我睁的，我的求知欲是康桥给我拨动的，我的自我意识是康桥给我胚胎的”。(播放 PPT 第 10 页)徐志摩为什么有如此深的康桥情结?

生:诗人从那个时候开始爱上了诗歌。原先他对诗歌并不感兴趣。

生:主要是那个时候恋爱了，诗歌是恋爱最好的表达。

师:那么你在《再别康桥》里，能找到当年初恋的象征与隐喻吗?

(学生寻找、讨论、交流)

生:比如，“夕阳中的新娘”，作为美好生活象征的新娘，这里可能有林徽因的影子。

生:“寻梦”的“梦”，或许是指两人当年在康河感情交流的梦。

生:“向青草更青处漫溯”，则暗含了很深的感情记忆。

生:“作别西天的云彩”，“云彩”象征着林徽因的美好，也可能是对与林徽因的那段感情的回忆。

师:评论家章景曙就和同学们持相同观点——(徐志摩)和林徽因在康河相识相恋后，他期盼着能生活在一起，不料当他和张幼仪离婚后，林徽因却突然回国和梁思成结婚，一向有绅士风度的诗人，只能将往昔生活的甜蜜回忆，通过诗歌委婉而又含蓄地进行表达，诗中的很多地方都有暗示。(播放 PPT 第 11 页)诗句细致入微地将诗人对康桥的爱恋，对往昔生活的回忆，对眼前的无可奈何的离愁，理想幻灭后的感伤之情，表现得浓烈而蕴藉、真挚而隽永。

(全体同学朗诵全诗)

师:我们再来看《你是人间的四月天》。它发表于 1934 年 4 月的《学文》1 卷 1 期上，在徐志摩逝世三年之后。“你”究竟是谁? 这是现代文学史上的一桩“公案”。一般有两种说法，一是为悼念徐志摩而作，一是为儿子的出生而作。你们认为呢? 先请大家轻声朗读，说出你的理由。

(女生轻声朗读第三节和第五节,男生朗读第一节、第二节和第四节)

生:我认为是写给她的儿子的。春天的百花,初放的嫩芽,雪后的鹅黄,轻盈而娉婷,我数了一下,连续11个"你",这种呼告和自语,可以说是林徽因初为人母嘛,对孩子的亲昵。

师:我寄愁心与明月,随风直到夜郎西。你是我"夜夜的月圆"的思念;你是我梦中期待的白莲花开放;你是我"一树一树的花开",繁茂而热烈的爱怜;你是梁间呢喃的春燕。这些都是与爱情相关的意象,也处处透露出对亲人的亲昵之情。

生:其实可能两种情愫都有,诗歌就像谜语一样,古人说"诗无达诂"。

师:你的看法是中肯的,梁思成的儿子梁从诫先生在《倏忽人间四月天——回忆我的母亲林徽因》中说,"父亲曾告诉我,《你是人间的四月天》这首诗是母亲在我出生后的喜悦中为我而作的,但母亲自己从未对我说起过这件事"。孩子和诗人,有没有共同的特点呢?

生:诗人本身就是赤子!

师:你说得对,诗无达诂,我们只要领略美好的情感就可以了。(播放PPT第12页,展示表5)

表5

《再别康桥》	《你是人间的四月天》
诗人细致入微地将对康桥的热爱,对往昔爱情的留恋,对眼前无可奈何的离愁,对理想幻灭后的感伤,表现得浓烈而蕴藉、真挚而隽永	诗人连续用"你是"结构的呼告和自语,表达了初为人母对孩子的亲昵和疼爱。又用爱情相关的意象,透露出对昔日恋人热烈而绵长的怀念

任务六:拓展与探究——双子星的陨落

师:可惜的是,这世界很多感情不一定产生姻缘,有姻缘不等于有婚姻。正因为有这样的遗憾,爱情才成为文学上永恒的母题。1926年,徐志摩与民国才女陆小曼结合,两年后,林徽因和梁思成琴瑟和谐,在加拿大完婚。1926年5月,徐志摩写作《偶然》一诗,表达了对爱情消逝的感叹和命运偶然的达观。(播放PPT第13页)

偶然

我是天空里的一片云,
偶尔投影在你的波心——
你不必讶异,
更无须欢喜——
在转瞬间消灭了踪影。

你我相逢在黑夜的海上,
你有你的,我有我的,方向;
你记得也好,
最好你忘掉,
在这交会时互放的光亮!

（生齐读）

师：时隔5年后，1931年11月19日，这颗闪亮的星子就陨落在大雾弥漫的济南开山上，不知得到消息后的林徽因，会有怎样的心情。在悼念徐志摩的追思会上，林徽因没有出现。她特地吩咐梁思成到事故现场捡了一块飞机木板，此后终其一生，都挂在自己的卧室里。一年以后，林徽因痛定思痛，写了《别丢掉》。（播放PPT第14页）

别丢掉

别丢掉
这一把过往的热情，
现在流水似的，
轻轻
在幽冷的山泉底，
在黑夜，在松林，
叹息似的渺茫，
你仍要保存着那真！
一样是月明，
一样是隔山灯火，
满天的星，
只使人不见，
梦似的挂起，
你问黑夜要回
那一句话——你仍得相信
山谷中留着
有那回音！

师：斯人已逝，国难又来。此后的林徽因，撑着病体，在炮火中风餐露宿，与梁思成在全国各地考察建筑。新中国成立后，为抢救北京古城，她与梁思成呕心沥血，不惜与当时的北京市副市长吴晗当面争吵，心情大坏而拒绝服药！最后在1955年逝世！徐志摩34岁，林徽因51岁，本都是光焰万丈，璀璨于星空之际，但天妒英才，情深不寿，中国诗坛上的“双子星”，就这样坠落，令人叹息！

【教学反思】

这是两节课的专题教学，因为涉及诗人背景和新诗知识较多，必须要设计预习任务，且必须在课前完成，这也是这个专题课程的重要内容。我差不多花了一周的时间，来准备这个教学专题。没有课外时间，要完成预习任务，就不可能。但是能否完成预习任务又关系到本专题教学的成败。在教学中，有些学生预习不到位，与老师就无法对话。

本专题的教学目标有两个，主要目标是赏析这两首诗的音韵美、绘画美、建筑美和情感美，次要目标是了解新月派格律诗的“三美论”。因此我把音韵美、绘画美的欣赏放在第一节上，把建筑美、情感美安排到第二节课。这四个欣赏点，尽量放开让学生讲，教师最后又有梳理，用 PPT 形成认知建构和情感体验。在教学之前，预估到本专题教学的两大难点：一是诗歌“三美”欣赏偏于理性认知，但诗人和诗歌的情感表达又侧重感性体验，这两种怎样才能和谐自然地结合起来？二是两首诗歌的整体阅读和落实专题重点如何统筹兼顾？为了克服第一个难点，第一节课先在感性体验的基础上进行“三美”分析，第二节课在赏析情感之美时又把两位作者的身世和情感交集介入进去。为了突破第二个难点，在介绍诗人情感交集后，组织学生朗读聆听两首诗歌。在赏析音韵美、绘画美、建筑美和情感美时，分设四个环节，每个环节都有整体性的梳理和建构。

本专题教学，预习充分的学生，确实完成了学习目标，对这两首诗，从四个维度，形成了认知和审美的建构。但是部分预习不到位的学生，因为新月派诗歌特点是陌生的知识，对于两首诗歌的涵泳诵读又不深入，故对于这两首诗的印象可能只停留在四种美的概念的框架里。

如果要对新月派诗歌的“三美论”有进一步的体会，建议课外阅读《偶然》或者《别丢掉》，选择其中一首，从音乐美、绘画美、建筑美角度，写一段不少于 300 字的鉴赏短文。

“声”“色”醉人心：《一个消逝了的山村》与《秦腔》联读

执教 / 浙江省青田中学　刘晶晶

本课课件

【专题目标】

联读《一个消逝了的山村》《秦腔》两篇散文，通过赏析各自特色鲜明的个性化表述，领略《一个消逝了的山村》清朗深婉的山水诗风和《秦腔》宏大厚重的史诗美感，体悟冯至散文的哲思之美，理解贾平凹散文厚重的文化意蕴。

【预习任务】

1. 阅读两篇文章，划分段落，并概括大意。
2. 从两篇文章中各选择一个自己喜欢的片段，把它画成一幅画。
3. 从两篇文章中各选择一个自己喜欢的片段，有感情地朗读，并思考两者语气语调上有哪些不同。

【教学实录】

第一课时

师：同学们，今天我们要上两篇散文，一篇是冯至的《一个消逝了的山村》，还有一篇是贾平凹的《秦腔》。散文不像小说那样有生动的情节，但这两篇文章的画面感和场面感特别强。课前让大家预习了一下课文，并选择喜欢的段落作画，现在，我们就一起来看看同学们的画。（播放 PPT 第 1—3 页，展示图 1—图 3）

图 1

图 2

图 3

师：请同学们快速阅读课文，找出与画作对应的文章段落或句子。

（学生快速阅读）

生：图 1 蘑菇图，在第 48 页第七段。

师：好，我们来读一读有关于这幅图的文字。从哪里开始？

生：下了一夜的雨……

师：好，开始。

生（齐读）：“下了一夜的雨，第二天太阳出来一蒸发，草间的菌子，俯拾皆是：有的红如胭脂，青如青苔，褐如牛肝，白如蛋白，还有一种赭色的，放在水里立即变成靛蓝的颜色。”

师：菌（jùn）子。纠正下读音。还有哪些文段？

生：图 2 是第十段的鹿。

师：这位同学把你找到的语段读一读。

生：“据说，前些年，在人迹罕到的树丛里还往往有一只鹿出现……我们真会像是传说中的圣人一般，在它的两角之间看见了幻境。”

师：还有图 3 中的一条小路在哪里？

生：第二段，“那条路是用石块砌成，从距谷口还有四五里远的一个村庄里伸出，向山谷这边引来，先是断断续续，随后就隐隐约约地消失了”。

师：你们觉得这些图画和文章最契合的地方在哪里？

生：颜色，红、青、绿色……

师：作家的语言和画家的色彩，产生了迷人的效果。

任务一：感性认知和理性哲思的碰撞

师：我们再来看一幅。（播放 PPT 第 4 页，展示图 4）

图 4

（“哇”，生一片赞叹）

师：同学们的表情已经告诉老师，对这幅画只剩下“膜拜”了。我们让画家周同学上台来讲述下自己的画作。

生（周同学）：我的画是整篇文章的集合。首先是这条路，你们刚才已经找到了，我就不多说了。（生笑）我重点讲述这条切线。我觉得这篇文章是讲述“过去”和“现在”的关联，这条路若隐若现，直至消逝，代表的是过去。然后是小溪，我特别喜欢那句“日日思君不见君，共饮长江水”，这条小溪把过去、未来紧密地联系在一起。在角落里，我画了鼠麹草，不是很多，但一定要有白白的茸毛，很可爱，作者也很喜欢。我也画了鹿，鹿要隐在树林间才能显出它的神秘。过去是生机盎然的，而现在的村庄已经衰败了。我还画了乌鸦，用乌鸦来代表消亡。

（生热烈掌声）

师：路是旧路，小溪是可爱的，鼠麹草是纯洁、坚强的，而鹿只有一只，月色却是朦胧的，冯至用优美诗意的语言，为我们展现出清净、明朗的画面，周同学用线条，用丰富的意象描绘出了他心里的那"一个消逝了的山村"。画家和作家在这刹那间……

生：共鸣了，碰撞了。

生："冯"化了。

（生笑）

师：对，"冯"化了，那么我们继续看看周同学在手法的运用上有没有"冯化"的痕迹。

（学生思考）

师：注意"切线"。

生：对比。

师：愿闻其详。

生：画里有"过去"和"现在"的对比。文本里也有。

师：还有其他的对比吗？

生：生命和死亡。

师：细说。

生："乌鸦"和"鼠麹草"。"乌鸦"代表了死亡，"鼠麹草"代表的是生命、活力。

师：文章里没有乌鸦，但有个意象和它是相通的，是什么？

生：野狗。

师：我们来读一读，读出了什么？

（生齐读第九段）

生：死亡，是一种威胁。

师：对，这是生命中的残酷。文中的小溪，周同学说连接的是过去和现在，同学们还有没有不一样的解读？

生：连接人和人。"我们共饮瓯江水"，是母亲河。

（生笑）

师：对，这是大自然对我们的馈赠。这是大自然给予我们生命的滋养。但我们人类给予大自然什么？

生：诡计。

师：具体的段落在哪里？我们读一读。

生：第十段。

（生齐读第十段）

师：大自然面对我们的诡计，给予了什么样的态度？

生：滋养，包容。

师：读到这里有没有一点沉甸甸的感受？也许这沉甸甸的感觉就是一种哲思的体验。

任务二：不同的风格，但一样的"迷人"

师：在欣赏同学们关于《一个消逝了的山村》的画作的时候总觉挺小清新的，但到了《秦腔》，我发现同学们的画风完全不同。（播放 PPT 第 5 页，展示图 5、图 6）

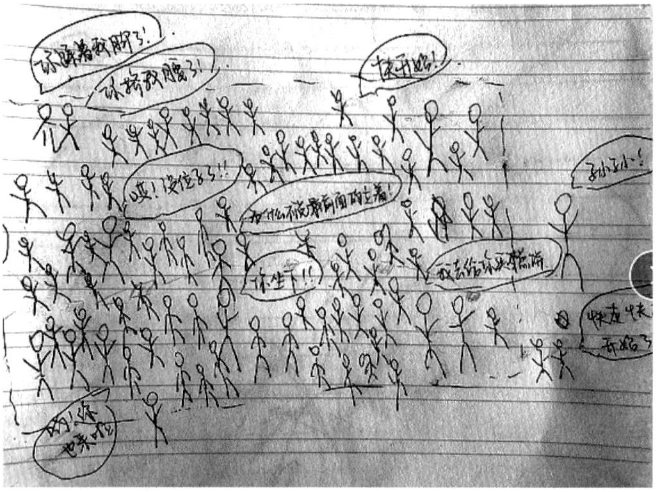

图5

图6

（生大笑）

师：你们觉得这些同学的画风是什么流派？

生：狂野派，漫画派，抽象派……

师：从《一个消逝了的山村》的诗情写意到《秦腔》的狂野，老师都有点不适应了，你们觉得能让《秦腔》走“诗意派”路线吗？

生：还是狂野派比较适合它。

师：为什么？能举例吗？

生：比如，这两幅画，画的都是看戏。幕布放下来，台下就乱了。骂人，踩脚，打架，一看就不能诗意。

师：有道理。我们找位男生来读一读这段看戏，其他同学注意圈画动词。

生：“幕布放下，只说就要出场了……但差不多却光了脚，乱了头发。”

师：有哪些动词？

生：“挤”“扛”“光”“乱”。

师：典型的动作描写。贾平凹也重细节描写，但他更多的是白描，通过这些描写你们感受出秦地人怎样的性格特点？

生：暴躁，粗鲁。

生：俗。

师：俗？怎么解释？

生：“一个说：狗年快完了，你还叫啥哩？一个说：猪年还没到，你便拱开了！”这就是骂人。

（生笑）

师：确实“俗”，但是是“俗不可耐”吗？

（生摇头）

师：你们在这种情况下会骂人吗？

生(窃窃地):会。

师:所以老师觉得虽然“俗”,但俗得真实。反而正是这“俗”,为我们勾勒出了最真实的秦地人——粗烈、为秦腔疯狂。

师:你们更喜欢哪种风格?

生:喜欢诗意派,更温柔、诗意、美丽。

生:狂野派,更幽默、风趣,有劲!

师:我能说都喜欢吗?(生笑)不同的语言塑造了不同的画面和场景,给我们带来了不同的阅读感受,但都让我们觉得文章“风姿绰约”,也许这正是散文最大的魅力!这节课,我们用绘画感知文本,下节课我们要用声音走入文本,所以今天的作业是朗读这两篇文章,并挑选自己喜欢的段落反复诵读。(播放 PPT 第 6 页)下课!

第二课时

师:今天我们接着上一节课的内容,用声音去探索文字。我们来进行一个情境活动——班级里有同学去参加用“声音”来撩拨心弦的美文朗读推荐活动,他拿到了《一个消逝了的山村》和《秦腔》的片段,请你为他出谋划策。(播放 PPT 第 7—9 页)

任务三:用“声”撩人

师:用“声”来撩人。请同学尝试有感情地诵读以下片段。

其次就是鼠麹草。这种在欧洲非登上阿尔卑斯山的高处不容易采撷得到的名贵的小草,在这里每逢暮春和初秋却一年两季地长遍了山坡。我爱它那从叶子演变成的、有白色茸毛的花朵,谦虚地掺杂在乱草的中间。但是在这谦虚里没有卑躬,只有纯洁,没有矜持,只有坚强。有谁要认识这小草的意义吗?我愿意指给他看:在夕阳里一座山丘的顶上,坐着一个村女,她聚精会神地在那里缝什么,一任她的羊在远远近近的山坡上吃草,四面是山,四面是树,她从不抬起头来张望一下,陪伴着她的是一丛一丛的鼠麹从杂草中露出头来。这时我正从城里来,我看见这幅图像,觉得我随身带来的纷扰都变成深秋的黄叶,自然而然地凋落了。这使我知道,一个小生命是怎样鄙弃了一切浮夸,孑然一身担当着一个大宇宙。那消逝了的村庄必定也曾经像是这个少女,抱着自己的朴质,春秋佳日,被这些白色的小草围绕着,在山腰里一言不语地负担着一切。后来一个横来的运命使它骤然死去,不留下一些夸耀后人的事迹。(《一个消逝了的村庄》)

师:哪位同学先来试试第一句?

生:“其次就是鼠麹草。”

师:再读一遍。

生:“其次就是鼠麹草。”

师:怎么有点咬牙切齿的味道?

（生笑）

师：作者对鼠麹草是什么态度？

生：爱。

师：哪里看出来？

生：“我爱它那从叶子演变成的、有白色茸毛的花朵，谦虚地掺杂在乱草的中间。”

师：很好，你爱一个人，会用什么样的语调去念他的名字？

生：温柔的吧，轻快的吧。

师：好，找一位同学来念一下他爱人的名字。

（生笑）

生：老师，我还没有爱人。

师：那就把“鼠麹草”当作你爱人的名字，读读看。

（生笑）

生：鼠麹草。

师：继续——“我爱它那从叶子……”

生：“我爱它那从叶子演变成的、有白色茸毛的花朵，谦虚地掺杂在乱草的中间。”

师：你们听，这位同学连语调都舒缓了，语速都慢了，有爱的感觉了。

（生笑）

师：好，要告诉参赛选手读出爱的味道。还有要支招的吗？

生：“只有纯洁”“只有坚强”，这几个词要强调，要重读。

师：为什么？

生：表现出对鼠麹草品质的肯定。

师：很好，继续。

生：“怎样”“一切”“必定”也要重读，表示强调。

师：那这句呢？“这时我正从城里来，我看见这幅图像，觉得我随身带来的纷扰都变成深秋的黄叶，自然而然地凋落了。”

生：应该要舒缓、平静。

师：为什么？

生：大自然的宁静抚平了城市带给“我”的躁动。让“我”的内心也趋向平和。

师：这位同学把这句读一读。

（生有感情地诵读）

师：听着这样的声音，心绪是不是也被抚平了？读到这，我们是不是也发现了散文虽然没有小说波澜起伏的情节，但也蕴含着微妙的心情变化。语调由亲切、活泼，到平和舒缓，再到坚定有力。我们再看最后两句，请一位同学来示范一下。

（生有感情地诵读最后两句）

师：你们听出什么样的变化了吗？

生：最后的语调由坚定有力回归舒缓平静，因为一切都消逝了。

师：也许这就是我们生命的样子，平凡又崇高，平和又活泼。我们再回头看第一句，“其次就是鼠麹草”，这个“其”指代的是什么？

生：爱的事物。

师：理由是什么？

生：最爱的是那条小溪，其次爱的是鼠麹草。

师：好，我们全班再来有感情地读一读这句。

（生有感情地齐读）

师：这次老师听出了“爱的味道”，而不是“咬牙切齿”了。

（生笑）

师：现在如果让你给参赛同学提一个建议，会是什么？只有一个，最关键的一个。

生：情感，体会文字背后作家的情感。

师：很棒。情！（板书）

任务四：以“文”载情，以“声”传情

师：带着这个建议，我们来看《秦腔》片段。（播放 PPT 第 10 页）

我曾经在西府走动了两个秋冬，所到之处，村村都有戏班，人人都会清唱。在黎明或者黄昏的时分，一个人独独地到田野里去，远远看着天幕下一个一个山包一样隆起的十三个朝代帝王的陵墓，细细辨认着田埂上、荒草中那一截一截汉唐时期石碑上的残字，高高的土屋上的窗口里就飘出一阵冗长的二胡声，几声雄壮的秦腔叫板，我就痴呆了，感觉到那村口的土尘里，一头叫驴的打滚是那么有力，感觉自己心胸中一股强硬的气魄喷薄而出。（《秦腔》）

师：同学们先自己读一读。

（生自由朗读）

师：现在我们要变成情感专家了，对于这一段，情感专家们，你们想给出点什么建议？

生：要读出孤独感。

师：为什么？举个例子。

生：“一个人独独地到田野里去，远远看着天幕下一个一个山包一样隆起的十三个朝代帝王的陵墓。”一个人，很孤独，天幕又很广阔，帝王的陵墓又那么沉重，表现出人行天地间的孤独、无奈，人很渺小啊！

（生笑）

师：和自然比，和亘古的时间比，人类真的很渺小。还有其他看法吗？

生：那声“驴叫”是不是还有不服输的硬气？

师：那我们来读一读那一句。

生（齐读）：“高高的土屋上的窗口里就飘出一阵冗长的二胡声，几声雄壮的秦腔叫板，我就痴呆了，感觉那村口的土尘里，一头叫驴的打滚是那么有力，感觉自己心胸中一股强硬的气魄喷薄而出。”

师：我感受到同学们在读这段文字的时候，声音明显上扬了，很好，读出了力量和气魄。

“感觉自己心胸中一股强硬的气魄喷薄而出”，这股气魄喷薄而出会化作什么？

生（异口同声）：秦腔！

师：为什么不是江南小调？

生（笑）：不配。

师：那江南小调配什么？

生：配《望海潮》。

师（笑）：对，配“烟柳画桥，风帘翠幕”。“一方水土养育一方人”，这句话绝对没有错。只有秦地的空旷、厚重才能孕育出高亢宏大的秦腔，也只有在秦地生长的炽烈的、豁达的秦地人才真正懂秦腔，因为懂，所以爱；因为爱，所以痴！来，我们用饱满的情感读一读文章的最后一段。

（生有感情地齐读第10段）

任务五：不同的声音，撩拨出同样的乐章

师：到这里我们会发现两个比赛段落需要的“声音”是不一样的，却能撩拨出同样的乐章。（播放PPT第11页）

让我们来写写读后的感受吧。
一个是用自然来展示生命，
一个是用艺术来交融生命；
一个是生命的舒缓、平静和柔软，
一个是生命的沉重、空旷和荒凉。
它们是生命的相通，
诠释诗意的厚重。

师：散文是“说话”的艺术。它不靠情节引人入胜，亦不假韵调扣人心弦。它的全部技巧在于“说话”。这两节课，我们通过绘画与文字的碰撞，通过声音与作家的文字对话，来感受作品醉人心魄的美。课后大家可以阅读冯至的散文集《山水》和贾平凹的散文集《贾平凹散文集》，有感情地读一读打动你的段落，用文字或绘画的方式表达阅读感受。下课！

【教学反思】

《一个消逝了的山村》《秦腔》是选择性必修下册第二单元第7课的两篇课文，本单元属于“中国现当代作家作品研习”任务群，为该任务群统领的唯一单元。本单元以“时代镜像”为人文主题，通过小说、诗歌、散文、话剧承担本单元的学习任务。

本专题引导学生联读两篇散文《一个消逝了的山村》和《秦腔》，课堂教学设计两课时。散文缺少小说波澜起伏的情节，学生的阅读兴趣缺失，很难深入文本去体悟作家的情感哲思。而詹鑫老师教学设计中的预习任务“从两篇文章中各选择一个自己喜欢的片段，把它画出来”，恰恰解决了这个问题，所以笔者沿用了这个课前任务，并以此驱动课堂教学的展开。

第一课时着重两个任务:学生的感性认知和作者理性哲思的碰撞;感受两篇文章不同的风格,但一样的迷人。第一个任务引导学生通过画作去梳理文本,然后我精挑画作,让学生去讲述自己的初读体验。这个环节,重在把课堂交给学生,让学生展现自己的思维火花。散文的解读本身就是多样化的,就如单元导语中所阐述的,要“注重对作品的个性化解读,获得鲜活的审美体验”。第二个任务重在比较,让学生体悟两篇散文的不同特色。冯至以诗著称,他的语言也具有诗歌的品质,而贾平凹则以小说更负盛名,他的语言俭朴、幽默。两篇文章风格虽不同,迷人的风姿却是一样的,因为散文真正的精髓在于“情真”。但是很遗憾的是,切换两篇文章教学的时候还是很生硬,联读的真正意义在哪里?教一篇和教两篇的区别在哪里?还需要深入思考。

第二课时主要围绕一个情境活动展开:有同学去参加用“声音”来撩拨心弦的美文朗读推荐活动。他拿到了《一个消逝了的村庄》和《秦腔》的片段,请你为他出谋划策!设计的意图除了勾起学生的学习兴趣以外,还想让学生关注“读”这个活动。我们现在的课堂教学已经很少把时间留给学生去读,有感情地读。而散文恰恰更需要读,因为它是“语言”的艺术,只有让文字从舌尖滚过,让文字滚出温度和热度,学生才能真正读进去,并且读懂。

对话与冲突:《茶馆》“以小见大”的艺术匠心

执教 / 浙江省奉化中学　夏　萌

本课课件

【专题目标】

研读《茶馆》充满“京味”的对话,体会人物与时代的矛盾冲突,认识清末到民国半个多世纪中国社会的沧桑巨变,赏析“小茶馆·大时代”艺术构思。

【预习任务】

1.《茶馆》中人物繁多,通读课文,关注文首人物表,在表1中填写人物社会身份和形象特点。

表1

角色	身份	形象特点	角色	身份	形象特点
王利发			常四爷		
唐铁嘴	相面人	沉迷鸦片,贪小油滑	松二爷		
马五爷			刘麻子		
康六			庞太监		
康顺子			宋恩子		
秦仲义			吴祥子		
黄胖子			老人		
乡妇			二德子		
小妞					

2.《茶馆》将不同人物的不同事件巧妙地通过裕泰茶馆连缀起来。请梳理第一幕中的主要事件,完成表2。

表 2

序号	主要事件	核心人物
①	唐铁嘴看相被拒	
②		二德子　常四爷　马五爷
③		
④	刘麻子推销洋怀表	
⑤		秦仲义　王利发　唐铁嘴
⑥	乡妇卖女	
⑦		秦仲义　庞太监
⑧		常四爷　宋恩子　吴祥子　松二爷　黄胖子
⑨	黄胖子调停争鸽矛盾	

3. 结合你所学的历史知识，推断《茶馆》第一幕的社会背景，并结合人物、情节说出你的判断依据。

【教学实录】

任务一：结合旧知，回顾冲突

师：民谚说，“舞台小天地，天地大舞台”。舞台虽小，上演的却是天地人间的大事。戏剧便是这样一种“以小见大”的艺术体裁，它以个体的、典型的戏剧冲突反映社会、时代、人性等大问题。请同学们回顾必修下册的戏剧单元，结合《雷雨》和《哈姆莱特》说一说何为戏剧冲突，戏剧又是如何表现冲突的。（播放 PPT 第 1 页）

生：冲突是戏剧的核心，戏剧事件的发展就是冲突激化爆发或者冲突得到解决的过程。比如《雷雨》中，周朴园三十年前对鲁侍萍始乱终弃，二人偶然相遇互相试探，原先鲁侍萍对周朴园心怀幻想，但身份被揭露后，周朴园最终表现得冷冰冰的，充满警惕与怀疑，而鲁侍萍也因此更加鄙夷、怨愤，冲突变得剧烈。

师：你找到的冲突是人与人的矛盾，它通过二人从互相试探到敌对的对话表现出来。

生：我认为冲突也不一定是人与人之间的矛盾，《哈姆莱特》的冲突不仅有哈姆莱特与叔父克劳狄斯的对立，还有他内心理想与现实的冲突，他因而忧郁、迟疑，最终导致了复仇的延宕。

师（赞许）：补充得很好。冲突还可以是人物内心的矛盾。《哈姆莱特》如何表现这种内心冲突？

生：也通过对话、人物举动等。

师：哈姆莱特的犹豫不定最能体现在他的名台词“生存还是毁灭，这是一个值得考虑的问题”中，这句话是以何种形式呈现的？

生：独白。

师：综合大家的回答，戏剧冲突是表现人与人之间矛盾关系或者人的内心矛盾的特殊艺术形式。我们常说“无冲突，不戏剧”，冲突是构成戏剧的根本要素。它在戏剧中通过对话、独白、肢体动作等形式表现出来。我们今天一起来细品《茶馆》中的对话，看这些对话是如何构建、推进冲突的，而散点式的个体冲突背后又揭露出怎样的旧时代、旧中国。（播放 PPT 第 2 页）

任务二：咀嚼对话，深挖冲突

师：请四位同学分角色朗读“常四爷与二德子起冲突”的对话片段。小组合作，探究这几句台词中说话人有怎样的心理，而这台词又使冲突双方产生了怎样的心理。（播放 PPT 第 3 页）

常四爷　反正打不起来！要真打的话，早到城外头去啦；到茶馆来干吗？

二德子　你这是对谁甩闲话呢？

常四爷　你问我哪？花钱喝茶，难道还教谁管着吗？

松二爷　我说这位爷，您是营里当差的吧？……

二德子　你管我当差不当差呢！

常四爷　要抖威风，跟洋人干去，洋人厉害！英法联军烧了圆明园，尊家吃着官饷，可没见您去冲锋打仗！

二德子　甭说打洋人不打，我先管教管教你！

（学生朗读，讨论）

生：“反正打不起来！要真打的话，早到城外头去啦；到茶馆来干吗？”常四爷的意思是这些地痞流氓来到茶馆就是装样子，不敢真动手，表现他的不屑。二德子听见了必然觉得被小瞧了，于是就恐吓常四爷。

生：“花钱喝茶，难道还教谁管着吗？”常四爷认为都是一样付钱来喝茶的客人，二德子没有资格管自己说什么，而二德子在这里恐吓威胁的模样很嚣张，常四爷生气了。这句话让二德子更加觉得常四爷不把自己当回事，觉得被挑衅了，于是不肯饶人。

生：“你管我当差不当差呢！”松二爷说二德子是营里当差的，是想抬高二德子身份来劝和，而二德子耳中却觉得是在打探，在用“当差的”身份约束他，所以发怒说“你管我当差不当差呢”。对于常四爷来说，二德子的这句话没有反驳松二爷的推测，相当于默认了，常四爷继而就更进一步想到你原来是官府的人，你本该保家卫国的，可是你却反过来对普通百姓挥拳头，于是更加愤怒，所以就有了接下去那句嘲讽的台词。

生：“要抖威风，跟洋人干去，洋人厉害！英法联军烧了圆明园，尊家吃着官饷，可没见您去冲锋打仗！”这句台词火药味十足，直接嘲讽二德子是欺软怕硬的草包，身为官府的人却不干正事，净欺负老百姓了。二德子听了这样的话被彻底激怒，就要动手打人。

师：正如同学所说，这句话火药味十足，我注意到刚才角色扮演的同学重读了“尊家”“吃着官饷”，嘲讽效果“拉满”。二德子的回应“甭”和“管教管教”也读得好。这里“甭”就是“不用”的意思，它是“不用”的合音。我们替换成“不用”来再读一读，有怎样不同的效果？

（学生齐读）

生:“甭”的音,张开嘴巴大,能读得更响亮,体现了二德子的张狂。

生:“甭”就是北方方言,老舍是北京人,他写的文字很地道,有京味。

师:“京味”到底是怎样一种味道呢?我们在诸如“甭”“吃官饷”等方言词当中体会到了北京人说话响亮、爽快的感觉。再来读一读“可没见您去冲锋打仗”“甭说打洋人不打,我先管教管教你”,注意节奏、语调的变化。请同学品鉴。

(学生齐读)

生:“甭说打洋人”是重音,“不打”比较快而轻。

生:“可没见您去冲锋打仗”的平仄声调不断切换,连在一起读起伏顿挫,富有气势。

师:老舍笔下的京味台词具有浅白亲切、利落爽快的美感,如同咬一口京白梨,汁水四溅,这是扎根于北京的街坊胡同、从人民日常生活中吸取养分的“响嘣儿脆”的语言,放在对话中贴合了情绪的递进,表现出矛盾冲突的升级。试问此时常四爷的不满与愤怒只是针对二德子一个人的吗?

生:常四爷说“洋人厉害”“英法联军烧了圆明园”,但是朝廷养的兵营没有“冲锋打仗”,可能也包含了对洋人的厌恶、对朝廷放任洋人横行却不作为的不满。

生:常四爷爱惜自己的国家,对国家现状感到无奈。

师:所以对话行进到这里,不仅常四爷愤怒的情绪加深了,他愤怒的原因也更为深刻。这里看似只是常四爷和二德子两个个体之间的冲突,但实际上揭露了当时社会怎样的弊端?

生:洋人横行,朝廷不作为。

生:二德子或许也不是个例,官府的人欺压老百姓,整日游手好闲斗殴惹事,倒像个地痞。

生:对这一切不满的人应该也不止常四爷。社会各个层面都充满敌对情绪。

师:分析得很到位。这句台词写得好啊,既能传达常四爷的复杂情感,又能推进冲突升级,让二德子更加愤怒,还能揭示社会现实,又充满京味,适合表演。(播放 PPT 第 4 页,展示图 1)

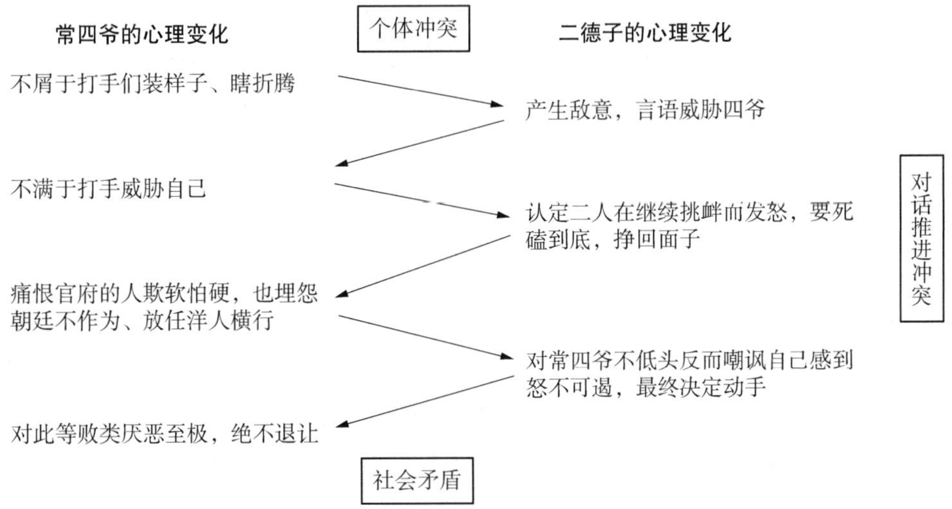

图 1

师:刚才同学们解读的几句台词就好像双方轮流吹气球,一步步把双方的情绪推向更强烈、更深层的愤怒,最终达到顶点——二德子要打人了!这就是冲突重重积累、推向高潮,最终爆发的过程。这种能揭示人物复杂丰富的心理活动,引发冲突双方的心灵冲击,推动戏剧冲突向高潮发展的台词,被称为具有动作性的台词。在构建对话、推进冲突的过程中,具有动作性的台词必不可少。(播放 PPT 第 5 页)

任务三:小组协作,探究冲突

师:全班分三组,各小组分角色朗读"刘麻子买卖康顺子""乡妇卖女""秦仲义庞太监交锋"三个片段,找出几句具有"动作性"的对话台词,分析对话如何推动冲突,以及冲突背后揭示出怎样的社会矛盾。(播放 PPT 第 6 页,见表 3)

表 3

事件	具有动作性的对话	个体冲突	社会矛盾
常四爷与二德子起冲突	"反正打不起来……""你管我当差不当差呢!""要抖威风,跟洋人干去……"	常四爷厌恶二德子的流氓做派——二德子定要压制住常四爷	洋人横行,朝廷不作为,官差欺压百姓,民众多有不满
刘麻子买卖康顺子			
乡妇卖女			
秦仲义庞太监交锋			

(小组朗读讨论。"刘麻子买卖康顺子"小组汇报发言)

生:"我一说,你必定从心眼里乐意!一位在宫里当差的!""庞总管!你也听说过庞总管吧?侍候着太后,红得不得了,连家里打醋的瓶子都是玛瑙做的!"刘麻子的这两句台词有意隐瞒庞太监的太监身份,而是强调他身份显贵又有钱,是在诱导康六点头答应这个买卖,具有动作性。刘麻子甚至为此不惜颠倒黑白,他说"姑娘一过门,吃的是珍馐美味,穿的是绫罗绸缎,这不是造化吗",说把康顺子卖给庞太监是交了好运,康六被这样的歪理说服了,所以最后点头。个体冲突是刘麻子急于谈成买卖与康六的犹豫不决,反映了当时底层人民贫苦到无以为生,只能卖儿卖女的黑暗现实。

生:我不同意。康六没有被说服,他最后的两声叹气更多的还是痛苦和无奈。

师:我们回顾一下课堂刚开始时大家梳理出来的对冲突的定义,冲突是人与人之间的矛盾,也可以是人物内心矛盾。这里的冲突到底是什么?

生:我觉得两者都有,是刘麻子和康六之间的,也是康六的内心挣扎。刘麻子的话加深了康六的内心挣扎,康六说"把女儿给太监做老婆,我怎么对得起人呢",他很惭愧,他知道女儿卖给太监后肯定没有好日子过,所以刘麻子的这几句话确实能推进冲突。

生:"卖到窑子去,也许多拿一两八钱的,可是你又不肯!""那是我的亲女儿!我能够……""有女儿,你可养活不起,这怪谁呢?""那不是因为乡下种地的都没法子混了吗?"这几句对话也很能体现冲突的推进,刘麻子说“卖到窑子去”,意思是你女儿现在没卖去窑子,已经很好了,十两银子也很够了。“这怪谁呢”意思是怪你自己没本事。康六面对这样的指责,他的愧疚痛苦加深了,心理防线被攻破而近乎崩溃,他不知道到底该怪谁,所以说“那不是因为乡下种地的都没法子混了吗”,用大家都是这样的来辩解。

师:那农民这么穷,到底怪谁呢?

生:连年战乱、帝国主义入侵、割地赔款导致赋税加重等。

生:殖民主义、封建主义,还有刘麻子这样的社会黑恶势力都是压在底层人民身上的大山,层层剥削他们。

(“乡妇卖女”小组发言)

生:乡妇的话反映出农村破产,常四爷感叹“大清国要完”,引发秦仲义说出自己的救国理想。

师:秦仲义是一步步被他人的话触动,内心激荡,于是说出了自己救国的理想,他是怎么被触动的?

生:先是秦仲义和常四爷对如何对待乡妇母女起了冲突,秦仲义说“轰出去”,他的冷酷引起常四爷的不满,于是暗暗与秦仲义对着干,施舍了烂肉面。王利发看出了两人的较劲,所以他说,“常四爷,您是积德行好,赏给她们面吃!可是,我告诉您:这路事儿太多了,太多了!谁也管不了!二爷,您看我说的对不对”,这话既夸了常四爷,又给秦仲义台阶下,意思是这样的事情太多,秦仲义管不过来,不管也情有可原。可是实际上秦仲义不是不管,他是想要管更多的穷人,宁愿只管这一个。所以王利发为秦仲义找台阶下,实际上却是对秦仲义的误解,由此引发了秦仲义的自我陈述。

师:那最后秦仲义得到理解了吗?

生:没有。秦仲义两句“你不懂”,一句眼睛看着常四爷,一句是对王利发说的。

生:我倒觉得是他自己自命不凡,也不想要众人的理解。他觉得自己和众人层次不一样。

师:这样的秦仲义能实现自己的理想吗?

生:不能。他不爱具体的个体,爱的是虚幻的整体。

生:不能。他太理想,不现实,把救国看得过于容易。

师:单打独斗不成气候,比起帝国主义的资本,秦仲义的全身家当又算得上什么。所以众人对秦仲义的不解恰恰也说明了民族资本家实业救国的理想是脱离群众的。

(“秦仲义庞太监交锋”小组发言)

生:庞太监说,“天下太平了:圣旨下来,谭嗣同问斩!告诉您,谁敢改祖宗的章程,谁就掉脑袋”是在恐吓秦仲义,不要妄想改革,不然谭嗣同的今天就是你的明天。但是,恐吓没有起效果,秦仲义说,“我早就知道”,早就知道改革要有流血牺牲,早就知道你们会露出这副小人得志的嘴脸,用镇定自若回击了庞太监。

生:庞太监最后说,“咱们就八仙过海,各显其能吧”,意思是这事儿还没完,看我们两方最后谁扳倒谁,这里秦仲义和庞太监的对立冲突就是封建势力和改革势力的对立冲突。

(教师播放 PPT 第 7 页,展示表 4)

表4

事件	具有动作性的对话	个体冲突	社会矛盾
常四爷与二德子起冲突	“反正打不起来……”“你管我当差不当差呢!”“要抖威风,跟洋人干去……”	常四爷厌恶二德子的流氓做派——二德子定要压制住常四爷	洋人横行,朝廷不作为,官差欺压百姓,民众多有不满
刘麻子买卖康顺子	“一位在宫里当差的!”“侍候着太后,红得不得了”“这怪谁呢?”……	① 刘麻子想谈成买卖——康六犹豫 ② 康六的内心挣扎	农村破产,殖民主义、封建主义和社会黑恶势力剥削底层劳动人民
乡妇卖女	“轰出去!”“大清国要完!”“这路事儿太多了,太多了!谁也管不了!”……	秦仲义舍小为大,想要实业救国——常四爷不满,众人不解	农村破产,民族资本家的实业救国理想不为民众理解
秦仲义庞太监交锋	“天下太平了:圣旨下来,谭嗣同问斩!告诉您,谁敢改祖宗的章程,谁就掉脑袋!”“我早就知道!”……	庞太监威吓警告——秦仲义不为所动	寻求改革的民族资本家与守旧的封建势力对抗

任务四:整合冲突,体会匠心

师:《茶馆》在冲突的组织设计上和《雷雨》《哈姆莱特》有什么不同?

生:《雷雨》《哈姆莱特》都由一个主要冲突贯穿全文,所以情节比较集中,《茶馆》是多个人物多个冲突,用裕泰茶馆来连缀。

师:在创作《茶馆》的时候,老舍的朋友曾经建议他以康顺子的悲惨遭遇和康顺子养子——康大力参加革命为全剧主要线索安排剧情,老舍最终拒绝了这个建议,而是以裕泰茶馆为线索,让官差和百姓、城里人和乡下人、吃洋饭的爱国旗人、市井小民和民族资本家、守旧派和维新派等各类身份、各方势力在茶馆轮番登场,各自上演不同的矛盾冲突。老舍为何要舍弃贯穿始终的主要冲突,而采用散点式的多个冲突来建构剧情?

生:老舍想写的不是具体的人,而是整个时代。

生:这些个人冲突都能揭露某种社会矛盾,共同揭露整个时代的黑暗。

生:让各种身份的人在茶馆登场,能反映更广阔的社会现实。

生:据我所知,第一幕的时间是1898年戊戌变法失败后,第二幕是民国初军阀混战时期,第三幕是抗日战争胜利,北京仍然属于国统区的时期,老舍选取这三个时间点,用裕泰茶馆里上演的各类事件来展现近代中国的面貌。

师(赞许):很好,你还结合第二、三幕来分析老舍的设计意图。那请你再深入分析,这半个世纪近代中国的面貌到底如何?这是怎样的时代呢?

生:都是黑暗腐朽、动荡不安的时代,老百姓没有活路,最后王利发因为茶馆经营不下去而上吊自杀了。

师:再准确点,是苦心经营几十年的茶馆被国民党的沈处长轻易霸占了去,在极度悲愤、绝望之中选择上吊。五十年来,北京城内的茶馆相继关门,裕泰是“硕果仅存的一家”,全靠王利发几十年来点头哈腰，圆滑做人，可是连王利发这般精明能干的“顺民”都没有活路，更何况被卖给太监的康顺子、饥肠辘辘的乡妇母女、因为一句话被捕入狱的常四爷……这样的时代下，老百姓没有活路，所以这些散点式的个人冲突共同表达出人与什么的冲突啊？

生（齐声）：时代。

师：老舍自己说过，“我的写法多少有点新的尝试，没完全叫老套子捆住”。现代评论家李健吾先生非常欣赏老舍的《茶馆》，他在评论这部戏的时候说，这是一部“图卷戏”，三幕戏是“三组风俗画”。老舍以裕泰茶馆串联起诸多人物和冲突，以此书写整个时代，反映人与时代的冲突，所谓“小茶馆·大时代”，这便是《茶馆》独具匠心的巧妙构思。（播放 PPT 第 8 页）

师：老舍不仅在小小一方舞台上呈现出广阔宏大的时代，还在第一幕的结尾给这样的时代下了判决书。茶客甲说，“将！你完啦！”，便是在说这样的时代必然灭亡！好，今天的文学之旅就到这里，同学们再见。

【教学反思】

《茶馆》选自选择性必修下册第二单元，这一单元都是现当代文学作品，有小说、诗歌、散文、话剧，涵盖了新文学的主要体裁，是中国近现代社会变革在文学领域的表现。现当代的文坛大家用新的思想、新的语言、新的样式书写这百年来的中国社会历史，为中国文学开辟了新天地。《茶馆》便是其中当代话剧的典范，本堂课以话剧的主要表演形式“对话”与根本要素“冲突”为切口，探究散点式的个人冲突背后揭露的社会矛盾，品鉴《茶馆》的“小茶馆·大时代”的巧妙构思，凸显老舍在《茶馆》写作中的“新尝试”。

依循这样的教学思路，本堂课设计四个核心任务——“结合旧知，回顾冲突”“咀嚼对话，深挖冲突”“小组协作，探究冲突”“整合冲突，体会匠心”，意在从浅到深挖掘文本，从点到面开放探究。任务一旨在以旧带新，抓牢文体特征，同时暗暗引入“比较”的眼光，把《雷雨》《哈姆莱特》和《茶馆》放在一起。随后任务二重点细读“常四爷与二德子起冲突”的对话片段，品读具有动作性的台词如何推进冲突，在“响嘣儿脆”语言之美中看向晚清矛盾重重的旧北京。有了示范读，任务三便放开小组合作读，文本理解由点到面，学生能力得到实践提升。在刘麻子步步紧逼下，康六卖女的痛苦、无奈、愧疚之情不断加深，他不知道自己的苦难由何而起，而表现出一种迷茫、顺受的状态，这些学生的阅读所得让我十分惊喜。只可惜我没能抓住学生的生成，没能进一步结合课内外文本进行启发，阐释到国民精神状态的高度上去。在任务三的活动后，任务四自然而然提出为什么这样写的问题，学生回答写作对象不是具体的人物与事迹，而是广阔的中国社会，是行将就木的黑暗时代，把任务三揭露出的层层社会矛盾上升到人与时代的矛盾。学生还自发地结合《茶馆》第二、三幕来谈及老舍的设计意图，最后体会到老舍“以小见大”的艺术匠心。

《茶馆》人物众多，冲突也是互相交织的，受课堂容量和时间限制，我舍弃掉一部分课堂的自主性、开放性，指定阅读某几个片段，其他的文本相对被忽略了，与老舍谱写“社会风俗画”的创作旨意还有些距离，十分遗憾。“京味”的语言、话剧台词的表演性，没有通过足够的朗读来体会。此外，教师还需要更多修行，才能抓住、深挖学生的课堂生成，呈现“教学相长”的理想局面。

斟词酌句品妙语:学写语言鉴赏札记

执教 / 浙江省三门中学　陈　佳

本课课件

【专题目标】

精读本单元的文学作品,结合教材中的《语言的锤炼》一文,梳理语言鉴赏的角度,讨论总结写作鉴赏札记的方法,写出一篇观点鲜明、内容充实、布局合理、灵活生动的语言鉴赏札记。

【预习任务】

1. 精读本单元的 4 课 7 个文本,从语言角度做批注。批注内容包括:语言有何特点? 产生怎样的效果?

2. 班级分为 6 个小组,每组每人认领 1—2 个文本,为每个文本批注 3—5 处。每组分别选出 1 位组长和观察记录员。

3. 借助网络和教科书,查找相关资料,阅读教材中的《语言的锤炼》一文,整理出鉴赏语言的几个角度,尝试完成表 1。

表 1

鉴赏角度	具体内容	文本举例

【教学实录】

师:(播放 PPT 第 1 页)文学是语言的艺术,我们欣赏文学作品,就是在欣赏语言艺术。这节课我们来挑战选择性必修下册第二单元的写作任务——学写语言鉴赏札记。语言鉴赏札记就是对作品的精彩语句等进行推敲品味而形成的文章,札记的形式自由灵活,篇幅不受限制，探究细致入微，分析有理有据，观点具有启发性。那么作品中什么样的语言值得鉴赏呢？

生：有特点的，符合作者写作风格，具有比较强烈的表达效果，有艺术感染力的文字。

生：能够体现作者情感的，也能引发读者情感共鸣的句子。

师：说得好。孔子说，"言之无文，行之不远"。（播放 PPT 第 2 页）下面我们将开展几个学习活动来完成学习目标。

任务一：赏语言艺术，明确鉴赏角度

师：同学们课前查阅了资料，阅读了《语言的锤炼》一文，也分享、交流了各自做的批注。（播放 PPT 第 3 页）下面我们就表 1 的信息进行交流。语言鉴赏的角度有哪些呢？有何表达效果？（播放 PPT 第 4 页）

生：可以从词语的选用角度鉴赏，包括动词、形容词、副词、叠词、成语、数量词、色彩词、语气词等，这些词语使语言表达准确传神、生动形象，富于变化。也可从句式角度鉴赏，如长短句、整散句、排比句、对偶句、感叹句、反问句等，这些句式有表情达意的效果。句式富有变化，错落有致，可使语言活泼生动，增强感染力。

师：这位同学从词语、句式角度鉴赏语言，其他同学还有补充吗？

生：从手法角度赏析，尤其是比喻、拟人、排比、反复、夸张、反问、反语等修辞手法，使文章富有文采，具有灵动之美。从语言风格和语体角度鉴赏，有平实质朴、含蓄隽永、清新雅致、幽默风趣的语言风格，语体风格有口语、书面语，还有儿化语、方言、文言等。

师：同学们预习做得很充分。修辞犹如语言百花园中的朵朵奇葩，如果在文章中栽插得适切，就会使文章增添几分靓丽的色彩，极有表现力。风格即人，不同的作品风格背后都有个性化的语言表达，能够细腻地表现事物特征，表现人物情感。

生：也可以从谋篇布局角度鉴赏，比如开头、结尾、段落层次、选材布局等方面。

师：不错。我再补充一点，可以从辞趣角度鉴赏语言，包括辞的意味（意趣）、辞的音调（音趣）、辞的形貌（形趣），使语言既有情趣，又有理趣。（播放 PPT 第 5 页，展示表 2）

表 2

鉴赏角度	具 体 内 容	文本举例
词语的选用	动词、形容词、副词、叠词、成语、数量词、色彩词、语气词……	
句式的选用	长句、短句、整句、散句、排比句、对偶句、感叹句、反问句、因果句……	
修辞手法	比喻、排比、拟人、反复、夸张、反问、设问、反语、对比……	
谋篇布局	开头、结尾、层次、布局、选材、段落安排……	
辞趣	辞的意味（意趣）、辞的音调（音趣）、辞的形貌（形趣）、理趣、语感	
语言风格	平实质朴、含蓄隽永、清新雅致、幽默风趣、沉郁顿挫、雄浑悲壮……	
语体风格	口语、书面语、儿化语、方言、文言……	
表达效果	准确、清晰、恰当、生动、形象、传神、新颖、独特……	

师：请同学们根据语言鉴赏角度，结合文本举例阐明。各小组派代表发言，观察员记录发言要点，每组分享约4分钟。

生（第一小组）：我们组从词语的选用角度赏析《阿Q正传》，如——

但他立刻转败为胜了。他擎起右手，用力的在自己脸上连打了两个嘴巴，热剌剌的有些痛；打完之后，便心平气和起来，似乎打的是自己，被打的是另一个自己，不久，也就仿佛是自己打了别个一般，——虽然还有些热剌剌，——心满意足的得胜的躺下了。

……

然而阿Q虽然常优胜，却直待蒙赵太爷打他嘴巴之后，这才出了名。

“擎”字的本义是满怀敬意地向上托举，写阿Q自己打自己，写出了阿Q的麻木、软弱和奴性。“心满意足”“得胜”是闲人欺侮阿Q之后，阿Q的自我安慰和自轻自贱的病态心理，辛辣地讽刺了阿Q的精神胜利到了无情地虐待自己，麻木到了转头就忘的地步，既可悲又可怜。“蒙”字表示他挨打了却像是蒙受恩惠似的，幽默中夹杂着诙谐，调侃中蕴藏着批判。这是对国人趋炎附势的辛辣讽刺，体现了国民的劣根性和社会的悲剧性。

又如：

“这断子绝孙的阿Q！”远远地听得小尼姑的带哭的声音。

“哈哈哈！”阿Q十分得意的笑。

“哈哈哈！”酒店里的人也九分得意的笑。

这里的“哭”与“笑”形成了反差。显然，阿Q和尼姑之间，阿Q是强者，尼姑是弱者；阿Q和闲人之间，阿Q是弱者，闲人是强者。当阿Q被强者欺负后他反而去欺负比他更弱的弱者，本来值得同情的阿Q也是可恨的，与闲人们毫无差别。“九分得意”是根据“十分得意”而生造的词，两词一前一后，化腐朽为神奇，闲人们少了一分得意，是因为他们没像阿Q一样调戏小尼姑而心生快意，这表明他们都有欺软怕硬、恃强凌弱的病态心理，这部分将群体的丑态行径刻画得淋漓尽致。

生（第二小组）：我们分享的是对诗歌《大堰河——我的保姆》反复手法的鉴赏。

她含着笑，洗着我们的衣服，
她含着笑，提着菜篮到村边的结冰的池塘去，
她含着笑，切着冰屑悉索的萝卜，
她含着笑，用手掏着猪吃的麦糟，
她含着笑，扇着炖肉的炉子的火，
她含着笑，背了团箕到广场上去
　　晒好那些大豆和小麦，
……
大堰河，含泪地去了！
同着四十几年的人世生活的凌侮，
同着数不尽的奴隶的凄苦，

同着四块钱的棺材和几束稻草，
同着几尺长方的埋棺材的土地，
同着一手把的纸钱的灰，
大堰河，她含泪地去了。

“她含着笑”反复出现，后面紧跟“洗着”“提着”“切着”“掏着”“扇着”等动词叙述了大堰河为生活奔波和日常劳作时的情景，写出了一个农家妇女的淳朴善良、勤劳辛苦，表达了对大堰河吃苦耐劳精神的讴歌，语言质朴真诚，感情真挚深切。后又反复出现“大堰河，含泪地去了”和几处“同着”，深沉地表现了大堰河死后的悲凉凄切。“四十几年”“数不尽”和“四块钱”“几尺”“一手”几个数量词的对比，表现了大堰河所承受的苦难和凌辱之久、之多。生前和死后的对比，突出了这位普通妇女平凡坎坷而不幸的一生。受尽欺辱、满身疮痍、历尽沧桑的大堰河正是当时千千万万个辛苦操劳、命运悲苦的母亲的代表，抒发了作者对大堰河由衷的感恩、愧疚与敬爱，对这片如同慈母一样宽阔的土地和伟大的祖国母亲深沉的爱，诗歌反复咏唱，如泣如诉。

生（第三小组）：我们组从句式角度鉴赏《再别康桥》的首节和末节。

轻轻的我走了，
　正如我轻轻的来；
我轻轻的招手，
　作别西天的云彩。

悄悄的我走了，
　正如我悄悄的来；
我挥一挥衣袖，
　不带走一片云彩。

诗歌的首节和末节均采用重叠复沓的手法，语意相似，节奏相同，构成回环呼应的结构形式，句式参差变化，错落有致，形成了变化中的统一、参差中的和谐，增添了诗歌的节奏感和旋律美，增强了诗歌的音乐性。“轻轻”“悄悄”等叠字的反复运用，不仅写出了康桥的静谧与美好，也增强了诗歌轻柔的节奏，表达了诗人对康桥的留恋和依依惜别之情，感情深情饱满，意蕴深远。

再比如《秦腔》第二段文字——

有了秦腔，生活便有了乐趣，高兴了，唱“快板”，高兴得像被烈性炸药炸了一样，要把整个身心粉碎在天空！痛苦了，唱“慢板”，揪心裂肠的唱腔却表现了多么有情有味的美来。美给了别人享受，美也熨平了自己心中愁苦的皱纹。

这段文字长短句和整散句交叠运用，错落有致，句式整齐中不失变化，语气明快中带着舒缓。节奏波澜起伏，又富于变化，活泼灵动，使文章语势激荡而又意味绵长，既表现了秦腔的有情有味，又表明秦腔给人以美的享受，给秦川人民的生活带来了乐趣，抒发了作者对秦腔的热爱和赞美。

生（第四小组）：第三小组从句式角度分享了《秦腔》的这段文字，我们从修辞角度也做了鉴赏。这段描写运用了比喻，把秦川人民唱快板的神情比作“被烈性炸药炸了一样”，又运用夸张，“把整个身心粉碎在天空”写出了秦川人民唱秦腔时的热切与激情，充满了生机与活力。“痛苦了，唱‘慢板’，揪心裂肠的唱腔”，这句与前句形成了对比，突出了不同类型的秦腔各具特色，描绘了秦川人民的生活和习俗，反映了他们大苦大乐、大悲大喜的真性情。再如，《再别康桥》中运用比喻，将“河畔的金柳”比作“夕阳中的新娘”，将“榆荫下的一潭”比作“天上虹”，生动而富有新意，形象地表现出金柳艳丽的姿态和潭水倒影的光彩夺目，表达了诗人对康桥的赞美与眷恋。运用拟人赋予青荇、夏虫以人的情态，表现了作者对康桥的不舍与离别的感伤。

在《一个消逝了的山村》中，“两三年来，这一切，给我的生命许多滋养。但我相信它们也曾以同样的坦白和恩惠对待那消逝了的村庄。这些风物，好像至今还在述说它的运命”，运用了拟人手法，作者将山村里的风物人格化，写出它们对历史的见证与保存，充满了想象和诗意。

《阿Q正传》中运用反语和夸张，说阿Q“‘先前阔’，见识高，而且‘真能做’，本来几乎是一个‘完人’”，寥寥数语却准确地表现出人物的身份和精神面貌，增加了诙谐讽刺的意味。

可见，修辞是语言艺术的精华，文学作品善于运用修辞，创造了许多精妙绝伦的语句，富有艺术表现力。

生（第五小组）：我们是从语言风格角度赏析的，比如《茶馆》的台词——

王利发　二爷，您说的对，太对了！可是，这点小事用不着您分心，您派管事的来一趟，我跟他商量，该长多少租钱，我一定照办！是！嗻！

秦仲义　你这小子，比你爸爸还滑！哼，等着吧，早晚我把房子收回去！

王利发　您甭吓唬着我玩，我知道您多么照应我，心疼我，决不会叫我挑着大茶壶，到街上卖热茶去！

台词符合人物的个性化表达。从“二爷”“您”对秦仲义的称呼和“是”“嗻”等应和的词语，看出茶馆掌柜王利发对东家卑躬屈膝、恭维讨好的形象，体现了他的精明干练、善于应酬的性格。两人的对话圆熟风趣，甚至有些油嘴滑舌，十分贴合人物的身份和个性，使人物刻画立体感十足。还有许多台词都有儿化词语和地道的方言，真是京味十足，富有生活气息，使作品更具特色，也更真实。

又如《边城》中翠翠与傩送二老的对话——

“是谁人？”

“我是翠翠。”

“翠翠又是谁？”

“是碧溪岨撑渡船的孙女。”

……

“你个悖时砍脑壳的！”

对话采用口语和方言，语言通俗平淡。本色的语言富有地方色彩，却刻画出翠翠活泼纯真、俏皮可爱的形象，体现了湘西地区民风淳朴的地域特色。

生（第六小组）：我们组分享的是赏析《边城》的语言特色。小说的语言清新质朴，不饰词藻，蕴涵着浓郁的诗情，有清丽婉约的美感。我们围绕风景美、风俗美和人情美展开赏析。小说描写自然风景的语言不多，如“豆绿色的河水”“天气明朗”“落日”“薄雾”“白云”，寥寥数语却营造出一种清丽明净、古朴自然的意境。小说还热衷于描写湘西地区端午节、中秋节、过年、迎亲嫁娶等习俗，这些场景呼应了开头“一切莫不极有秩序，人民也莫不安分乐生”，营造了一种古老淳朴、和谐安乐的氛围。小说运用了方言、文言、白话，自然流畅，明白如话，表现了人物的典型性格，比如翠翠的单纯可爱、傩送的心地宽厚、爷爷的淳朴厚道、顺顺的扶危济困等，边城人民是“一群未被近代文明污染”的善良人，人与人之间真诚相待，充满着人情味，闪耀着人性美的光辉，因此，小说写景优美舒展，写人真挚亲切，叙事如歌如诵，写景如诗如画，是熔优美清新的自然风景画和生动丰富的社会风俗画于一炉，充溢着浓厚的乡土气息和返璞归真的田园牧歌情调，极具地域特色和诗化风格。作者极力状写湘西的自然之明净，湘西人的心灵之明净，所营造的湘西的“世外桃源”，也是作者理想中栖居的精神家园。

任务二：赏析札记样例，提炼写作方法

师：每个小组的发言都非常精彩，鉴赏时能结合实例旁征博引，有一定的鉴赏水平。按照单元研习任务三的要求，我们要完成一篇语言鉴赏札记。（播放 PPT 第 6 页）

> 本单元作品中有很多值得品味的精彩语句，如：《阿 Q 正传》中，多次用“飘飘然”来表现阿 Q 精神胜利后的得意忘形；徐志摩的潭水，“不是清泉，是天上虹”；冯至笔下，彩菌“不知点缀过多少民族的童话”。所有这些，都是作者锤炼出来的精彩语言。结合本单元课文中的实例，探究语言的表达技巧，选择一个角度，完成一篇不少于 800 字的语言鉴赏札记。

师：“札记”不是我们之前学习的只言片语式批注，而是写成一篇完整的文章，那么该如何写呢？下面我们看一篇规范的语言鉴赏札记的范文——《〈再别康桥〉的语言特质》[①]，请同学们相互讨论，整理提炼出札记的写作方法。

生：首先要确定一个写作主题，对鉴赏语言的批注进行整合和提炼，明确写作主题，这个主题也就是写作的对象，或者说是文章的中心观点。

师：写作主题又如何选定呢？

生：我认为既可着眼于文本中的部分文字，也可赏析整篇文本的语言，还可赏析不同文本的同类语言特色。

师：是的。这表明选题的角度有很多，但选题尽量要做到切口小而内涵丰，观点鲜明，中心突出，在内容上有什么要求呢？

生：在内容方面，开头先简明扼要地提出观点；中间部分引用文本例子和文学评论来分析观点，使内容有说服力；结尾总结观点，首尾呼应，深化观点。可采用总分总或总分结构。

师：说得好。还有其他要求吗？比如，写法？

生：写法上注重叙述和议论相结合。围绕鉴赏内容进行概述，引用文本中的相关例子，赏析语言特色，提出自己的观点和评价，要推敲锤炼写作的语言，使表达准确恰当。

---

① 刘永桂：《〈再别康桥〉的语言特质》，载《现代语文（教学研究版）》，2017 年第 9 期。

师：同学们分别从主题、内容、结构和写法等角度提炼出写作方法，说得很到位。（播放PPT 第 7、8 页）

写作点拨

（1）确定写作对象。提炼出不同语言范例的相同点或共性，就是语言鉴赏札记的“纲”，也就是札记的中心论点。这个“纲”既可着眼于局部文字，又可赏析整篇语言，做到切口小而含义丰。“纲”可拟作标题，也可作为札记的开头，做到观点鲜明，中心突出，简洁明了。

（2）选择恰当的写法。一要叙议结合、评析结合。“叙”是指围绕鉴赏角度概述、简介、引用作品的相关内容，“议”是指赏析和评价。“叙”要精当，为“议”提供依据；“议”要紧密结合“叙”。二要结构清晰。开头简明扼要地亮出观点，中间引用原文、援引文学评论来分析观点，结尾照应开头，明确、深化论点。三要语言准确。“意翻空而易奇，言征实而难巧”，要推敲锤炼写作语言。

（3）明确选择的任务。有几类选择：一是选择单篇中的一类富有表现力的词句、修辞手法，如赏析《大堰河——我的保姆》中间隔反复的运用，又如《茶馆》的语言鉴赏可聚焦老舍先生的京味语言——口语词汇的使用、口语句式的使用、成串的北京特有名词，选择其一，以此聚焦北京城独特的风土人情、生活习惯及反映出的深厚文化内涵；二是选择单篇整体的语言风格，如徐志摩《再别康桥》的语言如何体现“三美”；三是比较两篇文本的不同语言风格，如聚焦“看戏”，比较《秦腔》与《社戏》的描写语言异同，或者诗意的语言在诗歌、散文、小说中表达的异同。选择好角度，注意表达的要求，完成札记。

师：写作主题就是写作对象，是语言鉴赏札记的“纲”，这个“纲”可以拟作标题，标题可以有主标题和副标题；有了中心论点之后，再提取分论点，分论点称为“目”；然后就把搜集的语言范例充实到文章中，这个称为“肉”；还需要准确表达语言鉴赏的具体过程，这是札记的血脉。只有做到纲目并举、有血有肉，才会有观点鲜明、内容充实、布局合理、灵活生动的一篇语言鉴赏札记。

任务三：构思鉴赏要点，试写鉴赏札记

师：这节课学写语言鉴赏札记，重点解决“写什么”“如何写”的问题。按照单元研习任务三的要求，在写作中，同学们要重点关注语言鉴赏，但也要结合本单元作品的背景环境、人物特点、情节结构和主题思想去鉴赏。现在同学们有明确的写作方向了吗？（播放 PPT 第 9 页）

生：我想鉴赏《大堰河——我的保姆》中的反复手法的运用。

生：我想鉴赏《边城》的语言特色。

生：我初步确定以《茶馆》的语言为例，鉴赏老舍先生的京味语言。

生：我想鉴赏《再别康桥》“三美”的语言艺术。

生：我想尝试比较《阿 Q 正传》《边城》《茶馆》三篇文章的语言风格。

师：同学们初步明确了写作方向，有单篇整体的语言鉴赏，也有群文比较语言现象。大家也可以从体式或题材角度进行比较，比如，比较鉴赏《大堰河——我的保姆》和《再别康桥》的语言特点；比如，聚焦看戏，比较《秦腔》与《社戏》的描写语言；等。在选好写作角度之后，运用写作方法，注意表达要求，开始试写这篇札记。当然，课堂已进入尾声，试写环节就作为课外作业，请同学们再次精读文学作品，完成一篇不少于800字的语言鉴赏札记，完成之后，小组交流评改意见，通过评价反馈加以修改完善。（播放PPT第10页）

【教学反思】

统编教材选择性必修下册第二单元单元研习任务三要求学生结合本单元课文中的实例，探究语言的表达技巧，选择一定角度，完成一篇不少于800字的语言鉴赏札记。新课标在任务群中要求学生养成撰写读书笔记的习惯，要求有一定的课时开展研讨活动，交流阅读和写作的体会与感悟，重视学生研读后的交流和评价活动。本堂课的学习目标是结合研习内容，分析和评价文学作品的语言特质，梳理语言鉴赏的角度，讨论形成鉴赏札记的方法，学写语言鉴赏札记，力求写出观点鲜明、内容充实、布局合理、灵活生动的语言鉴赏札记。学习活动是基于学生在真实情境下开展的语言实践活动，以学生自主阅读、讨论、写作、交流为主，由学生自主梳理探究和交流评价，使所学的文学知识结构化，充分发挥学生的主体性和实践性的特点。

课前，教师布置预习任务。在预习过程中，学生认真研读作品，自主开展作品的研习活动，着重从语言角度进行鉴赏，关注文本中个性化的语言表达，结合时代背景、人物、环境、主题去分析探讨，还从不同文本中找出相同的语言现象进行鉴赏，积极撰写和完善了阅读批注。本节课设置了一个准备任务和三个课堂任务。准备任务是分享精彩批注，分析锤炼技巧。这一任务是对课前各小组分享批注后的评价反馈，在互动交流中引导学生关注语言现象，完善阅读批注。任务一是鉴赏语言艺术，明确鉴赏角度。各小组分享学习成果，在分享经验和发表见解中完成了对语言鉴赏知识的建构。任务二是赏析札记样例，提炼写作方法。教师提供札记写作范例，激发问题意识，学生自由讨论札记的写作方法，提炼写作样式，明确写作方向。任务三是构思鉴赏要点，试写鉴赏札记。通过构思，选好写作角度，明确写作方向，试写鉴赏札记。课后，学生继续完善阅读批注和札记写作，完成初稿后，提交到组内进行交流评价，进一步修改完善。最后，教师批阅和讲评，着力捕捉作文中的闪光点，将优秀作品公开展示。这次活动实践加深了学生对文学作品内涵的理解，提升了学生对文学作品的语言鉴赏能力和审美情趣，一定程度上提高了学生的文学阅读和写作能力。

然而，学生学写札记毕竟是初次尝试。基于学情，学生的品读呈现出泛化和碎片化情况。部分学生对文本语言的品读浮于表面，无法准确深入揣摩语言形式背后的内在意蕴和深度认识。在语言品读的方法上，学生存在随意摘选几处文句赏析，没有系统性地理解其内在联系的问题。学生在写作方面也存在着语言和思维的浅表化现象。鉴于此，教学要注意三点：

一是精读文本，把握内涵。学生要精读本单元作家作品，把握其精神内涵与艺术价值，选读作家其他有影响的作品及相关评论，了解作家的创作风格和时代背景，把握本单元的学习目标和任务，这样才可能在品味语言时深入品味内涵。二是设置情境，自主研讨。重视学生的自主学习，强调学习过程的重要性。学生不仅要充分预习，精读课文，做好批注，还要在真实的情境中和组员探讨相应的语言现象，整理和完善阅读批注。组长统筹安排组员任务，整理组内的学习成果。三是注重评价，完善成果。评价的过程就是学习的过程，教师要注重评价主体的多元化。学生在真实的言语活动中对学习成果进行评价与反馈、整理和完善；教师为学生搭建支架，提供札记范例，将学生的学习成果进行批阅、讲评和公开展示，努力做到学、教、评一体化。当然，一堂课的学习时间是有限的，学生写作能力的提升也非一朝一夕而成的，写作是一项长期积累和训练的活动，需要学生在语言实践活动中不断积累，坚持实践，才能不断提升文学鉴赏能力和审美品位，从而不断提升写作能力，实现语文素养的发展。

文学，时代的镜子：读书研讨会

执教／浙江省宁波中学　方　璐

本课课件

【专题目标】

回顾初中以来学过的现当代文学作品，联读本单元文章，拓展阅读相关文学作品及学术研究资料，概括作家在写作理念、艺术流派、语言风格等方面的特点，在此基础之上举办现当代文学研讨会，进一步理解现当代文学对近百年中国社会的折射。

【预习任务】

1. 回顾过去所学，独立编写一道现当代文学选择题，可以有关作家作品，也可以有关文学常识。（第一课时）

2. 每位同学制作一张现当代作家的手抄报，从写作理念、艺术流派、语言风格等方面展现作家风采，并拟写三个研究题目。（第一课时）

3. 根据选题组成研究小组，准备课堂汇报（结合 PPT），每组 4 分钟。（第二课时）

【教学实录】

师：同学们，上节课我们初识了现当代文学大花园。趣味问答活动展示了大家的阅读积累，击鼓传花游戏引发了班级经典作品阅读潮，讨论环节小组合作完善了选题，并拟定了研究计划。经过精心准备，今天我们终于迎来了这场研讨盛会，得以畅游现当代文学这座百花齐放的大花园。下面有请主持人忻同学、何同学！（播放 PPT 第 1、2 页）

（全体师生鼓掌）

生（主持人）：亲爱的老师、同学们，欢迎参加 505 班现当代文学阅读研讨会！本次活动，每组发言限时 5 分钟，请大家边听边记录，以备讨论。话不多说，让我们一起领略现当代作家的魅力与精彩，有请第一组——鲁迅小组！（播放 PPT 第 3 页）

（全体师生鼓掌）

生（鲁迅小组）：大家好！我们小组的研究题目是《从〈孔乙己〉看鲁迅小说的绝妙语言》。先来看孔乙己的名言，“窃书不能算偷”。孔乙己的局促换来读者的会心一笑，“窃”本意便是

"偷",但孔乙己坚持把两者分开,认为"窃"字高尚,配得上自己读书人的身份,"偷"字低俗而又不道德,他尽力为自己辩解,体现出他对读书人"高尚品格"的肯定和对普通市民的不屑。再看鲁迅对孔乙己的动作描写,为什么不用"拿""抓""取""掏"等字,非要用"排"呢?我们认为"排"字的深刻在于,它与孔乙己被打断腿后"摸出四文大钱"的"摸"形成鲜明对比,揭示出孔乙己生活的巨大变化。这一"排"一"摸",把一生的不幸全都表现出来了。钱多才能"排",待到"摸"时,他已经陷入了生活的绝境。腿被打断了,再"窃"也不可能了。从"排"钱到"摸"钱,再到"摸"也"摸"不下去,封建社会终于把原本"品行却比别人都好"的孔乙己毁灭了。最后看作者的侧面描写。"孔乙己是这样的使人快活,可是没有他,别人也便这么过。"打也打了,骂也骂了,乐也乐了,终无人关心,可见悲凉。总之,《孔乙己》的语言极简练、极形象、极深刻,而这种语言风格在《祝福》《药》《阿Q正传》等作品中也体现得淋漓尽致,所以我们认为鲁迅被视为"语言大师"是实至名归的。

生(主持人):感谢鲁迅小组带来的分享,下面有请余华小组。(播放PPT第4页)

生(余华小组):大家好!我们组研究的是《〈活着〉里的生与死》。本书名叫《活着》,却反复写死亡,这就引起了我们的思索。"死"象征什么呢?我们认为,本书的死亡象征苦难。福贵早年丧父母,中年丧妻丧子,老来丧孙,苦难密集地存在于福贵的一生。而且福贵家背负的苦难并不是特例,也是那个时代千万底层百姓真实的生存状态的折射。那"生"象征什么呢?是一种积极的状态。余华在《关于活着》中说,《活着》"讲述了绝望的不存在;讲述了人是为了活着本身而活着的,而不是为了活着之外的任何事物而活着"。福贵的一生有痛苦、心碎,也有奢靡、幸福,时间的力量就在于使一个人不断失去,也不断坚韧平和。那么小说中的"死亡"与"活着"有什么联系呢?我们认为,生死,是一组截然相反的词。但"蝉噪林逾静,鸟鸣山更幽",越深沉的死亡书写越能彰显活着的力量。苦难实是生活的常态,活着就是人类最高的追求,足以成为支撑一生的信仰。作者密集的死亡书写,正是为了赞颂人对"活着"的这份执着追求。

生(主持人):感谢余华小组的分享,下面有请汪曾祺小组。(播放PPT第5页)

生(汪曾祺小组):大家好!我们组想从《受戒》中的小英子形象说起,谈谈汪曾祺的美学观。首先,让我们重新认识一下小英子,看看她的美是如何打动明海的。开篇直接描写她的体态美,是从一串脚印入手的。在传统文学中,女性的脚是一个带有性意味的部位,这一段描述了刚刚进入青春期的明海对英子产生了朦胧的性意识,爱情萌动,自然纯粹。再说性格美。一句脆生生的"我给你当老婆,你要不要"令人难忘。在传统文学里,女孩子的表白往往是羞涩含蓄的,小英子这样直率,是少见的,而这种明朗的表白,透出了蓬勃的生命力。我们认为,这性格与自然环境、家庭环境都密不可分。故事发生在高邮水乡,一个田园之都。开阔的环境带来人的旷达、豪爽。而且小英子一家人住在小岛上,独门独户,日子兴旺,有田,有船,方圆二三十里还小有名气,在这样的环境中,小英子自然而然形成了自信乐观的性格。小英子的形象其实很好地印证了汪曾祺的美学观——思无邪。汪曾祺在与香港女作家施叔青的对话中这样说,"我有一种看法,像小英子这种乡村女孩,她们感情的发育是非常正常健康的,没有经过扭曲……我写《受戒》,主要想说明人是不能受压抑的,应当发掘人身上美的诗意的东西,肯定人的价值。我写了人性的解放"。除此之外,我们还将《边城》女主人公翠翠与《受戒》小英子做了对比,发现两者的美有许多共通之处,但小英子勇敢、率真与若隐若现透露出的幸福完满构成了小英子的世俗美，而翠翠身上的烟火气、破碎感以及纯真善良构成了翠翠的世俗美。因为时间有限，我们分享在了学习园地，感兴趣的同学可以和我们课后讨论，谢谢大家！

生（主持人）：感谢汪曾祺小组，下面有请三毛小组。（播放 PPT 第 6 页）

生（三毛小组）：我们组将从语言美、人情美、悲剧美、自然美这四个方面分享三毛作品带给我们的审美感受。第一是语言美。今生是我的初恋，今世是我的爱人。没有特别高级的辞藻，就是把日常词汇艺术化，却实现了语言的朴实自然、雅俗共赏。而且三毛语言特别俏皮、幽默、洒脱，可能与三毛是一位旅行作家有关。第二是人情美。“我每想你一次，天上便落下一粒沙，从此便有了撒哈拉”感动了许多读者。三毛在撒哈拉沙漠中收获了爱情，她和荷西没有多么盛大的婚礼，但是我们仍能体会到他们爱情的美好，《撒哈拉的故事》里还有很多撒哈拉威人的故事，他们生活贫困，但闪耀着人性之光。第三是悲剧美。这里有他人之悲，哑奴善良，财主残忍，《哭泣的骆驼》里讲述了许多悲剧故事；也有自身之悲，三毛感情之路坎坷，好不容易找到心上人荷西，荷西又因为潜水事故去世，此后漫漫人生，不得安乐；还有时代之悲，因为西撒哈拉反殖民斗争引发的暴力冲突，三毛不得不离开那片土地。第四是自然美。《荒山之夜》里三毛说，“总有一天我们会死在这片荒原里”。我们认为这里的“荒原”象征自然，“我们”代表人类。这里有关于人与自然关系的觉察，在浩瀚恶劣的黄沙中，人却有相亲相爱的真实可贵的品质。三毛试图告诉我们美好不一定源自土地的富饶，也可以来自自然的荒凉。坚持对现实的关注、对生活自觉，才能在荒凉中生出美好，使之成为人性的绿洲，愿我们都能在她的文字里体悟生命的美好！

生（主持人）：谢谢三毛小组，下面有请最后一个小组，余秋雨小组！（播放 PPT 第 7 页）

生（余秋雨小组）：大家好！余秋雨的《文化苦旅》为什么能在当时引起读书界的轰动？我们组认为，是因为他的文化态度，也是因为社会对这些文化态度的需要。全书提出了四种文化态度。第一，以人类历史为价值坐标去对待各种文化现象。他说，现在中国人特别需要寻找人类历史的整体坐标。有许多低层次的坐标，尽管被道德、学问等装点着，但绝非人类意识上的坐标，以自身见解为价值坐标去看待某些现象，使得许多情绪化的社会评判堂而皇之地传播，缺乏批评的高度。第二，关注处于隐蔽状态的文化。这个文化态度的实质是用实证的文化精神考察和研究本土的各种文化现象。第三，诚实的理性。这个文化态度包含两个层次，一是诚实，二是理性。诚实与我们所理解的有所不同，它是指把各个历史时期的人物，当成有血有肉的人真诚看待，用自己诚实的心灵与历史人物进行心灵碰撞，获得真实感受。理性则是在第一点的基础上，站在历史的高度和理论的高度去判断历史的逻辑性和人生逻辑性，不随意拔高或贬损。第四，关注群体人格而非个体人格。通俗来讲，就是在看到屈原时，他看到的并不是屈原，他看到的是楚人，是臣子，是政治。总结以上四种态度，是用诚实的理性的方法来面对各种文化课题，作者以一种浓浓的尊敬，一种对历史的朝圣之心，向群体招手，向历史招手，向整个旅程招手。这是社会迫切需要的，也是这本书的价值所在。谢谢大家！

（限于篇幅，略去部分小组发言）

生（主持人）：再次感谢各小组精彩的分享，下面是即兴发言环节，每人不超过 2 分钟。（播放 PPT 第 8 页）

生:汪曾祺小组说到了《受戒》里小英子的美,我想再做一点补充。也许有些人会说,小英子好是好,就是太理想化了,不论我们在这片精神的乌托邦上栖息多久,现实永远都在那里,永远准备着等你出来以后两拳把你揍回去。事实上,尽管汪老没有给我们一个明确的结局,我们还是能从明海遇到小英子的原因中,从南京的邻居扬州高邮里,窥见梦的尽头。然而汪老并没有写出来。他自己说,“悲剧总比喜剧高一些,我的作品不是”“‘我写的是美,是健康的人性。’美,人性,是任何时候都需要的”。我们又何尝不知道那片静谧的芦花荡终会消逝于炮火的轰鸣之中,但是消逝并不代表没有意义——我们都明白四季的终点是万木凋残的冬天,可是我们依然为春日欢欣鼓舞;我们都知道生命的尽头是死亡,我们还是会为下一代婴儿的诞生而心神激荡;我们都明白小英子终是停留在汪老的梦里,我们还是会为这份人性的真善美而感动,并且永不停歇地去追寻。而这,也许就是小英子的美的最大意义。

生(主持人):发言超时了,但真情洋溢,让我舍不得打断。谢谢竺同学,下面请大家注意发言时间。

生:余华小组解读《活着》,认为“为了活着本身而活着”有相当的积极意义,我并不认可这一观点。福贵从一个游手好闲之徒成长为家里的支柱,而后又见证死亡一点点削去生活的美好,在我看来,与之同步的,是福贵个人的消逝,一个沉默的“乐观者”,一个历史堆叠出的“立柱”。他除了“活着”二字,还剩下什么了?我们被《活着》感动,是因为我们还能读到过去的福贵。换句话说,动人的不是“为了活着本身而活着”的富贵,而是“为了生活而生活”的福贵,那个经历过大喜大悲的他依旧“生活”着,对无可奈何的死亡尽力而为、向死而生的福贵。其实我认为本书作者并没有自圆其说,难道乐观真能从“活着”这个状态中获取吗?实际上并不能。乐观的精神会诞生于生活,而难以从“活着”“存在着”“被感知着”这种状态中升华出来。“为了生活而生活”,或许比“活着”更能造就一个不惧死者、一个活生生的真实的福贵。

生(主持人):谢谢吴同学带有思辨性的发言!话筒继续传递。

生:三毛组从他人之悲、自己之悲、时代之悲三个角度对作品的悲剧美做了分析,我想就《撒哈拉的故事》中悲剧美的特征做一些补充。我认为作品的悲剧美产生于共鸣、反抗、审美传统。首先是共鸣。我觉得可以分为事实共鸣和情感共鸣两种,我没有去过撒哈拉,所以作品打动我的是后者,是哑奴的善良,是三毛将美好埋葬于撒哈拉的无奈,是人处于战争等宏大叙事下的挣扎。其次是反抗。发起反抗和放弃反抗都带有悲剧美。军曹是反抗的,用性命拯救了屠尽他战友的撒哈拉威人的孩子,他最后的反抗是一念善恶。娼妓是不反抗的,兴高采烈地接受一种堕落而不自知的生活,令人在“恨其不争”中看见她身上的悲剧美。最后是审美传统。不同于西方,中国传统悲剧好像都是以浪漫主义的手法收束,窦娥有六月雪来洗刷冤屈,刘焦化为了鸳鸯相伴身后,这是否在用美去托举现实的悲呢?三毛作品中,人的顽强与反抗震撼过我,我只觉沙伊达是最美的,追求爱和解放,在屈辱中高喊“杀我”,即使奔向死亡也那么充满生命力量。

主持人:谢谢王同学的发言。时光飞逝,研讨会即将告一段落,请大家在平板上为你最欣赏的汇报小组投票。公布结果前,有请方老师给我们一些点评。(播放 PPT 第 9、10 页)

师:同学们,这节课我仿佛置身于大学中文系的课堂(生笑),你们就是现当代文学大花园里的鲜亮风景。资料整合之细致,见解之深刻,表达之自信流畅,令我肃然起敬。因为时间有限，还有一些问题未来得及充分讨论，一些观点可能也有待商榷，但这无法黯淡同学们的光芒。希望今后大家能继续带着研究思维，用现当代文学这一面镜子，照见时代，也照见自己！

生（主持人）：谢谢方老师的鼓励！根据平板数据，我宣布，本场研讨会最受欢迎研究小组是汪曾祺小组，请方老师为他们颁奖！（播放 PPT 第 11 页）

（生欢呼）

生（主持人）：505 班现当代文学研讨会到此结束，谢谢大家！

【教学反思】

这节课是选择性必修下册第二单元的综合实践活动课，专题要求以“经典的回声”为主题，研读本单元文章，拓展阅读相关文学作品及学术研究资料，思考作家在写作理念、艺术流派、语言风格等方面的特征及原因，在此基础之上举办现当代文学研讨会。计划是两课时，第一课时主要是激发研究兴趣，初步拟订研究计划，第二课时则是分享研讨成果。这一单元，有小说《阿 Q 正传》《边城》，有诗歌《大堰河——我的保姆》《再别康桥》，有散文《一个消逝了的山村》《秦腔》，还有话剧《茶馆》，思想内容不可不谓丰富，跨度不可不谓大。一场基于阅读兴趣的现当代文学研讨会，对学生认识现当代文学创作的概貌，加深对新文学反映社会、反映人的心灵的认识，有积极意义，但也面临一些挑战。

为了推动活动顺利开展，需要做一些准备。首先，挖掘教材，联系旧知。课前我要求学生从所有初高中语文教材中寻找现当代作家作品和知识点，回忆自己过去阅读的作品，编写趣味问答题。学生所编题目里有报告文学《包身工》里的片段，有“许三观卖完血之后常去人民饭店吃什么”的问题，可见学生的兴趣。我原原本本地展示了学生的题目，以增强学生细读文本的动力。其次，尊重兴趣和选题。三毛、刘慈欣、白先勇等作家作品虽然没有进入教材，但深受学生欢迎，因此在选题和确定研究计划时，坚持以兴趣为主导，鼓励学生研究真正感兴趣的作品。最后，明确选题，完善计划。尽管没有干预学生选择研究对象，但是在选题过程中，我把自己的论文作为示例，帮助学生聚焦一个既有兴趣又可操作的选题，通过作品细读来开展研究。研讨会前，我把各组修改后的选题和汇报评价标准张贴在班级公告栏，供全体讨论。有了这些铺垫后，小组的研究更有方向了，准备汇报资料也更用心。

这堂课也有遗憾。一是时间管理。五分钟时间内完成汇报对学生而言实是很大的挑战，如何精简发言但又不失精彩，应成为一个教学点，然而因为预判失误，一些小组发言超时后只能遗憾停止。二是核心概念的界定。学生发言多次出现“悲剧”“悲剧美”“悲剧美学”等概念，但没有阐明概念，出现滥用或误用。也因为概念边界的模糊，导致学生将语言美、人情美、悲剧美、自然美并置，产生了不当分类等问题。不过，从筹备到召开，学生在短短两周时间内从课内走向课外，体验了新文学研究的过程，产生了浓厚的阅读氛围，甚至提出了一些颇有见地的观点，应是不负此行的。

第三单元

忠与孝:宗法社会中的伦理选择

执教/海南华侨中学　汤成慧

本课课件

【专题目标】

反复诵读《陈情表》,了解作者身世,赏析委婉陈情的语言来体会诚挚的感情,充分感受作者的"狼狈",体会"家国同构"宗法社会中伦理选择之难。并结合当下时代,辩证认识宗法社会的忠孝观,在现实中观照自我。

【预习任务】

1. 结合注释,疏通字词,理解全文内容。

2. 结合作者的身世和时代背景,围绕李密、晋武帝、祖母刘氏三个人物的关系,思考李密分别陈述哪些方面的情。

3. 阅读相关文献,初步感知儒家忠孝伦理在古代官场政治实践中的矛盾与冲突。

【教学实录】

师:在中国古代"家国一体"的社会中,忠孝观念源远流长。它既有温情的一面,又有严酷的一面。古人说忠孝两难全,《陈情表》表面上是蜀汉旧臣李密赡养祖母刘氏与入新朝为官的取舍,其深层则是尽孝与尽忠之间的矛盾,是人的自然属性与社会属性的冲突,是父权与君权的对抗。尤其是在朝代更替的敏感时期,忠孝的冲突更带有隐秘的政治色彩。本节课我们将通过反复诵读,了解李密的身世,赏析委婉陈情的语言来体会其诚挚的感情,充分感受作者的"狼狈",体会宗法社会中伦理选择之难,并结合当下时代,辩证认识宗法社会的忠孝观,在现实中观照自我。(播放 PPT 第 1—4 页,展示课题、忠与孝、学习目标)

任务一:感知"人"之孝

师:(播放 PPT 第 5 页)想要充分探讨"忠孝"的取舍,先从"李密,我是谁"开始辨析。为

人子，为人孙，为人臣，皆是李密。齐读第一段，首先关注李密作为人孙的命运故事。(教师播放PPT第6页，学生齐读第一段)

师：请用一个字概括李密的命运。

生：惨。

生：悲。

生：苦。

师：无论是惨，还是悲，苦命是逃不掉的。伶仃孤苦，苦不堪言，言而不尽。请根据第一段梳理概括李密“苦情”的具体表现，填写表1，确认李密与祖母相依为命的事实。(播放PPT第7—9页，展示表1)

表1 李密陈“苦”

原　　文	主要特征	身份
生孩六月，慈父见背；行年四岁，舅夺母志	父死母嫁	孤儿
少多疾病，九岁不行，零丁孤苦，至于成立		
既无伯叔，终鲜兄弟，门衰祚薄，晚有儿息。外无期功强近之亲，内无应门五尺之僮，茕茕孑立，形影相吊		

(学生思考，认真填表)

师：下面我们请两位同学来分享他们的概括。

生：根据“少多疾病，九岁不行，零丁孤苦，至于成立”，我总结出李密的身份是“病人”，毕竟他年幼时的主要特征为“体弱多病”。

生：“既无伯叔，终鲜兄弟”，在外没有宗族亲戚，在内缺少侍应童仆，形单影只，无依无靠，所以我填写的身份是“孤家寡人”。

师(笑)：我们换成“独子”会不会更好些？(播放PPT第10页，展示表2)

表2 李密陈“苦”

原　　文	主要特征	身份
生孩六月，慈父见背；行年四岁，舅夺母志	父死母嫁	孤儿
少多疾病，九岁不行，零丁孤苦，至于成立	体弱多病	病人
既无伯叔，终鲜兄弟，门衰祚薄，晚有儿息。外无期功强近之亲，内无应门五尺之僮，茕茕孑立，形影相吊	无依无靠	独子

师：苦之命途，既是孤儿，又是病人，还是独子，于宗法社会中势单力薄，于是祖母成为李密生命中唯一的家族温度。所以，“孝”顺理成章作为“救苦”的回报。(播放PPT第11页)请根据老师的提示，积极排查课文信息，梳理概括李密必须尽孝的客观原因。(播放PPT第12页，展示表3)

表 3　李密陈“孝”

原　　文	理　　由
祖母刘愍臣孤弱，躬亲抚养	主观：报答祖母恩情

师：李密身世凄苦，祖母早年抚养恩深似海，主观上怎能弃祖母不顾？那么，文本里提及的客观原因有哪些呢？

生：我找到的是第一段，“而刘夙婴疾病，常在床蓐”，这句客观上写出祖母病重无依，所以作者尽孝于祖母的晚年责无旁贷。

师：好一个“责无旁贷”，绝不能推卸！

生：“臣无祖母，无以至今日；祖母无臣，无以终余年。”通过第三段这个句子，可以见得祖母抚养“我”成长，“我”陪祖母终老，客观上只有祖孙二人相依为命。

师：相依为命，谁也离不开谁。而今，祖母比起任何时候都更需要“我”。

生：第三段里提到“刘日薄西山，气息奄奄”，第四段里直接说“祖母今年九十有六”，看来祖母年岁已高，客观上危在旦夕，而李密的前途来日方长，孝短忠长。

师：分析得非常全面，请坐。事分轻重缓急，危在旦夕的祖母，才是“我”当下的要紧事。可以说无论从主观还是客观上，祖母和李密都是血脉相连、不可分割的亲情共同体。（播放 PPT 第 13 页，展示表 4）

表 4　李密陈“孝”

原　　文	理　　由
祖母刘愍臣孤弱，躬亲抚养	主观：报答祖母恩情
而刘夙婴疾病，常在床蓐	客观：祖母无人依靠
臣无祖母，无以至今日；祖母无臣，无以终余年	客观：祖孙相依为命
祖母今年九十有六；刘日薄西山，气息奄奄	客观：祖母危在旦夕

师：从人伦的情理上看，孝是感恩，是回报，是小我的流露，是人伦的回归，是父权的外显。自身苦情、祖孙亲情、孝养之情、感恩之情，构成拳拳真情的蓝图，感天动地。暂不应征，实属情有可原。（播放 PPT 第 14 页）

任务二：感受“臣”之忠

师：（播放 PPT 第 15 页）李密不只是家庭的孝子，还是朝廷的臣子，而且是从旧朝投奔新朝的臣子。身份之特殊，决定着处境之尴尬。靠杀戮和阴谋夺得政权的晋武帝司马炎，不会轻易打消猜忌多疑之心。为此，李密得用极致卑微、谦恭、虔诚的姿态表露为臣者之忠心。默读第二、三、四段，对比李密对旧朝、新朝以及自我的认定，填写表 5。（播放 PPT 第 16、17

页，展示表 5）

表 5 李密的仕途“密码”

朝代	蜀汉（故国刚沦亡）	西晋（有灭国之恨）
官职任命		
朝代称呼		
身份认知		

（学生默读，填写表格）

师：我们一起来说一说。

（生集体回答，教师完善，播放 PPT 第 18 页，展示表 6）

表 6 李密的仕途“密码”

朝代	蜀汉（故国刚沦亡）	西晋（有灭国之恨）
官职任命	原是蜀汉后主刘禅的郎官	被征召为官（孝廉、秀才、郎中、洗马） 补：“后刘终，服阕，复以洗马征至洛”
朝代称呼	伪朝	圣朝
身份认知	亡国贱俘	臣

师：他称蜀汉为伪朝，称西晋为圣朝，彻底否定蜀汉朝廷的正统性，认同西晋朝廷的正统性。

除去“前太守臣逵”“后刺史臣荣”两处，李密对晋武帝称了 27 次“臣”。从遍地即是的“臣”字，可洞悉李密复杂的心路历程。细读文本，咀嚼表 7 中的“臣”字，体会李密陈述忠情时委婉幽深的情感与态度，并运用四字词语来总结其心路历程。（播放 PPT 第 19—22 页，展示表 7）

表 7 李密陈“忠”

原　　文	情感与态度
臣密言	维护纲纪，认同新朝，完全服膺
诏书特下，拜**臣**郎中，寻蒙国恩，除**臣**洗马	
且**臣**少仕伪朝，历职郎署，本图宦达，不矜名节	
今**臣**亡国贱俘，至微至陋	
是**臣**尽节于陛下之日长，报养刘之日短也	
愿陛下矜愍愚诚，听**臣**微志	
臣生当陨首，死当结草	
臣不胜犬马怖惧之情	

（学生填写表格）

师：有请这位男生来分享你的概括。

生：从开始的“臣密言”的完全服膺，到“拜臣郎中”“除臣洗马”的不胜感激，再到“臣少仕伪朝”的消君疑虑，“今臣亡国贱俘”的承认事实，“是臣尽节于陛下之日长”的忠孝两全，以及“听臣微志”的乞求开恩，最后是“臣生当陨首”的立志报恩，“臣不胜犬马怖惧之情”的卑躬屈膝。

师：谢谢你，果然预习得很到位，总结也就很全面，一气呵成。但“臣少仕伪朝”这里，“消君疑虑”还不能点破李密的心境，他是在自剖官路、自我矮化地委曲求全。“今臣亡国贱俘”，光是用“承认事实”四个字略显轻描淡写。请问他承认了什么事实？

生：承认了自己是来自一个灭亡国家的卑贱的俘虏。

师：是的，李密不仅承认了亡国的事实，还承认了卑贱的身份，他卸除尊严、放弃人格的背后，站着一颗痛苦隐忍的心。（播放 PPT 第 23 页，展示表 8）

表 8　李密陈“忠”

原　　文	情感与态度
臣密言	维护纲纪，认同新朝，完全服膺
诏书特下，拜**臣**郎中，寻蒙国恩，除**臣**洗马	颂圣感恩，感激涕零，殷勤忠诚
且**臣**少仕伪朝，历职郎署，本图宦达，不矜名节	自剖官路，自我丑化，委曲求全
今**臣**亡国贱俘，至微至陋	卸除尊严，放弃人格，痛苦隐忍
是**臣**尽节于陛下之日长，报养刘之日短也	客观陈述，哀怜苦求，纯孝纯忠
愿陛下矜愍愚诚，听**臣**微志	卑微无奈，谦卑抑守，谦恭虔诚
臣生当陨首，死当结草	坦露心迹，感念皇恩，尊崇殷勤
臣不胜犬马怖惧之情	战战兢兢，诚惶诚恐，痛苦可怜

师：“臣”之深深浅浅，曲折委婉，凄切悲恻。归根结底，李密深知皇帝最为猜忌的是他以孝为借口“矜名节”，眷恋旧朝，蔑视新朝。于是他着眼于皇帝的政治利益，暗中在“名节”与“尊严”处用力，极力自我矮化与否定，努力强调晋武帝的正统合法以及自己尽忠皇帝的决心。这腔忠诚是对“大我”的靠近，是向政治的服膺、是对君权的臣服。（播放 PPT 第 24 页）

任务三：感悟“人”“臣”合一，尽孝即尽忠

师：（播放 PPT 第 25 页）此刻摆在李密面前的问题，让他进退两难的窘迫境地，就是祖母情深似海，圣上恩重如山。先尽孝，晋武帝不答应；先尽忠，李密不愿意。这是尽孝与尽忠的先后顺序，是“小我”与“大我”的抉择，也是人的人伦属性与政治属性的争持，更是父权与君权的正面对抗。齐读第三、四段，思考李密如何将忠孝达成统一。（播放 PPT 第 26—29 页）

（学生齐读课文第三、四段）

师：试问，在猜忌心很重的晋武帝面前，如何实现忠孝统一的解释？

生:举"以孝治天下"的大旗,利用这点来达到目的。

生:用晚点再出来做官打消晋武帝的疑心。

师:大家的目光都很犀利。为臣者,李密的身份以及心理始终是尴尬的。故国刚刚灭亡他就叛旧投新,在奉行"忠臣不事二主"信条的古代社会,他的忠心似乎并不成立。但他也是幸运的。魏晋时代,篡夺横行的当权者在制定治国理政方针时不再提倡"忠",只提倡"孝",他们以"孝"来凝聚民心。为了笼络西蜀人士,大力征召西蜀名贤到朝中做官,其中就包括李密。李密在陈情说理时,恰好巧妙地利用晋朝"以孝治天下"的国策做文章,将自己"辞不赴命"在家照顾年迈的祖母巧妙地联系到晋武帝的治国方略,趁机软化并说服晋武帝。孝治天下,臣遵旨也。乃缓仕也,非不仕也。(播放 PPT 第 30 页)

任务四:辩证认识宗法社会的忠孝观,并在现实中观照自我

师:(播放 PPT 第 31 页)李密最终赢得晋武帝"士之有名,不虚然哉"的慨叹,并且被赐予两个奴婢,祖母的膳食由郡县官府供给。而李密在为祖母守孝两年之后也出仕为官。但他的"缓仕尽孝,先孝后忠"在传统宗法社会里只是偶然性的胜利。大多时候,当忠孝之道的逻辑统一被现实政治破坏时,父权臣服于君权,人伦牺牲于政治,"小我"依附于"大我"。那当今的我们如何辩证理解宗法社会的忠孝观呢?请结合以下的一则或多则材料,联系《陈情表》进行比较阅读,口述短评。(播放 PPT 第 32、33 页)

材料① 其为人也孝弟,而好犯上者,鲜矣;不好犯上,而好作乱者,未之有也。君子务本,本立而道生。孝弟也者,其为仁之本与。(《论语·学而》)

材料② 太子燕会,众宾百数十人,太子建议曰:"君父各有笃疾,有药一丸,可救一人,当救君邪,父邪?"众人纷纭,或父或君。时原在坐,不与此论。太子谘之于原,原勃然对曰:"父也。"太子亦不复难之。(《三国志·邴原传》)

材料③ 熹平四年,辽西太守甘陵赵苞到官,遣使迎母及妻子。垂当到郡,道经柳城,值鲜卑万馀人入塞寇钞,苞母及妻子遂为所劫质,载以击郡。苞率骑二万与贼对陈,贼出母以示苞,苞悲号,谓母曰:"为子无状,欲以微禄奉养朝夕,不图为母作祸,昔为母子,今为王臣,义不得顾私恩,毁忠节,唯当万死,无以塞罪。"母遥谓曰:"威豪,人各有命,何得相顾以亏忠义,尔其勉之!"苞即时进战,贼悉摧破,其母妻皆为所害。苞自上归葬,帝遣使吊慰,封鄃侯。苞葬讫,谓乡人曰:"食禄而避难,非忠也;杀母以全义,非孝也。如是,有何面目立于天下!"遂呕血而死。(《赵苞弃母》)

材料④ 有位全国著名班主任在接受记者的师德专访中,当她提到自己生重病的母亲时,记者想引导她说丢下自己的母亲而选择去管理学生,这位著名班主任当场表示自己极其反对这种做法。她认为母亲与学生要兼顾,家庭与事业应共发展,丢下自己生重病的母亲并不能显出伟大与崇高。她的看法赢得许多师生的认同。

材料⑤ 因 93 岁的母亲患上阿尔茨海默症,贵州省毕节市的吴天喜每天都带着母亲上班。四年多来,吴天喜每天 5 点就起床,给母亲穿衣、洗漱、做早餐,再驾车到公司,将母亲安置好再工作。

（学生思考）

师：有请这位女同学来谈谈你的想法。（根据学生选择的材料，播放 PPT 第 34—40 页）

生：我选择材料①。孝是仁之本，这符合古代帝王维护社稷江山的初心。老百姓有了孝心，人心向善，自然就不会有犯上之心。《陈情表》里晋武帝最终答应了李密的陈情，也是"孝"在起作用。

师：也就是说，"孝"有时扮演的是一种管理的角色。我们再听听另一位同学的想法。

生：我选择材料④。人们常常以"大公无私"来讴歌那种抛弃私情、放弃自我的高尚行为，然而这种有悖于伦理道德的做法，我觉得不应该被视为美德。诚然恪尽职守是社会发展所需，但是社会的民心所向才是大家应该关注的。这位老师的做法就很值得我们借鉴，兼顾公私，兼顾事业与家庭才是我们的正确选择。毕竟"孝"不仅仅是个人的私情与单纯的孝心，我觉得还是一种人类的本能。

师：孝是一种本能，人性之不可违抗之处。我们应该直面并理解这种本能。假如在你们备考阶段，班主任家的老父亲生重病急需照顾，请问你们希望他回家照顾父亲，还是希望他留下来管理你们？

生（纷纷回答）：希望他回家照顾父亲。

师：为什么你们会支持他回家照顾父亲呢？

生：因为生重病的父亲更需要他，而我们也会自觉管理好自己。

生：因为老师也是人，老师也需要照顾好自己的家庭。"感动中国"里有许多人物就是既可以对家庭负责，又可以对国家负责的。

师：你们看到了人情人性的本义，而且发现这个时代、这个社会下是可以实现"忠孝两全"的。学校允许老师回家照顾好生重病的父亲，感激学校人文关怀的老师回来后自然会更加卖力工作。越尊重人性，人性的力量越反哺社会，这是现代文明的胜利。忠孝不能两全，是忠孝文化在宗法社会里的封建性、阶级性与局限性，从某种程度上反映了古代社会是人治而非法治的社会特征。可以说，李密是宗法社会忠孝伦理选择的幸运儿，大多数士人像材料③的赵苞是宗法社会忠孝伦理选择的牺牲品，而新时代的我们才是忠孝伦理选择艺术的平衡者。（播放 PPT 第 41、42 页）

师：最后我们留一道思考题，在现代社会忠孝节义是否过时？本节课就上到这里，下课。谢谢同学们。

（附参考回答）

忠孝节义在任何时候都是中华民族传统文化的一部分，不会过时。其核心内涵不变，但具体内涵将随着时代的发展而发生变化。例如，因为祖国的召唤与保密的需要，黄旭华隐姓埋名、以身许国三十载，默默奋斗在科研一线，甘当无名英雄。三十年里，父母、八个兄弟姐妹，都不知道他在干什么。父亲临终前他也未能见上最后一面，全家人都在骂他不孝、无情、冷血。然而面对家人的误解，黄旭华却只能泪流满面："有人问我忠孝不能两全，你怎么理解？"为国坚守是忠，服侍父母是孝，忠孝难以两全。他却说："我对国家的忠，就是对父母最大的孝！"

【教学反思】

本课的专题教学立足于让学生在“忠与孝”的两难处境中体会作者李密的真挚“陈情”，主要指向“文化的理解与传承”这个核心素养。教学根植文本，科学合理地挖掘教材中传统文化“忠孝”的内涵，切实让学生走近经典，感受“忠孝”文化矛盾的强烈撞击。

在教学过程中，本节课注重通过对学习任务的分解，来达成教学目标，效果突出且直观可见。

首先让学生体会作为一个真实而普通的“人”，对自身经历的梳理，毕竟李密的身世是容易引人共情的。再引导学生精细分析李密的“孝情”——不管从主观和客观层面都表现出他与祖母的殷殷深情，令人动容。这些铺垫环节，我始终引导学生紧扣文本进行分析，通过诵读文本与细密分析，精准定位与概括，学生切身读出文字背后的那颗苦心。

接着就是分析李密的“忠”，抓住“臣”这个字的反复咀嚼，让学生去分析李密的情感与态度，问题的抓手非常清晰而有效，并且“四字词语”的限制要求也符合语言学习的规律。学生的回答虽不能完全精准展示李密的心路、姿态，但整体而言，学生是可以体会到这番陈述背后的悲切压抑与诚惶诚恐的。

正是因为针对文本所设置的问题都非常清晰且重点突出，引导及点拨也及时且充分，让学生由文到人，由人到心，由己及人，由古至今，深入文化观、生命观、价值观，从中产生共鸣，思维得到了发展，情感得到了涵养。

至于不足与遗憾，是在最后的环节。教学设计的第四个任务要求学生针对几则材料在现实中观照自我，这种价值观的思辨渗透是非常精巧且有效的。可惜的是学生在课堂上还未能及时去理解和消化材料，所以思考得还不够深入，分享的范围也不够广泛，对话的空间也不够广阔，稍显仓促与匆忙。

整体而言，本节课立足文本，任务明确，分析详尽，准确定位语文素养的各项元素，拓展思考设计巧妙，努力探究培养语文学科素养中“文化传承与理解”的落实途径，对学生而言是一节可以通过一篇文章来辨析文化中的“忠孝观念”，体会宗法社会伦理选择之难，并借此反思自身，观照自我的课。

故物与深情:感受血缘中的亲情

执教 / 浙江省三门中学　章萍莉

本课课件

【专题目标】

精读《项脊轩志》,参读《先妣事略》《寒花葬志》,感受归有光以清淡之笔描写家常琐事,体会作者借一阁抒家世变迁、人生得失的悲喜之情。

【预习任务】

1. 朗读《项脊轩志》三遍,读准下列字词读音:修葺、垣墙、栏楯、偃仰、异爨、老妪、先妣、呱呱而泣、象笏、扃牖。对照注释,解释下列字词意思:方丈、下注、周庭、往往、凡再变、乳二世、束发、过余、大类、归宁。

2. 朗读《先妣事略》《寒花葬志》,疏通文义。

3. 查找材料,了解并用100字左右概括归有光生平。

4. 在《项脊轩志》一文中找到三处最有感触的细节写上评语。

【教学实录】

师:又是一年春来归,在时光的流转中,我们欣欣然地往前赶。我们期待打开崭新的世界,但是也有不愿忘却的故物。故物,也许是一件旧衣衫,也许是一张旧信笺,也许是归有光的旧南阁子。

师:旧南阁子,阁子是读书人对小室的雅称,是作者的书房,作者为什么把书房命名为项脊轩?

生:其远祖归道隆曾居住在太仓项脊泾,作者以此命名有对祖先的追念之意。

师:项脊是什么意思?“项”是脖子,“脊”是脊背,脖子与脊背之间的那么窄小的位置,意指书房怎么样?

生:很小。“室仅方丈”,一丈见方,大约十平方米;“可容一人居”,仅供一人居住。

师:由此可见作者以“项脊”命名书房的用意,既意指书房很小,又有追念祖先之意,并自号“项脊生”,寓意自己是归家的脊梁。而“记”是一种文体,它是散文的一种,记叙事物、抒发感情。(播放 PPT 第 1、2 页)作者“借一阁以记三代之遗迹”，在这一故物之中寄托了怎样的情感？

任务一：情境诵读，感受细节

师：(播放 PPT 第 3 页)黄宗羲曾言，“予读震川文之为女妇者，一往深情，每以一二细事见之，使人欲涕”。课前要求同学们找到三处最有感触的细节写上评语，现在我们六人一小组，先在组内交流，然后小组分享。每个小组选择一处“细事”，设计情境诵读，可单读、齐读、分角色读，读完一人作细节点评，选择同一处细节的小组相互补充。

(第一小组齐读第一段)

生：我们觉得第一段“借书满架，偃仰啸歌，冥然兀坐，万籁有声；而庭阶寂寂，小鸟时来啄食，人至不去。三五之夜，明月半墙，桂影斑驳，风移影动，珊珊可爱”，细节非常美。作者将原先破旧、窄小、昏暗的书房修葺得不漏、明亮、幽雅之后，在这儿读书，描写得让人感觉很和谐、宁静、优雅。

师：你们能描绘一下这幅画面吗？

生：作者在书房独处，庭院非常静谧，作者沉浸在满屋的书中，有时读到欣喜处长啸歌吟，有时陷入沉思静静端坐，听到院中鸟叫虫鸣，看到小鸟时来啄食。十五月明之夜，月色皎洁，桂影在墙，随风摇动，珊珊可爱。

师：大家感觉到作者在此中读书是怎样的心境？

生：闲适，愉悦。

师：作者自束发读书轩中——“束发”，男孩 15 岁时束发为髻——从 15 岁时就在轩中读书，而且“扃牖而居”，日复一日，年复一年，难道不会很枯燥很孤寂吗？为什么作者会觉得很闲适很愉悦？

(生思考)

师：十五岁的少年，对生活怀有怎样的心态？与你们一样，明朗昂扬，意气风发，充满勇气，富于梦想，尘世的风霜还不曾来侵袭，小小少年期望金榜题名，重振家业，读书是奔向美好前程的最好途径，所以破旧的书斋因少年的情致变得明亮幽雅，孤寂的生活因少年的志气变得悠然自得。我们从这一细节中看到了——读书悠然之喜(板书)。

(第二小组读“诸父异爨”片段)

生：我们从这个细节中看到了庭院的两次变化，从“庭中通南北为一”到“多置小门墙，往往而是”，从“始为篱”到“已为墙”，分家也是分心，也可见利益的分割。“东犬西吠”，东边的狗向西叫，亲人都变成陌生人了。我们感觉到大家族衰败了，人情淡漠了，有一种冷清凄凉的氛围。我们还从“凡再变矣”读出了作者面对诸父分家无力改变的无奈和悲伤。

师：你们的感受真的很敏锐，作者这一片段没有写人，但空间的隔阂折射的是家族人心的隔阂；客越过厨房去吃饭，鸡栖息在厅堂，空间的无序折射的是井然有序的大家族的崩塌；篱变墙，墙变篱折射的是亲人关系的反复无常。你们细腻地读出了庭院变化背后人心的变化，还体察到年少的孙辈对于家道中落的无奈和悲伤，解读得真好！

(学生为第二小组鼓掌)

师:归家曾经五世同堂,其乐融融的兴盛和睦也是归有光所追慕的。大家能从文中看出为什么归家衰败了?“吾家读书久不效”,归家子弟读书已经很久没有取得成效了,所以年少的归有光多么希望凭借自己的发愤苦读,取得功名重振家业。这一片段我们读出了——诸父异爨之乱(板书)。

(第三小组分角色朗读“家有老妪”片段)

生:“先妣抚之甚厚”,想见母亲对人很宽厚;“儿寒乎? 欲食乎?”可见母亲对孩子非常关心;“余泣”,是归有光对母亲的思念。我特别有感触——我邻居家人去世,我妈妈去安慰他,一提及死者生前的事,话还没说完,两个人都哭了。

师:能联想到自身情感体验,真好! 作者写母亲,如此简洁,只用一个动作(“以指叩门扉”)、两句话(“儿寒乎? 欲食乎?”),为什么让两个人潸然泪下?

生:归有光八岁时母亲就去世了,在《先妣事略》中提到母亲去世时,一大家子都在哭,几个孩子不知道别人为什么哭但也跟着哭,不知道母亲去世了,还以为母亲只是睡着了。

师:是的,这一言一行,在早已失去母亲的归有光听来顿感心痛。“儿寒乎? 欲食乎?”真是天下母亲共通的关切,无论你长多么大,她还是要问你穿得暖和吗,吃得好吗,你是永远需要她照顾的孩子,而归有光八岁丧母,早就学会独立坚强,那么多年凭谁问,“儿寒乎? 欲食乎?”这一声母亲温柔的询问,尖锐地触痛了归有光——你的母亲如此温柔、如此慈爱,但你早已失去了她,永失温暖的怀抱,你的生命有多么难以弥补的空白啊! 母亲关爱之情(板书)令归有光悲从中来。

(第四小组分角色朗读“大母过余”片段)

生:祖母来看我说,孙儿,很久没见到你的身影,怎么整日默默待在书房,很像女孩子呢! 祖母跟孙儿开玩笑,祖孙感情很好。等到离开时,用手轻轻关上门,担心影响孙儿读书。祖母又自言自语,我们家读书很久没有成效,但这个孙儿取得成效,是可以等待的,可以看出祖母很期待。过了一会儿,又拿来先祖用过的象笏给孙儿,说孙儿他日用得上,可以看出祖母对他寄予了厚望。(学生纷纷点头)

师:祖母三言,这三句话的语气有什么不同? 应该怎么读更能表现祖母的心意?“吾儿,久不见若影,何竟日默默在此,大类女郎也?”嗔怪中是心疼,是欣慰;“吾家读书久不效,儿之成,则可待乎!”自语中是赞许,是期待;“此吾祖太常公宣德间执此以朝,他日汝当用之!”自豪中是信任,是鼓励。第一句句尾上扬,读出笑意;第二句前句低落,后句响亮;第三句读得高昂坚定。寥寥三言,写活了老祖母对于孙儿重振家业的厚望——祖母厚望之意(板书)。但瞻视回顾先人留下的旧物,作者“长号不自禁”,这“长号”声中你听出了怎样的情感?

生:对祖母的怀念,还有作文时十八岁的归有光,它十四岁开始参加童子试,十八岁还没能金榜题名,心中怀有辜负祖母期望的愧疚。

师:是的。归有光非常勤奋,急切地渴望获得功名。从哪里可以看出?“余扃牖而居,久之,能以足音辨人”,年复一年地闭门苦读,心怀壮志,但还没有获得“儿之成”。

(第五小组读最后两段)

生:妻子时常到轩中,跟从我问古事,或靠着书桌学写字。写得很平淡,但能看出作者怀念妻子曾经的陪伴。妻子死后,室坏不修;后虽修葺,但不常居。两者都可以看出作者怕睹物思人，精神没有寄托。“庭有枇杷树，吾妻死之年所手植也，今已亭亭如盖矣。”树已经亭亭如盖，而当初种下树的那个人却再也不会回来了，物是人非之感，写得很平淡，但很忧伤。

师：很好。还有一处没有提及，“闻姊家有阁子，且何谓阁子也？”诸小妹为什么对阁子那么好奇？她们怎么知道阁子？

生：一定是姐姐经常提起南阁子的事儿，而且还那么甜蜜地提起，让小妹们很好奇，到底是什么东西让姐姐那么快乐？

师：妻子时常到轩中，跟从丈夫问古事，或在身边学写字，多么倾心、依恋着丈夫啊！虽然是父母之命，但这桩婚姻让两人成了彼此的心灵伴侣。

师：“庭有枇杷树，吾妻死之年所手植也，今已亭亭如盖矣。”这句话为什么如此动人？

（生无法表述）

师：结尾以景结情，我觉得有三层含义。一是对比，树在人去，生命缺失。枇杷树郁郁葱葱，而当年种树的人却永不复见，纵使仍是读书写字，仍是三五之夜，却无法再听到妻子的笑语，看到妻子的容颜。二是反衬，草木无情人却难了，思念恒久。时光永是流逝，它不为任何人停留，不因为妻子的去世而停留，也不理会归有光的痛苦，枇杷树无情，兀自茂盛，而人却难以忘情，对妻子的思念不会随着时间的流逝而淡忘。三是比喻，对妻子的思念就如枇杷树之茂盛，那庭院中的一树亭亭如盖，就如一个满怀着思念的孤独的身影。这句话让我看到了叠加的画面——庭中树，树下人，人之思，思中妻。真正是言有尽而意无穷啊！

（生颇有共鸣）

师：作者借一阁记三代之遗迹，记述了少年读书悠然之喜、诸父异爨之乱、母亲关爱之情、祖母厚望之意，还有夫妻相爱之深。（播放 PPT 第 4 页）写生命中的三个重要的女人，各有侧重，写母亲偏于生活关爱，写祖母偏于功业所成，写妻子偏于心灵契合。

师：（播放 PPT 第 5 页）家常琐事，人人可见；细节描写，大家熟知。为什么此文中的家常之语，极淡之笔就能如此动人心怀？妙笔到底妙在何处？（播放 PPT 第 6 页）

① 转述的效果。“转述”是对回忆不能及的弥补，“转述”使记忆更丰富，更有延伸性，从而使所积聚的情感更饱满。回忆母亲，是通过老妪的转述；回忆祖母，祖母“持一象笏至”时，祖母变成了一个家族荣耀的转述者；回忆妻子，添加了转述小妹之语，这些都使回忆的内容不断丰富。

② 细节的照应。细节的选择其实是作者的苦心经营。此文细节的前后勾连照应极为严谨，浑然天成。例如，开头修缮的无穷乐趣到妻子死后的室坏不修，十八岁的少年心境与三十多岁的中年颓唐令人潸然。例如，“偃仰啸歌，冥然兀坐”与后文“余扃牖而居”照应，少年勤勉苦读，立志振兴家业，与祖母所言亦一一照应。“百年老屋”，历史悠远，可见归家曾经显赫，与后文“诸父异爨”“吾家读书久不效”相对应，显示归家的没落，正因为家族的没落，祖母才对孙儿寄予厚望，孙儿也立志凭一己之才华重振家声，但是十八岁作文时没有实现，三十多岁补记时仍然没有实现，令人唏嘘。

任务二:留白补写,深味至情

师:(播放PPT第7页)王锡爵曾评归有光的抒情文“温润典丽,如清庙之瑟,一唱三叹。无意于感人,而欢愉惨恻之思,溢于言语之外”。情感溢于言外,言有尽而意无穷,那是因为作者运用了“留白”的手法。留白,本是一种绘画技法。画家在画中留下空白,欣赏者借助联想、想象去补充那些“空白”,领悟画家要表现的思想感情。归有光在《项脊轩志》中情感极为节制,没有过多的铺叙和渲染,点到为止,给读者留下了巨大的艺术空白,我们可以尝试以第一人称写下此情此境的所思所感,深深地体味作者的心境。

生:母亲,当婆婆又一次提到你曾经站在这儿,你曾经轻叩门扉,你曾经细问寒暖,我忍不住泪下。你那么温柔,那么慈爱,可我都记不得了;而这许多年来,寒暖自知,凭谁来问?我不敢看他人对母亲的撒娇,我不敢听母亲对孩儿的笑语。八岁那年,兄弟姐妹随家人哭泣,以为母亲只是睡着而已,怎知老天将我们抛入了无边的旷野,永失温暖的怀抱,母亲啊!

生:祖母,你喃喃的自语无数次回响在我的耳畔,我年复一年闭门读书,只想早日蟾宫折桂,如你所望。可一次又一次,我名落孙山,落魄归家。看到祖母你留给我的象笏,悲从中来。祖母,孙儿辜负了你的期望,孙儿怎么样才能让归家荣耀啊?

生:我的妻,我时常恍惚见你伏在桌边学写字的模样,恍惚听闻你兴致勃勃地问长问短,恍惚觉得你只是回娘家小住,过几天就会回来。小小轩中都是你的身影、你的笑颜、你的声音,你我共读的书、你我共写的字、你我共赏的景……可我却再也无法待在这小轩中。

师:“然余居于此,多可喜,亦多可悲”是本文的主旨句。你觉得可喜者为何?可悲者又为何?可喜者指读书之乐,可悲者指诸父分家之悲、母亲早逝之悲、祖母期望之悲、爱情失落之悲,真的仅仅如此吗?我们结合归有光的生平来体会。(播放PPT第8—11页)

《项脊轩志》是归有光在两个时期所写,前三段写于十八岁少年时期,后一部分写于三十二岁或更晚的时候。这样的时间跨度让我们强烈地感受到了时间的流转变化、人生的跌宕沉浮,同样的人与事在不同的时间点带上了不同的感情色彩。作者读书轩中悠然自得,那是十八岁时的昂扬欢喜,而在三十二岁仍屡次不第,那么多年固守书斋勤勉苦读却无成效,多么令人心酸!祖母的怜惜夸赞是值得骄傲的事,是喜,但多年之后亦未能实现祖母期望,又多么悲哀!妻子早逝,爱人远去,是悲,但两人轩中相伴,言笑晏晏,是多年之后都难以忘怀的甜蜜!所以,孰为悲?孰为喜?文中的感情线索不是泾渭分明的,悲喜没有明确的分界,作者的情感悲喜交织,曲折变化,因为生命的本身就是如此。作者借项脊轩的兴废抒写了少年奋发苦读重振家业的志向,但家族分崩的无情、至亲逝去的无常、屡试不第的无奈、重振家业的无望,是归有光难以掌控的人世无常。宇宙时空中的芸芸众生,谁又能掌控?但此文的底色悲凉吗?并非如此。任世事无常,生命短暂,那年少的志气、那母亲的慈爱、那祖母的厚望、那爱情的甜蜜、那一片深情,永恒存在。

任务三:设计卡片,重现时光

师:(播放 PPT 第 12 页)走进项脊轩,我们走进了归有光的人生之中,我们看到了那些永恒定格的画面,或诗意,或温馨,或甜蜜,或悲凉,如庄生迷蝴蝶的一个晓梦,是望帝托杜鹃的一片春心,此情可待成追忆,只是当时已惘然。为《项脊轩志》设计一款卡片,运用文中的物象,或项脊轩,或象笏,或枇杷树,或小门墙……巧用文中的场景,或三五之夜,或娘叩门扉,或凭几学书……再加上妙用文中词句,写成对联或诗句,情景交融,让故物与深情以形象的方式呈现于卡片中。

【教学反思】

《项脊轩志》是选择性必修下第三单元的一篇课文,单元导语要求"重在把握课文的思想情感及其承载的文化观念,领会不同作者在审美上的独特追求",以及"领会章法之妙和细节之美"。《项脊轩志》所抒发的个体生命在宇宙时空中的无法掌控、人世飘零,虽世殊事异,其致一也,而归有光又把如此沉痛的人生感受写得如此清淡,这是中国传统美学中的"哀而不伤"。"哀而不伤"是对人世无常淡然的接受,"哀而不伤"之中有着对真情深切的珍爱,"哀而不伤"背后有一种向上的不屈的力量。然而,以"极淡之笔"写"极致之情",此文手法之妙对于人生阅历并不深厚的十七八岁的学生来说,很难读出深沉丰富的意蕴。我便把教学目标确定为引导学生品读细节,体会作者借一阁抒家世变迁、人生得失之悲喜之情,并感受其中的"哀而不伤"的审美韵味。

此文教学过程的最大亮点是提高学生在课堂中的主体作用,用预习单引导学生自学,用小组共学促进学生思维的碰撞,用小组分享鼓励学生充分展示自己,用抒写留白、设计卡片等形式培养学生创新思维的发展。总之,通过多种形式引导学生立足文本,直面文本,走进此时此地作者的内心世界,与作者产生情感上的共鸣,从而真正地体验、理解作者的生命感受,并在沉浸式阅读的基础上促进学生的个性化发展。

此文教学的最大惊喜是课堂不断生成新的探究点。选择课文三处细节做点评、以第一人称写一段独白、设计诗意小卡片……引发学生的联想想象,触动他们的人生体验,加之小组成员的思维碰撞,这些方式都极大地激发了学生阅读的自主性。学生基于自身体验的发言极富有感染力,既能进一步找到自我与文本的情感契合,又是自我个性化的创造,是自我的发现和展现,无论学生基于自我人生体验的个性化解读,还是创造性的、多样化、诗意化的表达,都给予了我诸多惊喜和思考。

此文教学设计的不足之处有二:一是课堂节奏比较慢。从预习、小组交流到设计卡片,实际上花费了三课时。二是作为文言文教学,对基础知识的落实不够扎实,对文本的诵读也强调不足。可以在早晚读加强指导。

阅读微专题

深情和超迈：感受晋人的现实态度和精神世界

执教／嵊州市教研室　李　丽

本课课件

【专题目标】

联读《兰亭集序》《归去来兮辞并序》。领会王羲之纵情山水，叹死生之至大，陶渊明辞官返乡，欲乘化而归尽，感受魏晋文士的深情和超迈。探讨东晋山水田园诗文审美特点及对后世文化的影响。

【预习任务】

1. 朗读课文，读准下列字词读音：癸丑　修禊　激湍　流觞　形骸　嗟悼　轻飏　眄庭柯　出岫　景翳翳　西畴　或棹孤舟　曷　遑遑　东皋

2. 了解下列词语及句子的意思：流觞曲水；修短随化；心为形役；三径就荒；云无心；鸟倦飞；未尝不临文嗟悼，不能喻之于怀；固知一死生为虚诞，齐彭殇为妄作；聊乘化以归尽，乐夫天命复奚疑。

3. 阅读以下资料：

《兰亭集序》全文这种由乐转悲的写法原因有二。

第一，符合一般人的心理发展变化规律。大家难得一聚，是快事、乐事，但有聚就有散，因为“天下没有不散的筵席”，再说相聚是困难的、短暂的，分散是容易的，也是长久的，本来这种聚散两依依的情形已使人感慨万端，再由此联想到人生无常、生死相隔，怎不悲从中来。

第二，这种写法有其历史渊源：当年汉武帝行幸河东，中流与群臣欢饮，自作《秋风辞》：“横中流兮扬素波，箫鼓鸣兮发棹歌。欢乐极兮哀情多，少壮几时奈老何！”魏文帝在《与朝歌令吴质书》中字到昔日与吴质等人宴乐之后，“乐往哀来，怆然伤怀。余顾而言，斯乐难常，足下之徒，咸以为然”。西晋石崇《金谷诗叙》亦写到在与众人宴乐之后“感性命之不永，惧凋落之无期”。可见从汉魏以来，人们因欢聚由乐生悲的感慨是屡见不鲜的，那么《兰亭集序》如此用笔就不足为怪了。

【教学实录】

第一课时

（提前一天下发两篇文章的翻译、拓展阅读材料及预习任务）

师：20 年前我是黄老师的语文课代表；20 年后我当了教研员，到嵊州中学上课面对的是黄老师的学生感觉格外亲切，冥冥中我相信自有缘分。1 班的学弟学妹们，愿我们一起度过一段美好的时光。

今天，我要给大家上的课题是“深情和超迈：感受晋人的现实态度和精神世界”。（播放 PPT 第 1 页）

先检查一下同学们的预习任务 1、2 的完成情况。（播放 PPT 第 2 页）

（1）朗读下列词语，读准字音

癸丑　修禊　激湍　流觞　形骸　嗟悼

轻飏　眄庭柯　出岫　景翳翳　西畴　或棹孤舟　曷　遑遑　东皋

（2）翻译下列词语及句子

流觞曲水；修短随化；心为形役；三径就荒；云无心；鸟倦飞；

未尝不临文嗟悼，不能喻之于怀；

固知一死生为虚诞，齐彭殇为妄作；

聊乘化以归尽，乐夫天命复奚疑。

（生轮流回答，略）

任务一：析疑虑，研读《兰亭集序》第三段

师：昨天，还请同学们就两篇课文提了问题，很多同学反映《兰亭集序》第三、四两段读不懂，有个同学写道，老师，会不会是王羲之喝醉了酒，所以前言不搭后语。还有一位王同学很郁闷地问，这两段毫无逻辑可言，可谓风马牛不相及，他为什么这样写？（播放 PPT 第 3 页）

（生笑，纷纷点头）

师：那么今天，我们就从大家不懂的第三、四两段开始读起。先集体朗读第三段。

（生朗读）

师：同学们读得很响亮，精神饱满，很不错。字词上还有没有不懂的地方？

（学生摇头）

师：再次表扬学弟学妹们，在课前把所有字词都疏通了，为我们 1 班这样好的学习氛围点赞。（播放 PPT 第 4 页）在这一段中，王羲之讲了哪些人生之痛？选择一条，结合自己的生活说说感悟。

生：这段话里有人生短暂、时光易逝的痛苦。人与人交往，一俯一仰就度过一生，就是表示一生很快就过去的意思。有的人在室中晤谈，互相倾吐心里话，有的人把情怀寄托在所爱

好的事物上，言行不受拘束，狂放不羁。

师：一类人静谈，另一类人纵情任性，放诞不羁，这两类人有什么共同特点？

生：虽然行为不一样，但都是“当其欣于所遇，暂得于己，快然自足，不知老之将至”，快乐的时光总是特别短暂。

师：能联系你的生活说一说吗？（该生沉默）那其他同学呢？

生：回家的时间、休息的时间总是特别短暂，“唰”的一下过去了，马上又要返校上课。还有睡觉的时间……

（学生开始有各种小声音，大倒休息时光短暂的苦水）

师：很好，同学们能从课文中读出自己的生活，发出相似的感想，这一刻我们与王羲之思想感情上是相通的，这是真正地读进去了，产生了共鸣。再来看看其他语句，有没有引发我们相似感慨的地方？

生：我想谈谈“向之所欣，俯仰之间，已为陈迹，犹不能不以之兴怀”这句，抒发了美景不常在，盛世难再的感慨，之前还喜欢的，然后一下子变成过去的事情了。

师：能举个例子吗？

生（想了一下）：以前喜欢的村庄，我比较喜欢那里的生活，然后那里一下子就拆迁了，就没有了，心里就有些怀念。

师：说得很到位。有些进程从理性上来说我们能够理解，但感情上总让人怀念着过去。后面的同学继续。

生：“况修短随化，终期于尽！”生命的长短只能听凭造化，由老天来决定，生死无常是一件很悲哀的事。就像疫情，还有 2022 年东航 MU5735 客机失事，这么多人突然就逝去了，谁也不能保证一定能平平安安到老。

生：“及其所之既倦，情随事迁，感慨系之矣”这句话讲的是人的情感是发生变化的，就像小时候，如果不高兴，一颗糖果、一个洋娃娃就可以让我开心起来，现在到了高中却再也无法让我满足了。

师：我也有相同的感觉，年纪越大，醉心之事越少。德国哲学家叔本华曾说，人无法有真正的怡情悦性，在于欲望的无穷无尽和无法得到“最后的满足”。从某些方面来说，人的确喜新厌旧。

同学们理解得都很到位，也交流了自己的感悟。我们把前面的发言做个小结，看看王羲之讲了哪些人生苦痛？

生：时光易逝；永不满足的内在欲望；美好易逝的外在事物；生死无常。

师：概括准确、清晰。（播放 PPT 第 5 页）很多参考书上也是这么阐述的。同学们，如果结合前文的美景来看，这里讲到“内在欲望”等是不是前后不搭，有点生硬，而且缺乏内在逻辑，有一条条前后割裂之嫌？有没有其他理解？

（学生或摇头，或沉默）

师：林清玄曾在《可以预约的雪》中写到，他和朋友们在凉风初起的秋天去阳金公路看菅芒花，两年后，一个朋友远离故土，一个朋友患了幻听，一个朋友差点去世，林清玄最爱的妈妈病故，他自己又离婚再婚，两年里发生了太多的变化，菅芒花如约再开，看花人的境遇却已天翻地覆。我们谁都渴望“爱情圆满，维持恒久；父母康健，天伦永在”，但快乐和美好无法恒定，不可掌控。生命是无法预约的，唯一可以预约的是人们的心态。

如果从这个角度我们来看第三段四方面的人生苦痛，是不是都有一个共同点？而且可以用本段中出现两次的一个词语加以概括，这个词语是——

生：俯仰。

师：能具体说说吗？

（思考一阵后，一生举手）

生：美好的时光易逝，感情易变，美好的事物易逝，甚至生命也不一定能长久，这一段讲了光阴、事物流转不定，所欣之时、之情、之物、之生命都是短暂不可控的，无法恒久存在，这就与第一段扣起来了，王羲之是在痛惜欢乐易逝，生命短暂。

（学生鼓掌）

师：讲得真好。如果我们结合当时的社会背景和王羲之这个人来看，更能清晰地感受到"人生苦短，忽如朝露"的苦痛。（播放 PPT 第 6、7 页）

"离乱世"

百姓流亡，户口日减……又有百工医寺，死亡绝没，家户空尽。

——《晋书·王羲之传》中所记王羲之写给谢安（一说是谢尚）的书信

名士们一批又一批地被送上刑场。何晏、嵇康、二陆、张华、潘岳、郭璞、刘琨、谢灵运、范晔、裴颜……这些当时第一流的著名诗人、作家、哲学家，都是被杀戮害死的。

——李泽厚《美的历程》

"深情人"

大儿恒救命，足令人心憔。先日之欢，于今皆为哀苦，自非复衰年所堪。（写于长子玄之病重。其后玄之早卒）

延期、官奴小女，并得暴疾，遂至不救，愍痛贯心。（写于两个孙女夭折）

群从凋落将尽，余年几何，而祸痛至此，举目摧丧，不能自喻。（王羲之最为器重的从兄弟王洽去世，年仅 36 岁。族中从兄弟也大多亡故）

周嫂弃背，再周忌日，大服终此晦，感摧伤悼，兼情切剧。（王羲之由母亲和兄长王籍之抚养长大。兄长王籍之早卒，尔后兄嫂又卒）

——王羲之尺牍文

师：读这些资料，我常常想到四个字——情深不寿。对物深情、对人深情的人，其对人生之痛的敏锐度往往也是加倍的。王羲之在"修短随化"前加了一个"况"字，生死无常是他这个时代他这个人最椎心泣血的痛苦。我们把"况修短随化……死生亦大矣"有感情地读一遍。

（学生读，老师强调停顿，要求学生读出节奏感，有感情地再读一次）

任务二：析疑虑，研读《兰亭集序》第四段

师：同学们问题比较多的还有第四段，归纳起来一句话——字面意思都懂，但连在一起就不知道背后的逻辑是什么了。（播放 PPT 第 8 页）

每览昔人兴感之由，若合一契，未尝不临文嗟悼，不能喻之于怀。固知一死生为虚诞，齐彭殇为妄作。后之视今，亦犹今之视昔，悲夫！

学生问题：

(1)“若合一契”了，为何还会“不能喻之于怀”？

(2)“后之视今，亦犹今之视昔”，以后的人看王羲之，就如同我看庄子，这句怎么理解？

师：要理清这段话逻辑的关键在于“喻”字的含意及“兴感之由”的“由”、“后之视今”的“今”、“今之视昔”的“昔”指代什么。我查了很多王羲之尺牍文，发现他很喜欢用“喻”字。(播放 PPT 第 9 页)课本里有“明白”“消解，释怀”两种解释，同学们结合资料看看用哪种好？

惋伤之甚，未能喻心

举目摧丧，不能自喻

其为叹恨，言何能喻

生：解释成“消解、释怀”比较好。比如，“举目摧丧，不能自喻”，解释成“明白”的话，就成了“不能自己明白”，很不通顺，应该是“自己无法消解、释怀”。而且解释成这个义项，三句就都很通顺了。

师：我也认为“消解、释怀”比较合适。再来看“由”“今”“昔”指代什么，结合上文，王羲之最大的痛苦是什么？

生：生死之痛。

师：把它代进画线的这几处，看看这段话能理通了吗？

每览昔人兴感之由，若合一契，未尝不临文嗟悼，(……)不能喻之于怀。固知一死生为虚诞，齐彭殇为妄作。后之视今，亦犹今之视昔，悲夫！

(短暂的沉默后，一生举手)

生：画线的地方指的就是我们刚才说的生死之痛，把“生死之痛”代进去，逻辑就通了。意思是王羲之对着古人生发的“生死之痛”，感觉像符契一样相合，他为生死无常而悲痛，内心无法释怀。庄子能够看淡生死，妻子死时鼓盆而歌。王羲之认为把生死、长命短寿等同看待是荒诞的，是做不到的；而且他认为生死之痛是我们整个人类永恒的话题，过去是，将来也是。他讲得很有道理，就像老师刚才讲的林清玄的《可以预约的雪》，我们有谁不期待长长久久，又有谁不害怕人生无常、生死无常呢？

师：所以这段话的意思就八个字——生死之痛，千古同悲！而这也可以说是整个魏晋时代的主旋律，曹操就曾写过“对酒当歌，人生几何？譬如朝露，去日苦多”，阮籍也曾写到“人生若尘露，天道邈悠悠”，还有陶渊明在《归去来兮辞》中写到“善——”

生(齐读)：善万物之得时，感吾生之行休。

任务三：析疑虑，《归去来兮辞》实录与想象之辨

师：《归去来兮辞》这篇文章同学们好像都读懂了，没啥问题。（生笑）只有一位同学提到了本文的一个矛盾之处——序文里标明的写作时间为“乙巳岁十一月”，正文第三段写的却是春天的事情，时间上对不起来。（播放 PPT 第 10 页）

这个问题其实文坛探讨已久，像金人王若虚认为《归去来兮辞》是“追录”之文，而钱锺书等则认为它是想象之作。同学们，按文章顺序说说你的观点及理由。请看课文并寻找证据，完成的同学举个手，示意一下。

（学生边圈点勾画边思考）

生：正文里的第一段应该是实写。他认为做官的时候，精神被形体所役使，过去出仕是错误的，但好在走得并不远，现在还来得及挽救。这份心情很真实，而且和前面的“质性自然，非矫厉所得”相照应。

生：回去的细节、心情也很真实。比如，风柔和地吹着，船轻轻地晃着；“问征夫”“恨”怨天亮太慢这些细节就好像真的一样。

师：农历十一月的风“轻飘飘地”，真实吗？难道不该是犀利的冷入骨髓的西北风吗？

生：陶渊明回家太开心了，所以就觉得风也柔和，船也轻飘飘的了，从心情上来说很真实。

师：说得很好，作者通过“遥遥”“飘飘”两个叠词及对称句式表达了回归田园心情的舒畅，因为心情好，所以万般皆好，的确有这样的可能。需要注意的是本文有很多这样的对称句，我们称之为“骈句”，骈句可以强化表情达意的效果，增强文章的抒情性，读来朗朗上口，同学们可读一读，体会一下。

第二段同学们怎么看？

生：看到自家房子，作者高兴地奔跑起来；还有孩子在家门口欢迎，这些细节都非常真实。

生：陶渊明牵着孩子的手走进家里，这也是一个父亲长久离家后对孩子亲热的表现，很真实。

生：“乃瞻衡宇”的“衡宇”是简陋的房子，房子仅可“容膝”，与他的经济状况吻合，与前面序文里的“余家贫”相吻合。喝小酒，住陋室，陶渊明却有“易安”之乐，性格上也相符。

生：一回来他不想再和别人打交道，一个人喝喝酒，看看院子里的树，看看云啊鸟啊，这份闲适的心情很真实。

师：同学们读得很仔细，细节也抓得很准。我们看看第三段有没有这样的细节了。

生：这段写得比较笼统，我认为是他想象的。他跟亲戚之间说说知心话，弹弹琴看看书，好像就是对回归田园后的生活一个总的设想；再比如，农人叫他去田里劳作了，他好像还是出游一样，缺少真实可信的细节。另外铁一样的证据就是，和序文里的时间对不起来。

师：一个人把整段都说完了，而且理解到位，很好。有一个问题，作者一面说“息交以绝游”，一面又“悦亲戚之情话”，是不是相矛盾？

生：他想断绝的应该是与官场中的人的来往，或者是外界的俗人俗事，应该不包括家乡的亲戚和农人。

师：也就是说作者的心灵并没有彻底封闭，他的心和所爱的亲人、质朴的农人在一起，和

所爱的田园在一起。我们看最后一段，陶渊明去田里劳作了，大家觉得是真实，还是想象的生活呢？

生：他一个人前往，或耕种，或爬上山岗长啸或到溪边赋诗，我觉得这个生活有点理想化，过于诗意。就像他写的《桃花源记》，是他想象的美好的田园生活。

师：是的，理想化的田园牧歌生活，是陶渊明平生之志的寄托，带有强烈的主观色彩。我很赞成同学们的看法，把最后两段看成想象，更能表达陶渊明刚从牢笼似的官场生活中挣脱出来那种舒畅、自由、闲适、喜悦的强烈情绪色彩，更有空灵的意趣。

今天的课就上到这儿，作业是请同学们背诵相关段落。

第二课时

任务四：析人生，明渊明生命之苦痛

师：明月之珠，蚌之病也。昨天课上我们感受了王羲之的生死之痛，今天我们梳理“序”和“辞”。结合资料，看看陶渊明生命里有哪些苦痛？（学生看课文，勾点圈画并思考）完成的同学请举手示意一下。（播放 PPT 第 11 页）

(1) 晋宋易代，篡乱杀伐。

忆我少壮时，无乐自欣豫。猛志逸四海，骞翮思远翥。（《杂诗十二首》其五）

日月掷人去，有志不获骋。念此怀悲凄，终晓不能静。（《杂诗十二首》其二）

(2) 陶渊明七八岁丧父，而立之年丧结发之妻，37 岁丧母，41 岁失胞妹；中年罹患“店疾”（恶性疟疾）、脚疾等多种疾病。

生：“质性自然，非矫厉所得”，陶渊明喜欢田园，个性纯正。喜欢自由的个性，和官场权力倾轧、政权黑暗之间的矛盾让他痛苦，因为家贫，他不得不出仕，后来违背本性，实在做不下去了，才不得不辞官。这前半生的官场生涯让他活得痛苦。

生：他家穷，小孩又很多，作为父亲，压力大，活得不容易。再加上他原来也想建功立业的，没有实现，亲人又相继离世，从命运上来说他也挺苦的。

生：陶渊明生活在东晋末期，时有战乱，社会动荡不安。生存环境不好，也让人痛苦。

师：文章中有体现吗？序文里有没有？

生：“于时风波未静，心惮远役。”

师：是的，贱生命如蹂草芥的社会政治环境让他不敢远赴任职。还有其他苦痛吗？

生：“善万物之得时，感吾生之行休”，他也有时光易逝，生命苦短的伤感。

师：同学们讲了陶渊明社会环境方面的、性格上的、生活中的种种苦处，除此之外，他思想上有没有痛苦和挣扎？他是一辞官就放下了一切，过上了快乐的田园生活吗？

生：他有痛苦和挣扎。

师：能用课本中的话按顺序说一说吗？

生：第一段第一行写到“奚惆怅而独悲”——为什么还要如此惆怅独自悲伤，说明他有过

惆怅和悲伤。再比如,“世与我而相违,复驾言兮焉求”——还要驾车出去追求什么呢,这是他在反问自己,如果一点都没有出去追求什么的念头,他完全不需要问自己,这里含有劝告自己的意思。

生:我觉得最大的证据是本文最后一段,“胡为乎遑遑于何之”,心里遑遑不定,他问自己要到哪里去,说明他有过彷徨和挣扎,最后他又告诉自己“富贵”和“帝乡”不是自己追求的,反复劝自己,说明陶渊明并没有马上放下。

师:说得好。陶渊明是人,不是神,他有过痛苦、彷徨和挣扎,但最后他走出来了,把平淡的田园生活过出了诗意,将生活的苦酒酿成了琼浆。包括前面的王羲之也一样,越痛苦越热爱,越生死无常越要及时行乐,让生命焕发光彩。这也是魏晋文人让我们羡慕和仰望的地方。下面结合两篇课文,我们探究一下魏晋文士是如何超越苦痛、力求旷达的。(播放 PPT 第 12 页)

任务五:析意象,赏山水田园诗文审美特点

师:请同学们先分析两文意象特点,并思考由此折射出作者怎样的精神世界。

(同桌之间讨论分析 6 分钟)

生:很有生机。

师:哪里看出来?

生:“此地有崇山峻岭,茂林修竹”中的“茂林”就是“茂密的树林”之意,到了春天,茂密的树林铺展开漫山遍野的绿意,到处充满生机,是很震撼的。过几天清明扫墓的时候,就是这样的景象。

师:形象,充满画面感。有生机有活力的意象除此之外还有吗?

生:“天朗气清,惠风和畅。仰观宇宙之大,俯察品类之盛”,温暖的风、开阔的宇宙、繁盛的品类,春天里,大自然的一切都生机勃勃。

师:《归去来兮辞》中有没有此类相似的意象?

生:“木欣欣以向荣,泉涓涓而始流”就是此类意象,树木抽枝发芽,溪水汩汩而流,充满活力。

师:在广阔、充满生机的自然环境中,人应该是一种什么样的精神状态?

生:充满活力,感到愉悦。痛苦会得到缓解。我们旅游的时候就是这样,总是很开心……

师:是的。痛苦有时无法化解,但一旦放到广阔的时空中,痛苦就可能被减小、减弱,甚至得以稀释。

除了开阔、有活力,王羲之的兰亭山水、陶渊明的田园风光还有什么特点?刚才第一位同学读的除了“茂林”以外另外三个意象有什么特点?

生:高峻。“崇山”的“崇”是高大的意思,“峻岭”是指陡峭的山崖峭壁,“修竹”的“修”是长的意思。

师:作为绍兴人,去过兰亭的同学应该知道兰亭周围的山其实并没有那么高大险峻,作者为什么要这样写?

生:景物特征往往是作者情感、精神的外化,山的高大险峻,竹子的修长象征了作者精神上的高洁、清雅、卓然不群。

师：精准，而且用词典雅，同学们总是给我惊喜，咱们班同学出乎我意料得优秀。

（学生们开心地笑）

师：王国维先生曾云，“一切景语皆情语”，东晋文人的追求已由外在的功业节操（学问）转向内在的高洁、清雅、超凡脱俗、潇洒不群，体现在意象选择上就有了“清高”的一面。看看《归去来兮辞》，是不是也有此类意象？

生：有。“三径就荒，松菊犹存”的“松菊”，就是高洁的象征。

生：“抚孤松而盘桓”的“孤松”也是陶渊明品格的象征——孤高、卓然不群。

师：同学们数一数课文中有几个“孤”字或相类似的词？

生：有三个“孤”字，分别是“抚孤松而盘桓”“或棹孤舟”“怀良辰以孤往”，相类似的有“奚惆怅而独悲”“请息交以绝游”。

师：陶渊明独自亲近自然，独自躬耕陇亩，独自畅抒胸怀、独自赋诗属文，表达了他怎样的精神世界？

生：特立独行，傲岸高洁。

师：概括准确到位，很好。我们对意象的形状、内涵进行了分析，再看看色彩上有没有相似性？

生：《兰亭集序》第一段景色很清新，高山、树林、竹子，都是绿色调的，再加上“清流激湍”“天朗气清”，一切都很清新，给人的感觉很清雅。

生：陶渊明回归田园后，写到的景物也是冷色调的，松树、白云、幽深曲折的山谷、树木、清泉，没有艳丽的颜色，一切都很素淡、质朴。

师：同桌配合得很好。我们再回忆一下本单元刚学过的归有光的《项脊轩志》，他在庭院里种了啥？

生：“又杂植兰桂竹木于庭”，也是冷色调，很清新。

师：三位作者选用的意象都清新、淡雅，这样的偏好与文人心态、中国的传统文化环境息息相关。（播放 PPT 第 13 页）

清，青也。去浊远秽，色如青也。（刘熙《释名》）

师：所以，《兰亭集序》《归去来兮辞》里的及时行乐并不是纵情享乐、颓废消沉，而是带有向上、积极的一面，在精神世界中魏晋文士超凡脱俗，自由率意，以此来对抗现实苦痛。（继续播放 PPT 第 13 页，展示图 1）

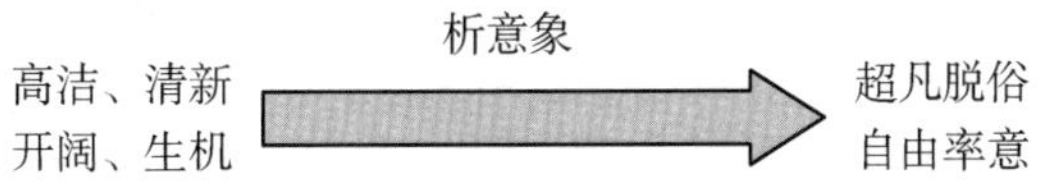

图 1

我们集体把“此地有崇山峻岭……亦足以畅叙幽情”这段清雅之言朗读一次。

（学生集体朗读，虽整齐响亮，但缺少韵味）

师：同学们，要走进古文意境，获得愉悦的审美体验，就要读出文言文的韵味与节奏感，简单地说，我们要学会停顿与拉长音节朗读。请同学们根据老师划分的节奏，男生读黑色字，女生读红色字(加点字)，男女生齐读下面画横线的句子，有感情地再来一次。注意有5个句子老师剖开来需要男女生合作的，你们读的时候腔调上要衔接紧密，一气呵成。根据停顿，你们先自己试读，然后再大家一起完成这个朗读作品。

此地有/崇山/峻岭，茂林/修竹，又有/清流/激湍，映带/左右，引以为/流觞曲水，列坐/其次。虽无/丝竹管弦之盛，一觞/一咏，亦足以/畅叙/幽情。

(学生很兴奋，有的自己试读，有的找同桌或前后座同学练习。再次朗读，感情饱满，节奏鲜明，特别是"一觞一咏"等几个衔接处停顿、音节的延长等都处理得很有韵味。读完学生情不自禁给自己鼓了掌。老师顺水推舟，让男女生反过来又朗读了一次)

任务六：品行为，感作者情志之超脱

师：我们再来看看行为上，两者有什么共同点。请同学们加以概括，并进行详细的品味鉴赏。

(学生自由探讨5分钟)

生：两位作者都喝了酒，而且喝得都很惬意。(学生笑)文士大多好酒，这也是一项传统了。我很喜欢王羲之他们的曲水流觞，一条清澈的小溪缓缓流淌，上面漂着一个个小小的酒杯，流到谁的面前谁就拿起来喝一口，或写诗或吟诗，在美好的春天里，非常浪漫。而且他们并没有热闹的丝竹管弦声，去的又都是才俊，朋友之间说说知心话，喝酒的环境很雅致，让坐在教室里一天到晚与作业奋斗的我很羡慕。

陶渊明先生喝酒喝的是心情。他自斟自酌，住的是陋室，喝的是小酒，院子里也没有啥名贵绿植，但他内心安适、悠闲、满足。喝酒喝出了恬淡隽永的田园风味。(学生鼓掌)

生：他们都喜欢到大自然中去，一个"游目骋怀"，一个"时矫首而遐观"，在自然中深深陶醉。特别是陶渊明，他有时"坐巾车"有时"棹孤舟"，有时拄着拐杖散步，有时"登东皋"去爬山，完全和大自然融为一体。

师：陶渊明"登东皋以舒啸"，放声长啸是一种怎样的状态？

生：就是"啊——"地大叫。(生笑)我们爬山登上山顶有时也会大叫几声。

师："啸"，《诗经》里出现的啸者多是女性，她们心怀忧怨，发而为啸，后指忘情状态下吟咏啸歌。登上东皋的陶渊明放声长啸，要表达的是一种畅达逍遥的状态。(播放PPT第14页)

生：他们还都吟诗赋诗，都喜欢和朋友亲人说说知心话，王羲之"畅叙幽情"、陶渊明"悦亲戚之情话"。

师：同学们，大家都找到了两位作者的赏心乐事，并表示了羡慕(学生笑)，除此之外呢，还有其他行为吗？

(学生短暂沉默)

师：课文还有哪一部分是我们没有关注到的？

生：还有"录其所述"这一段，就是要把兰亭诗文记载下来流传下去。哦，我知道了，还要做一些有意义的事。

生："或植杖而耘耔"，陶渊明还去田里劳作了。

(教师继续播放PPT第14页，展示图2)

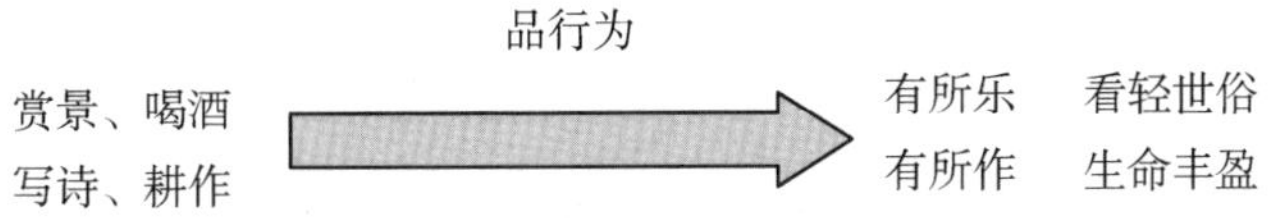

图 2

师：王羲之兰亭雅集那一天是因“修禊事”去的，即为扫除不祥之事祈福去的；陶渊明刚从牢笼似的官场挣脱，身心俱疲，回归田园是“疗伤”来的。在自然中他们发现了自己精神的家园、心灵的慰藉；他们满怀深情地面对生命，高唱着对人生的眷恋和热爱之情。虽不能经世致用，世道使他们痛苦忧虑、感伤彷徨，然而不羁的思想和对自然的深情使他们超脱，其生死感念和诗酒风流千载之后仍令我们深深感动。

任务七：结语

师：同学们，这就是在文学史册上闪闪发光的魏晋风度，李泽厚先生很好地阐释了它的内涵。（播放 PPT 第 15 页）

在表面看来似乎是如此颓废、悲观、消极的感叹中，深藏着的恰恰是它的反面，是对人生、生命、命运、生活的强烈的欲求和留恋。（李泽厚《美的历程》）

（学生齐读）

师：“魏晋风度”对我们整个民族的影响是深广的。在思想行为上，白居易被贬，仍然“数峰太白雪，一卷陶潜诗”；苏轼被贬谪，纵情山水，还把陶诗逐一和了一遍；柳宗元被贬谪就去爬西山写下了《始得西山宴游记》。可以说，王羲之、陶渊明他们创造了一种生活范式、一处山水布景、一种人生哲学，让人在山水田园的审美中找到现实困顿的出口。

而在文学艺术上，后来渐渐发展形成了一个巨大的文学流派——山水田园诗派。有脚著谢公屐，登山临水的谢灵运，有“诗中有画”的王维，有“红颜弃轩冕，白首卧松云”的孟浩然，还有储光羲等名家，他们徜徉山水田园中，领悟生命的哲理，写下了一首首脍炙人口的诗篇。（播放 PPT 第 16 页，展示图 3）

图 3

【教学反思】

这堂群文联读课主要想让学生领会“王羲之纵情山水，叹死生之至大；陶渊明辞官返乡，欲乘化而归尽”行为背后的思想和情感，感受魏晋文士对自然和生命的深情与超迈，探讨晋人山水田园诗文审美特点及对后世文化的影响。

课我上了三次。第一次上的是公开课，从“探讨文章整体布局、作者情感变化”到“比照归纳，领会东晋文士的生命哲理”，最后以“探寻晋人山水田园诗文的文化意义”结，效果还可以。今年因为课堂实录重上这两堂课，效果却很糟糕。同一个老师、相同的设计、同一层级的学生，为什么有这么大的差距？第一次上的是公开课，所以学生有充分的预习和准备，第二次是日常课，由于学业时间紧张，大部分学生没有时间事先疏通字词或查阅资料，在内容不熟悉的情况下，课堂就像凝住的水流，学生无法深入探讨，又何来思想的浪花？故此，在第三次上的时候，第一课时“析疑虑”三个部分，基本都是按照文章顺序逐句逐段来上的，即使学生没有充分预习，字词上有不懂的地方藏着掖着，他也能适应上课进程。花团锦簇的公开课搬进日常课堂却成了一潭死水，不是学生变笨了，而是我们不知道他人前期准备了多少。根据日常教学实际情况而设计、施教是本课堂实录的第一个特点。

第二，以学生问题来推动课堂的进程。上课伊始，我就亮出学生的两个问题：①是不是王羲之喝醉了酒啊，所以前言不搭后语？②毫无逻辑可言，可谓风马牛不相及，为何这样写？学生就在下面笑，纷纷点头。其实，我一直都知道《兰亭集序》最后两段是症结所在，学生搞不清楚，是真正需要教师讲解的。然以前不敢这样细致地讲，因为内心里我也深为赞成施蛰存先生所说的“七拼八凑，语无伦次，不知所云”。一直到近几年查阅了大量资料，又反复思考，自觉理清了背后逻辑才敢深入探讨。第三段讲的就是“俯仰”二字，短暂、易变，我引入了林清玄的《可以预约的雪》加以说明，学生豁然贯通。第四段由于一直以来我们都把“喻”解释成“明白”，课本里把它解释成“不能明白于心”，意译为“也说不出什么原因”，这样后面的“固知”就没有了着落，“也说不出是什么原因。本来就知道……”这样的逻辑无论如何都是不通顺的，王羲之尺牍文里有很多“喻”字，如果解释成“明白”极不通顺，而一旦理解成“消解、释怀”就豁然开朗。这堂课把第四段“每览昔人兴感之由……悲夫”这块内容句间逻辑理顺了，学生通畅，老师也觉欣慰。

第三，第一课时里的“联系自己的生活谈谈感悟”及第二课时里的“朗读设计”不仅拉近了学生与文本的距离，还颇受学生青睐，以后可以继续尝试。

第四，本次上课最大的遗憾是没有涉及王羲之、陶渊明行为背后的思想成因、两人超脱的程度及对生死的思考境界上的不同。生死无常是王羲之最大的人生之痛，所以他服食养生，云游采药，希望将生命延长，这也是钱锺书先生说的不必“究其心蕴，析以义理”否则“反杀风景”的原因。而陶渊明生死随化，乐天知命，他不仅看轻世俗，还看淡生死，开阔豁达，境界高远。若有时间，能和学生稍作探讨，当能更入妙境。

无为与有为:理解古老的吏治智慧

执教 / 宁波市慈湖中学　戚科杰

本课课件

【专题目标】

联读《种树郭橐驼传》《灵丘丈人》,分析“种树之道”“养蜂之术”和“为官之理”,理解无为而治、勤勉有为和尊重规律之间的关系,从而理解古老的吏治智慧。

【预习任务】

1. 明确重点实词、常见虚词的意义,关注文本中的通假字、特殊句式。
2. 圈画郭橐驼种树、灵丘丈人养蜂的要点和注意事项,概括人物形象。
3. 比较不同人种树(养蜂)的差异,思考其中蕴含的缘由。
4. 探讨“有为”“无为”在不同环境中的适用性,理解尊重客观规律的重要性。

【教学实录】

师:(播放 PPT 第 1 页)同学们,正式上课之前,我想问问大家,昨天学校的全员核酸检测大家都做了吧?

生(齐答):做了。

师:核酸检测是落实精准防控的重要方式,为了应对当下来势汹汹的第四波疫情,我们恐怕得和咽拭子多打一段时间的交道了。不过,对于同学们来说,也许疫情的冲击也仅仅是无法出游,线上授课,并不会对大家的日常生活造成巨大的困扰,但是对于一些人,可能就是“灭顶之灾”。

师:最近,深圳卫健委又火了!独自在深圳经营早餐店的赖先生遭遇了疫情的无情打击,客源流失,投资血本无归,孤身一人,无依无靠。崩溃煎熬之下,他在“深圳卫健委”的公众号文章底下诉说着自己的委屈,没想到竟然得到了卫健委的回复与帮助。深圳卫健委因此被网友再度点“赞”表扬。同学们看到这则新闻了吗?谈谈你们的感受。

生:我觉得很感动,疫情无情人有情吧。赖先生的留言字里行间都是他的绝望,读他的留言就感觉非常“扎心”,但是感动的是竟然有人回复,说明还是有工作人员在关心的。

生：我觉得深圳卫健委官方微信的工作人员非常有心，因为官方机构能够在深夜还关注后台留言，说明是真的在考虑民众的需求，并且没有敷衍，而是直接解决了难题。

师：两位同学说得都非常好。我们都在问“什么是光”，也许这就是光，这其实已经不是深圳卫健委第一次“要号码”了，大家感动、点赞，都是因为这一批公职人员真的做到了“执政为民”。其实，从古至今，流传着不少有关执政为官的俗语，口口相传，脍炙人口，大家能说几句吗？

生：当官不为民做主，不如回家卖红薯。（众生笑）

生：为官一任，造福一方。

生：苟利国家生死以，岂因祸福避趋之。

生：全心全意为人民服务。

师：从古至今，为官者希望能够平治天下，有所作为。有些时候出发点虽好，但不一定能实现，因为要做到是需要智慧的。

任务一：聚焦文本，破解种树之道

师：《种树郭橐驼传》和《灵丘丈人》都是古文，请大家特别注意一些重点的字词解释，在课文的注释里将它们圈画出来。（播放 PPT 第 2 页，展示本课主要文言字词解释）

文言字词疏通

① 故病且怠	病：困苦
② 字而幼孩	字：养育
③ 遂而鸡豚	遂：成，养成
④ 根拳而土易	拳：拳曲，伸展不开
⑤ 勖尔植	勖：勉励
⑥ 有类橐驼者	类：好像
⑦ 蜡称之	称：相当
⑧ 于是其富比封君焉	比：等同
⑨ 寡则与之裒之	裒：聚集
⑩ 分其赢而已矣	赢：盈余

师：郭橐驼种树，为什么“他植者虽窥伺效慕，莫能如也”？郭橐驼、他植者和官吏之间又有怎样的联系？请大家再次阅读课文，根据表 1 内容的提示，在原文中勾画，做批注，并完成表格中信息的梳理概括。（播放 PPT 第 3 页）

表 1　郭橐驼、他植者、官吏三者的对比分析

人物	操作过程	最终结果	原因分析	你的评价
郭橐驼				
他植者				
官吏				

生：郭橐驼种树的过程，课文中有这样一句“凡植木之性，其本欲舒，其培欲平，其土欲故，其筑欲密”。

师：精练一点，每句只用一个字来概括，你再试试看。

生：那就是“舒”“平”“故”“密”。

师：很好。老师还想问一下，从文中郭橐驼的介绍来看，他把种树分为几个阶段啊？

生：应该是两个吧。

师：文本中有依据吗？

生：能顺木之天，以致其性焉尔。

师：这句话是在介绍具体种树的方法吗？你先试着翻译一下，课文有注释，可以利用。

生：能顺应树木的天性，来使它依照本性生长。哦，这个不是具体种树的方法，这个应该是原理，像总体的指导精神。

师：对，非常好，遇到问题不要着急回答，仔细对照文本，答案自己就会出来的。你刚才说的就是郭橐驼能种好树的原因。但似乎不是我们要找的具体方法，谁能找出来？

生：老师，书上这句话有答案，“其莳也若子，其置也若弃”，就是说把树种下去的时候要非常小心，像对待自己孩子一样，种完了以后就不要再管它，就说明郭橐驼的种树应该有“莳”和“置”两个阶段，刚才那位同学说的是“莳”的具体操作，“勿动勿虑，去不复顾”应该是“置”的方法。

师：感谢这位同学的解答，你的文本阅读做得很扎实。那最后的结果呢？

生：“早实以蕃”“使木寿且孳”，树长得很好并且果实繁盛。

师：那我们分析了郭橐驼，再来看看他植者和官吏。

生：他植者在种树过程中是“根拳而土易”、培土过或不及、“爪其肤以验其生枯，摇其本以观其疏密”。最后得到的结果是“木之性日以离”。我觉得导致他植者种不好的原因是“爱之太恩，忧之太勤”。

生：官吏的实际操作，文中是这样说的——“好烦其令”“旦暮吏来而呼”“鸣鼓而聚之，击木而召之”，结果导致老百姓“病且怠”。

师：很好，找得很精准，那这些官员的出发点是什么？是不喜欢百姓，要折腾百姓吗？

生：不是的，官员们对百姓是“甚怜焉”。

师：这里的“怜”是一种爱怜，说明政府的出发点至少不是坏心。

师：好，那让我们将同学们找到的信息填写到表1中去，通过已知的这些信息，你来评价一下郭橐驼、他植者、官吏的做法。

生：我觉得只有郭橐驼做得对，只有他顺应树木的天性，他植者太过着急，不够沉稳。

生：郭橐驼在种完树之后就不管了，任其自由生长，不多加干预，就像道家说的“无为而治”一样。

师：哦，有道理，顺应规律不做干预，是有点“无为”的意思。不过，老师想问一下，这个郭橐驼是全程“无为”的吗？

生：不是的。他只有在种好树之后才不管的，在种树的过程中是非常仔细的。

师：哦，那就是说郭橐驼的“无为”其实也是看对象的，在不同的阶段要做不同的事情，采用不同的方法和态度，所以我们不能简单地说郭橐驼类似道家的“无为”，他的“无为”里藏着

"有为"和"善为"。

生：老师，我想到一句话，这个就像"君子有所为，有所不为"。

师（笑）：有点像，按照我们刚才的分析，这样讲郭橐驼也不为过，他是"为所当为、有所不为"。那么按照这样的思路，我们也给他植者和官吏做个总结，谁来试试？

生：我觉得官吏根本不懂百姓的需求，就像他植者一样，表面上对植物关爱有加，其实伤害了树木，违背了规律。我觉得用"为所欲为"比较好。

生：我觉得"为所欲为"不好。虽然官吏和他植者在具体做法上都不对，但是他们的本心不是坏的，他植者想要种好树，结出果实，官吏想要百姓生活得好。不能说他们"随心所欲、为所欲为"。

师：非常好的反驳和质疑，我们的阅读就需要大胆质疑。那么你觉得用什么词语形容他植者和官吏呢？

生：政治课上说过，政府有些时候"乱作为"的危害甚至超过"假作为""不作为"，我觉得"乱作为"好。

师：非常棒！结合其他学科的知识，我们就用"违背规律，胡为乱为"来总结。（播放 PPT 第 4、5 页，展示表 2、表 3）

表 2　郭橐驼、他植者、官吏三者的对比分析

人物	操作过程	最终结果	原因分析	你的评价
郭橐驼	舒、平、故、密；勿动勿虑，去不复顾	寿且孳；早实以蕃	顺木之天，以致其性	顺木之性；为所当为、有所不为、无为善为
他植者	根拳而土易；培土过或不及；爪肤验生枯，摇本观疏密	害其长；耗其实；木之性日以离	木之性日以离；爱之太恩，忧之太勤	不通木性；粗糙而为；忧爱过甚；实为仇害、乱为
官吏	好烦其令；旦暮吏来而呼；鸣鼓而聚之，击木而召之	（百姓）病且怠	甚怜焉	不懂百姓；爱之过甚；实为扰之、乱为

表 3　郭橐驼的种树之道

原则	顺木之天，以致其性	
阶段	植木（种树时）	置木（种树后）
方法	植木之性，其本欲舒，其培欲平，其土欲故，其筑欲密	勿动勿虑，去不复顾
态度	其莳也若子	其置也若弃
关键	不害其长	不抑耗其实
效果	其天者全而其性得	

任务二:文本联读,剖析养蜂之术

师:通过刚才的表格,我们明白了吏治需要“无为”“善为”,不能“胡为”“乱为”。现在请大家阅读刘基的《灵丘丈人》,结合预习作业,同桌交流探究,完成表4。(播放 PPT 第6页)

表4 灵丘丈人与儿子的对比分析

人物	操作过程	最终结果	原因分析	你的评价
灵丘丈人				
儿子				

生:灵丘丈人首先为蜜蜂创造良好的生存环境,着专人管理;关心蜜蜂的生活,根据蜜蜂的习性,调节温度;依据一群一王的特点,保持内部和谐;消除外患,取蜜有度。可谓顺应蜂的习性和生长规律才收入可观,“富比封君”,实在是“有为”“善为”的典范。

师:说得非常对,大家也一起把课文中相关语句画出来。我们用直白的语言来总结灵丘丈人的管理技巧,就是勤于管理、布局合理、内部和谐、消除外患、取之有度。

生:他的儿子,从文中来看却是“园庐不葺,污秽不治,燥湿不调,启闭无节,居处臲卼”,在他看来这是顺其自然。“蛅蟖同其房而不知,蝼蚁钻其室而不禁”“鹪鹨掠之于白日,狐狸窃之于昏夜,莫之察也”中的“不知”“不禁”“莫之察”可见他养蜂既不懂规律,又懒惰不为,最后“凉凉也哉”。无所作为,其本质是不为。

师:说得也很到位,大家已经能够试着通过现象看本质,从一个养蜂的故事,思考吏治的智慧了。我们总结一下(见表5)。(播放 PPT 第7页)

表5 灵丘丈人与儿子的对比分析

人物	养蜂过程	结果	原因(概括)	你的看法
灵丘丈人	园有庐,庐有守……其取蜜也,分其赢而已矣,不竭其力也	不出户而收其利;富比封君	勤于管理;布局合理;保持内部和谐;消除外在祸患;取之有度	掌握习性;勤于管理;适度取用;有为、善为
儿子	园庐不葺,污秽不治……莫之察也。取蜜而已	蜂有举族去者;凉凉	无所作为	不为

任务三:文本比较,探求为官之智

师:养树时,他植者“勤为”,失败了;郭橐驼“不为”,成功了。灵丘丈人“勤为”,成功了;其子“不为”,失败了。那吏治到底是“勤为”更好,还是“不为”更好?

生:都需要的。得根据事物的规律来,得按照百姓日常生活来吧。该关心的时候必须要为百姓做主,但是也不要过分扰民。

生:我想到了之前的疫情,国外都已经全部“躺平”,导致大量的确诊患者挤兑医疗资源。

但是我们国家在防疫过程中始终都是“勤为”“有为”，从来没有懒政不为，因为要对百姓负责。

师：非常好，疫情就是活生生的例子。而且，我们实行的封控措施并没有一刀切地完全采用极端的手段，而是在保证百姓基本生活的前提下尽可能地对疫情传播实施限制，这就非常考验执政智慧。执政，不仅要关注政令的内容有没有问题，还要关注政令制定后，官员应该如何采取合适的方式去实施。智慧的为官之道，应该是顺应规律且尊重规律，也就是“使民以时”，积极有为，适时无为。（播放 PPT 第 8 页）

任务四：文本迁移，学以致用

师：最后，请大家完成一个课外作业，给班主任写一封信，指出班主任在班级管理上，哪些应“有为”，哪些应“无为”，哪些是“不为”，哪些是“乱为”？可以全面阐述，也可选择其一，结合学过的两篇课文进行阐述，字数 300 字左右。

今天，我们通过两篇文章，深入地探讨了中国古代的“吏治智慧”。我们离开文本，静下心来，认真思考“君子有所为，有所不为”的哲学命题，不要让柳宗元和刘基的苦心付之东流。

【教学反思】

使用统编教材，专题教学是落实核心素养的有效途径，且大单元微专题教学，能助力学生形成核心概念，并优化知识结构。下面结合本次教学，反思如下：

1. 从教材出发，明确任务

统编高中语文选择性必修下册第三单元都是古文，选取了魏晋到明代的六篇经典散文，有的情理见长，至情至性，有的以理取胜，理趣盎然。不同的文本展现了古代散文的多样面貌。《种树郭橐驼传》寓意深刻，重在因事明理、针砭时弊。鉴于本文是打了星号的选读篇目，非常适合不同文本的群文比较，笔者选取了《灵丘丈人》的文本，将两文整合为一个教学专题，两篇古文有相似的行文逻辑，主题指向也非常清晰——从事实出发，遵照规律做事。因此，我以此作为比较的重点，引导学生在不同场景下，理解不同选择的必要性，尊重事实规律，理解并科学运用规律。

2. 从课堂出发，问题引导

我在课前设置了一份预习任务单，以三张对比表格串联，引导学生：(1)列出他植者、郭橐驼不同的植树方法，进行分类整合；(2)比较并列出灵丘丈人和他儿子不同的养蜂之术；(3)思考种树、养蜂与官员治理的类比意义，寻找相类似的语句表达。在课堂教学过程中，前两张表完成得比较顺利，当推进至探讨吏治的象征意义时，由于学生在课前浅阅读中对古文的理解不够深入，课外古文预习的时间也不够充足，导致课堂动态生成欠缺，这也警示教师在设置学习任务时，需立足学情，并注重给予学生知识支架、思考时间和合适的实践抓手。在后续的教学中，还要引导学生在文本细读中进行比较，探讨类比论证的方法，寻找种树、养蜂、吏治之间的相似性，进而理解文章作者的写作深意。

3. 从生活出发，举一反三

文章的内容也极具当代视野，能够观照当下。引导学生去思考“吏治”“管理”“百姓”“政府”等深刻话题，培养学生的主人翁意识和参与政治的思考、语文表达的热情。特别是新冠疫情的影响下，柳宗元关于“吏治智慧”的思考更值得我们品读和借鉴，而这也是整堂课设计的核心，围绕着郭橐驼的“种树之道”，希望学生能发现并找到“无为”与“有为”的微妙界限，进而与道家的“无为”区别联系，既加深了现实层面的理解，又有了哲学意义的加持，更有助于学生吸收教学重点。灵丘丈人的“养蜂之术”可以说是对柳宗元文本的拓展，让学生看到“管理智慧”的多面性，理解“勤为”和“无为”的差别。最终希望学生能找到两篇文章的“共性”——寻求规律，因势利导。

情趣与理趣:《石钟山记》的记游与说理

执教/ 浙江省绍兴鲁迅高级中学 陈爱娟

本课课件

【专题目标】

精读苏轼的《石钟山记》,联读李渤的《辨石钟山记》、俞樾的《春在堂随笔·石钟山》,探讨《石钟山记》的记游与说理,领会作者在登山临水的兴致之中,始终萦绕着的辨伪求真的旨趣。

【预习任务】

利用圈点勾画法阅读苏轼的《石钟山记》、李渤的《辨石钟山记》、俞樾的《春在堂随笔·石钟山》,完成下列任务:

1. 说说苏轼否定了李渤的看法,那么,俞樾同意苏轼的观点吗?从中可以得出什么结论?苏轼、李渤、俞樾考察石钟山的过程有哪些相同处和不同处?

2. 分析苏轼在对夜景的描绘中隐藏着哪些丰富意蕴。

3. 课外收集上面提到的名家游记类文章,探讨游记散文中的景趣、情趣和理趣的有机结合。

【教学实录】

师:朱德曾给三苏祠题写楹联“一门三父子,都是大文豪。诗赋传千古,峨眉共比高”,苏洵、苏轼、苏辙的光辉映照着中国文学史。苏轼,因为耿直被贬,因为才情出名,用豁达行走人生。三夜三游记——《承天寺夜游》《后赤壁赋》《石钟山记》,他的夜走总有所获。在承天寺,他懂得了只有“闲人”才能赏到美景;在赤壁,他悟出了“变”与“不变”的奥妙;在石钟山,他认识到了什么呢?

经过前一节课的学习,大家已经基本理解了《石钟山记》《辨石钟山记》《春在堂随笔·石钟山》三篇小短文的内容,那么,我们今天就言归正传,一起结合三篇短文内容来探究苏轼

《石钟山记》里的情趣和理趣。(播放 PPT 第 1 页)

任务一:聚焦夜景探情趣

师:苏轼在晚上探访石钟山,那么,他看到的石钟山的夜景是怎样的?请同学们找出来,读一读。(播放 PPT 第 2 页)

生(齐读):“大石侧立千尺,如猛兽奇鬼,森然欲搏人;而山上栖鹘,闻人声亦惊起,磔磔云霄间;又有若老人咳且笑于山谷中者,或曰此鹳鹤也。”(播放 PPT 第 3 页)

师:我们来研究一下这段景色描写。请同学们自己读几遍,然后选择一个角度谈谈自己的阅读体会。

生:写景顺序上,他们先来到石钟山的绝壁下,抬头仰观,看到了山的高(“侧立千尺”)和山上的栖鹘。写景顺序是由低到高。

生:我觉得作者写夜景,不仅从视觉角度入手,以比喻的手法写景色,还从听觉角度入手,以比喻的手法来写山谷中的声音。

生:既然刚才这位同学说到了手法,我还想补充的是,手法还有以动衬静——以被人声惊起的栖鹘来衬托夜晚的安静,远近结合——从身边侧立的大石写到山顶惊起的栖鹘,这两种手法加上比喻、视听结合,把大石、栖鹘的形态和声音描绘得形象逼真。

师:嗯,你的回答带有总结概括的性质了。很有见地!

师:请大家有感情地再读一遍这些句子,看一看,你能读出夜晚的石钟山什么特点?

(生齐读,思考)

生:我觉得这时的石钟山,具有雄奇幽暗、阴森恐怖,令人毛骨悚然的特点。

师:(播放 PPT 第 4 页)苏轼为什么要写如此阴森恐怖的景象呢?

生:“一切景语皆情语”,我觉得作者写景一定是和他自身处境和心情有联系。学案上介绍了——元丰七年(1084)正月,宋神宗出御札,苏轼由黄州(今湖北黄冈)团练副使移官汝州(今河南临汝)团练副使。五年前苏轼遭遇“乌台诗案”,在鬼门关上走了一遭。他原以为会久困黄州度过后半生,已经安心在东坡平整土地、种植粮蔬,自号东坡居士。不料又得调令,他趁机走亲访友。弟弟苏辙受乌台诗案牵连,被贬去监筠州(今江西高安)盐酒税,苏轼赴筠州和苏辙同过端午,还和友人参寥同游庐山,写下了《题西林壁》。当时恰逢长子苏迈被任命为饶州德兴(今江西德兴)县尉,苏迈参加科举考试之后首次得官,这是苏家的一件大事,因此苏轼绕道和儿子同行,到了湖口再分手。

尽管从表面上看,苏轼这一阶段的日子要比他刚贬谪黄州时过得好,暗无天日的日子总算看到了亮光。但苏轼是一个特别重视兄弟感情的人,他尤其受不了弟弟为自己的事受牵连。这一心情投射到景物上,就难免“阴森恐怖”了。

师:你很会运用手头资料,并且概括能力很强!

生:作者描绘阴森可怖、冷清凄厉的石钟山夜景,点位多样,动静结合,形声相继,十分逼真,让人产生身临其境之感,这主要为了烘托亲身探访的不易,为下文批评“士大夫终不肯以小舟夜泊绝壁之下”埋下伏笔。

师:你的语言表达能力很强,思维路径独特!不错。还有要说的吗?

生：这是作者结合彼时、彼境、彼心情进行相对真实的描写，这些可怕的景象使作者“心动”得想要返回——半夜里阴森的声音，实在恐怖得吓人。

师：你的这一回答，很是吻合东坡先生的性格特征。他虽是一个执着较真、不信他说、不迷权威的人，但他终究是一个凡人，且是一个不惯于半夜三更跋山涉水的文人。在漆黑的夜里，看到这些阴森的景象，听到这些可怖的声音，内心涌起害怕的感觉，甚至想要打退堂鼓，很是正常。

那么，之后，是什么让他又继续探险的呢？

生：是水声。“大声发于水上，噌吰如钟鼓不绝”，钟鼓声般的水声，激发了他继续考察的念头，让他觉得有机会找出石钟山得名的原因。

师：我们重点欣赏一下东坡笔下石钟山的水声。苏轼对石钟山的考察点，主要是声音。他对声音的定性，与郦道元和李渤的说法有相通之处，但是，他也做了反驳。那么，他是怎么反驳的？（播放 PPT 第 5 页）

生：郦道元以为，“下临深潭，微风鼓浪，水石相搏，声如洪钟”。

苏轼反驳，“今以钟磬置水中，虽大风浪不能鸣也，而况石乎”。

李渤记述，“得双石于潭上，扣而聆之，南声函胡，北音清越，桴止响腾，余韵徐歇”。

苏轼反驳，“石之铿然有声者，所在皆是也，而此独以钟名，何哉？”

师：你能向大家解释一下郦道元和李渤的观点吗？

（学生用自己的话翻译句子，教师要求全体学生各读原文和译文一遍，以体悟其意思和内涵）

师：你说得很到位。那么，苏轼在文中共写到了哪些声音？请大家来梳理一下。

生：苏轼写到的声音有山上栖鹘的“磔磔”声，鹳鹤“咳且笑于山谷”之声，如钟鼓噌吰不绝之“大声”，风水与山石孔穴相吞吐的“窾坎镗鞳之声”。

师：这些声音有什么特点？又有什么区别？

生：它们都是自然之音。但作者只将水声用人为的钟鼓声作比，因为——

师：水声给人的感觉，不似刚才石钟山上其他的声音一样阴森，对吧？

生：是的。苏东坡以自己独特的听觉，听出了水和山、水和石“相吞吐”的声音，并且，他觉得这些声音此起彼伏、彼此呼应，好像响起的乐声。

师：我们班的学生确实聪明，一点就通。为什么苏轼写水声时给人的感觉与刚才写山的形状时给人的感觉不一样？

生：我觉得苏轼当时在考察石钟山为什么叫“石钟山”，他听到风、水与石钟山的山石相冲撞后，发出的声音洪亮而有节奏，如无射和歌钟的钟响之声，由此推测这便是石钟山得名的原因。找到了石钟山得名的原因，苏轼自是高兴非常，就更加觉得这些不断叠加、此起彼伏的水声，像在奏乐一样，笔下的景象也不那么令人害怕了。

生：我觉得还有心境，苏轼本身是个乐观的人，他在遭遇贬谪的打击后，还能保有对自然的好奇心，半夜考察石钟山。“如乐作焉”还体现苏轼旷达自适的心境。

师：苏轼以欣赏的态度，去倾听这些声音，这就是他的情趣所在。他写“山音”，有生灵之音——栖鹘“磔磔云霄间”，鹳鹤叫声响于山谷；有自然之音——山石“与风水相吞吐，有窾坎镗鞳之声，与向之噌吰者相应，如乐作焉”。（播放 PPT 第 6 页）

任务二:关注考察点析理趣

师:请同学们结合预习,再次认真阅读苏轼的《石钟山记》,并泛读李渤的《辨石钟山记》、俞樾《春在堂随笔·石钟山》,完成表1,思考三人都探访了石钟山,在具体行为和写作目的等上有什么相同和不同。(播放 PPT 第 7、8 页)

表1

比较角度	《石钟山记》	《辨石钟山记》	《春在堂随笔·石钟山》
考察手法			
得出结论			
关注重点			
写作目的			

(学生阅读文章,填写表格。教师巡视)

师:下面我们逐一交流所填的内容。先来看一看三人三文中的相同点有哪些。请同学们四人小组组内讨论,然后,派代表来回答。

(生分组讨论,代表回答,老师请语文科代表总结)

生:我奉老师之命小结并适当修正以上三位同学的回答(笑)。

三人都对石钟山的命名原因产生了兴趣。

三人都有探究事物的兴趣爱好,并且为了验证前人之说是否可靠、是否有理,亲自前往验证。

三人均在一定程度上否定前人之说,而根据自己的判断树立新说。

三人均在文章中写到了当时的景色,并且根据自己当时的处境、心情、目的进行了适当的描写。(播放 PPT 第 9 页)

师:不愧是科代表,连回答都如此有套路(生笑)。下面我们根据表1,逐一讨论。

生:考察手法上,苏轼先是跟随寺僧前往,听小童持斧叩击,然后晚上自己乘小船在绝壁下夜听;李渤则是先寻访,找到双石后,再询问,最后再"扣而聆之";俞樾则亲自入山考察。

师:你觉得三种方法中,哪一种方法最好?为什么?

生:李渤的最好。因为他既从外围——别人那里初步了解了情况,又自己亲自去考察,两者结合,相对来说比较全面完整。

师:听了刚才这位同学的回答,老师还有一个疑惑想求得大家的解答,考察方法是李渤的最好,那么,命名原因的探究角度呢?谁最细致?

生:苏东坡的最细致。因为他"徐而察之",仔细聆听了水拍击山石的声音,并寻找声音的来源,进行描写,还将两种水声各形容为"噌吰者,周景王之无射也;窾坎镗鞳者,魏庄子之歌钟也",而"无射"和"歌钟"分别是两口大钟。

师:你也是一个细致的孩子。接着大家一起完成第二、三行——三人各得出了什么结论?各自的侧重点在哪里?

生：苏轼的结论是“有大石当中流……空中而多窍，与风水相吞吐，有窾坎镗鞳之声，与向之噌吰者相应，如乐作焉”；李渤的结论是“扣（双石）而聆之，南声函胡，北声清越”，“山仍石名”；俞樾认为“盖全山皆空，如钟覆地，故得钟名”。

师：你说得很有条理。那么，三人在石钟山得名原因的探究上，各自有什么关注重点？

生：苏轼着眼于不同地方发出的不同声音，李渤关注山石发出的声音，俞樾则聚焦洞内所见。

师：苏轼和李渤关注声音，俞樾关注山的形态。三人写作目的呢？

生：三人写作目的也不同。苏轼一方面纠正谬误，一方面还要告诫人们要相信“目见耳闻”，不可臆断，李渤和俞樾则主要纠正前人说法的谬误，介绍山得名的原因。

师：你的回答语言干练，且用词经过仔细思考，老师决定用你的答案了。（播放 PPT 第 10 页，展示表 2）

表 2

比较角度	《石钟山记》	《辨石钟山记》	《春在堂随笔·石钟山》
考察手法	先听小童持斧扣石，“硿硿焉”；后于月明之夜乘小舟于绝壁之下听	在访、询的前提下，“扣而聆之”	亲自入山考察
得出结论	风水与山石孔穴作用发出钟声一般的声响	“扣（双石）而聆之，南声函胡，北声清越”，“山仍石名”	“盖全山皆空，如钟覆地，故得钟名”
关注重点	着眼于不同地方发出的不同声音	关注石钟山发出的声音音质	聚焦洞内所见
写作目的	纠正错误，记述命名原因；说理：“事不目见耳闻，而臆断其有无，可乎？”	纠正错误，记述命名原因	纠正错误，记述命名原因

师：老师有个疑惑想征求大家意见，苏东坡说“事不目见耳闻，而臆断其有无，可乎？”是不是意味着“目见耳闻”就可信呢？（播放 PPT 第 11 页）

生：可以。

生：我不同意。其实，有时，眼见的未必为真。比如，颜回吃米饭一事，孔子觉得是偷吃，事实上颜回并没有偷吃。（教师继续播放 PPT 第 11 页）

根据一：孔子误会颜回偷吃米饭

孔子穷乎陈、蔡之间，藜羹不斟，七日不尝粒。昼寝。颜回索米，得而爨之，几熟。孔子望见颜回攫取其甑中而食之。选间，食熟，谒孔子而进食。孔子佯为不见之。孔子起曰：“今者梦见先君，食洁而后馈。”颜回对曰：“不可。向者煤炱入甑中，弃食不祥，回攫而饭之。”孔子曰：“所信者目也，而目犹不可信；所恃者心也，而心犹不足恃。弟子记之：知人固不易矣。”（《吕氏春秋·审分览·任数》）

生：还有美国人的一个实验，具体内容我忘记了。（学生略显不好意思，教师提醒，播放 PPT 第 12 页）

根据二：美国伊利诺伊大学的韦斯克博士用事实证明了"眼见"也出错。他进行过一项有趣的研究——给参加减肥夏令营的青少年，每人发一个杯子，用来倒橙汁喝。所发的杯子容量相等，却有高有矮，高的高度是矮的两倍。结果发现，青少年倒入矮杯子的橙汁量比倒入高杯子的量多出 76.4%，女生表现得更明显。更为有趣的是，他们竟还都以为自己倒入短杯子的饮料比倒入长杯子的要少。

师：可见，我们的眼睛也会发生偏差，眼见的，并不一定为真。除了耳闻目睹，还需要用心考察，只有在实践中认真研究过，才会得出相对正确的结论。

师：曾国藩也去过那里，他的日记中记述了这样一段经历。（播放 PPT 第 13 页）

傍晚，与雪琴（曾国藩属下，俞樾的亲家）棹小舟至石钟山下观石洞。绝壁之下有洞口，口外有昔人珍玉壁四（五）字。攀洞口而入，可数十丈，仍由东大石下出洞口，大石即东坡记中所称可坐百人者也。石钟者，山岩中空，其形如钟。东坡记叹李渤之陋，不知坡亦误也。上钟山之下，亦有深岩，余未及游。灯时归 。（《曾国藩全集・日记・咸丰九年八月》

（学生齐读，教师逐句解释）

师：曾国藩说"不知坡亦误"，他的说法和谁比较接近？

生（齐）：和俞樾接近。他们都认为石钟山全山中空，整座山就像一个盖在地上的钟一样。

师：李渤、苏轼认为石钟山因声得名，曾国藩、俞樾认为石钟山因形得名，那么他们到底谁说得对呢？我们一起来看课文第 83 页注释①。

生：啊！原来石钟山得名的原因，既在于钟之声，又在于钟之形啊。

师：如果让你也仿照苏轼写一篇《石钟山记》，你又能得出怎样的结论？

生：我觉得苏轼、李渤他们都没有在石钟山久待，寻访还不够全面。曾国藩、俞樾都听了在江西驻扎的彭雪琴的说法，待水落洞出之后，进入石钟山下的山洞进行寻访。所以我觉得，考察事物要全方面，综合多角度的考察结果。

师：全方位考察，结论才可靠。这很符合唯物辩证法原理。

师：这节课我们阅读了苏轼的《石钟山记》，并联读李渤的《辨石钟山记》、俞樾的《春在堂随笔・石钟山》，感受到苏轼不但将"情"放在考察之中，更是把"理"——"事不目见耳闻，而臆断其有无，可乎？"融于考察之中，这就超过了一般人的见识。当然，这跟作者的个性特征、学识经历、心情思想等有关。

师：（播放 PPT 第 14 页）课后请同学们完成以下任务——(1)阅读《钴鉧潭西小丘记》《始得西山宴游记》《游褒禅山记》《后赤壁赋》等经典作品，探究这些作品描绘的景象中所呈现出来的情趣美和理趣美；(2)设想假如那夜苏轼是和俞樾一起夜游石钟山，那么，将会发生什么事情？请你用对话的形式将它表述出来。200 字左右。

【教学反思】

我始终认为，评价教师的一堂课是否成功，是否激活了学生的思维，是很重要的考核标准。在本堂课里，我尝试从以下角度，开展教学活动，培养学生的比较、求同思维以及深度思维。

1. 横向比较

课前，要求学生在仔细阅读《石钟山记》并在基本读懂文意的基础上，联读李渤和俞樾有关石钟山的文章，整理出三篇文章记录的作者的考察手法、得出的结论、关注的重点。课堂上，引导学生比较、讨论三文的相同点。讨论的过程是热闹的，学生的思维在不同想法的交流中，最终投向如下四个方面：

三人都对石钟山的命名原因产生了兴趣。

三人都有探究事物的兴趣爱好，并且为了验证前人之说是否可靠、是否有理，亲自前往验证。

三人均在一定程度上否定前人之说，而根据自己的判断树立新说。

三人均在文章中写到了当时的景色，并且根据自己当时的处境、心情、目的进行了适当的描写。

这个环节主要培养比较、求同思维——让学生用自己的眼光阅读不同文本，从中比较出它们的共性。这种思维既让思维主体——学生学会了从不同文本中探求共性，又能激发他们的兴趣，引起学生的联想，触类旁通，广开思路，归纳总结，得出规律，懂得了如何从异中求同的规律。

2. 纵向深入

在任务二中，我引导学生比较《石钟山记》《辨石钟山记》《春在堂随笔 · 石钟山》三位作者的观察侧重点和写作意图，让学生发现三篇文章中只有《石钟山记》在记叙石钟山得名的原因之外，还带有说理“事不目见耳闻，而臆断其有无，可乎”的作用，并不断深入讨论这个道理是否合理，将学生的思维引向深入。

思维聚焦有益于培养学生的深度思维，能引导他们有序列、有目标地研读文本，在研读中思考，在思考中成长，在成长中学会既能宏观把握，又可微观切入的本领。

思维的类型众多，内涵深广，需要我们在平时的语文教学中有重点、有倾向性地培养。

骈句和散句:欣赏古文的骈散之美

执教 / 浙江省平湖市当湖高级中学　黄会兴

本课课件

【专题目标】

联读《陈情表》《种树郭橐驼传》和《项脊轩志》,通过文本细读、比较阅读、背景探察和交流研讨等活动,深化理解文章的思想感情,品味艺术效果,欣赏语言的整饬与错落之美。

【预习任务】

1. 熟读《陈情表》《项脊轩志》和《种树郭橐驼传》,体会骈散句对称与错落的节奏感,并圈画出整句。摘选自己喜欢的段落诵读品味。

2. 写下对摘选段落内容的理解和评点的文字,并关注语言形式和表现内容的关系。建议 100 字左右。

3. 思考文章的语言形式(句式)选择与哪些因素有关。

【教学实录】

(教师播放 PPT 第 1—3 页)

"臣欲奉诏奔驰,则刘病日笃;欲苟顺私情,则告诉不许:臣之进退,实为狼狈",运用对比突出李密进退两难的无奈,尽忠尽孝之情感人。

"但以刘日薄西山,气息奄奄,人命危浅,朝不虑夕",用比喻和夸张的手法淋漓尽致地写出祖母危在旦夕的情形和自己不愿离开的深情。

师:这是同学的初读体会,从修辞的角度对文言语段做了分析。那么,如果从语言(句式)的角度,我们如何品读呢?今天我们从"骈句和散句"的视角欣赏古文之美。(播放 PPT 第 4 页)

主题词:骈句和散句

骈句,对偶句。骈句指的是结构相似、内容相关、行文相邻、字数相等的两句话,跟对偶相似,只是不像对偶那样在音韵上有严格的要求。骈句也有工整和不工整之分,不工整的骈句在结构和字数上也可能不完全合乎要求。

散句,则相对于骈句而言。骈句以外的句子都是散句。

任务一:感受骈散句的音韵之美

师:请同学诵读《陈情表》和《项脊轩志》的第一段。用横线标出散句,感受文章骈散句的音韵美,并写下初读感受。

生:四字骈句增强语势,行文连贯紧凑,写出了作者的凄惨境遇,以情动人。对偶句"外无期功强近之亲,内无应门五尺之僮"强调"无"字,写出了自己举目无亲、形影相吊的困苦境地,生动形象,楚楚可怜,让读者为之动容。同时对偶句对仗工整,语言简洁凝练,读起来朗朗上口。

生:《陈情表》第一段用四字句将李密的出身背景交代得很详细。作为给皇帝的信,全文多处采用了排比、对偶的手法,语言练达,恰到好处地表达了内容。比如,"诏书切峻,责臣逋慢。郡县逼迫,催臣上道",渲染了紧张的气氛;"生当陨首,死当结草",表示作者报恩的诚意和忠心。

(教师播放 PPT 第 5 页)

汉定礼仪,则有四品:一曰章,二曰奏,三曰表,四曰议。章以谢恩,奏以按劾,表以陈请,议以执异……表者,标也。(《文心雕龙·章表》)

章以造阙,风矩应明;表以致策,骨采宜耀:循名课实,以文为本者也……表体多包,情伪屡迁,必雅义以扇其风,清文以驰其丽。(《文心雕龙·章表》)

师:"表"用于陈述请求,所谓"表",就是表明。"章""表"作为下呈上的公文,都以文采为基础。语言上应以雅正的意义增其风力,用清新的文辞显其华丽。这是文体使然。

生:《项脊轩志》第一段多用四字句,语言规整,清新活泼。第二段写了父辈分家,完整的庭院被分割得杂乱不堪,项脊轩不再是一个读书的幽雅所在了。又以老妪作为联结,围绕项脊轩,作者回忆母亲与祖母的事,抒发了自己怀念亲人的悲戚之情。

师:从句式角度看,何以"杂乱不堪"?为何说项脊轩是"读书的幽雅所在"?如何看出"悲戚"?

生:"借书满架,偃仰啸歌,冥然兀坐,万籁有声;而庭阶寂寂,小鸟时来啄食,人至不去。三五之夜,明月半墙,桂影斑驳,风移影动,珊珊可爱",大多是四字句连用,表现作者的欢喜之情,如欢呼雀跃的小鸟。同时,四字句也有《诗经》的遗风,显得很优雅。

师:在句式方面,《项脊轩志》的第一段和第二、四段有什么不同?各有什么效果?为什么作者这样处理呢?

生:《项脊轩志》第二段写了项脊轩的变迁、母亲和祖母的往事,用悲情贯穿叙事。先写了“诸父异爨”引起的庭院变化,反映家庭的败落,接着回忆母亲和祖母的往事,由环境变迁转入写人的变迁。回忆中隐含着作者对家庭变迁的悲叹,对亲人的深切怀念,对自己怀才不遇辜负祖母期望的深深愧疚。所以,选择的句式不如第一段那样整齐,而是零碎甚至凌乱的散句。第一、二段在整散句对比上非常明显。

师:“然余居于此,多可喜,亦多可悲”句是重要转折,是全文情感的枢纽,也是句式转换的枢纽。情感决定文章的整散骈偶,决定句式的长短,决定行文节奏的变化。看下文——(播放 PPT 第 6 页)

先妣:余泣。
大母:长号不自禁。
吾妻:室坏不修。其后二年,余久卧病无聊,乃使复葺南阁子。

师:情感和语言同步,二者在节制与失控之间滑动。第二段由节制到近乎失控,经过第三段的调整,第四段中四字整句又增多。情感又转为节制,但这是时间沉淀(五六年时间)后的成熟和内敛,余味反而无穷,特别是结尾句的长句和散句的运用使得全文含蓄蕴藉。

任务二:理解内容与语言的关系

师:《陈情表》是李密写给晋武帝的一份公文,也是我国古代散文中的一篇“奇文”。有人说它字字生情,句句含情。《陈情表》陈述的是什么情?目的何在?

生:陈述了自己的亲情、孝情、忠情。本文以情感人,目的是让晋武帝答应他的要求,可以辞不就职,照顾祖母。

生:《陈情表》第五段,李密情真意切,语气卑微。作者想要照顾年老多病、孤苦无依的祖母而推辞官职,所以采取上表的形式,态度诚恳,措辞谦恭,内容真实感人。第五段中,李密以自己所剩时间与祖母所剩时间相比,表示祖母时日无多,而自己还有大把时间侍奉皇上,忠心可鉴。以此来达到上表的目的。

师:我们以第二段为例,从骈句和散句结合的角度欣赏《陈情表》是如何含“情”的。

第二段句式工整,对仗严谨,言辞恳切,不厌其烦。《古文观止》评点说,“连用察臣、举臣、除臣、责臣、催臣,文法错落……又连用况臣、且臣、今臣、是臣,文法更圆转”。如此不避重复,惴惴不安,一再表白并非顾惜名节、留恋旧朝的隐衷,用心可谓良苦。

“逮奉圣朝,沐浴清化。前太守臣逵察臣孝廉,后刺史臣荣举臣秀才”“诏书切峻,责臣逋慢;郡县逼迫,催臣上道;州司临门,急于星火”“欲奉诏奔驰,则刘病日笃;欲苟顺私情,则告诉不许”为骈句,给人以紧迫感、压迫感。

“猥以微贱,当侍东宫,非臣陨首所能上报”等句骈句中有散句,语气稍微缓和一点。

“臣以供养无主,辞不赴命”“臣具以表闻,辞不就职”“臣之进退,实为狼狈”与各自前文比照可算为散句,起到总结和舒缓语气的作用。

全段张弛起落,极写作者狼狈为难之态,用词尽显忠情,为后文提出诉求张本。

生:“臣无祖母,无以至今日;祖母无臣,无以终余年”这句结构相似,内容相关,行为相连,字数相等,是典型的骈句。作者将自己想要效忠皇帝之心与现实无奈进行对比联系,更加突出他对祖母的孝心,以及希望能够赡养祖母的愿望。运用对仗工整的对偶句式,语气显得铿锵有力,语意简洁凝练,读来朗朗上口。文章的感情让人倍感亲切,更具说服力。

师:而且句式紧凑回环,无可辩驳。(播放 PPT 第 7 页)

李密(224—287),原在西蜀任职,入晋之后,武帝征为太子洗马,他以奉养祖母为由,婉言辞谢。既不愿人讥其不孝,又惧怕皇帝责其不忠,故措辞极谨慎。其中形容祖孙相依为命情状最为真切。据说晋武帝读后为之感动,特赐奴仆二人侍奉其祖母。

任务三:分析文体与语言的关系

师:我们发现,不同文体功能不同,文学性也不同。(播放 PPT 第 8 页)

“表”是上下级的公文,语言要严肃、坦诚、简约,文学性不是它的第一目的,但对于表达效果来说,仍十分重要。

“志”更偏于“记”,兼具文学性和实用性,更具个人情味和故事性。“志”与“表”比较,“志”更便于个人情感的抒发和个性的凸显,所以语言在整饬中更加自由活泼。

“传”本属于历史范畴。《种树郭橐驼传》一文也是借题发挥,针砭时弊,意味隽永。

师:在《陈情表》《项脊轩志》《种树郭橐驼传》中选择喜欢的一篇,从体裁和语言的角度说说它们是如何表情达意的。

生:我选《项脊轩志》第二段。这一段运用了很多问句,写出“我”在轩中时,祖母与母亲对“我”的关爱和对“我”的期望。点明了“我”在轩中的可喜之处——亲情。也通过侧面描写,写出了“我”的母亲是非常善良且尊重他人的,表达了“我”对于祖母、母亲的怀念,要谨遵教诲。

师:这些短句与散句显得情真意切。

生:最后一段“庭有枇杷树,吾妻死之年所手植也,今已亭亭如盖矣”,这一句仿佛只是淡淡地陈述事情,没有“悲伤”一类的文字,但悲伤眷恋之情溢于言表。此时无声胜有声。这一极具诗情画意的抒情镜头,由内而发,比直接写思念更来得委婉深沉。

师:这些长句与散句读来含蓄隽永。

师:《种树郭橐驼传》采用人物传记的写法,按理一般不考虑使用骈偶句,语言简洁、准确即可。然而该文也有如“凡植木之性,其本欲舒,其培欲平,其土欲故,其筑欲密”“其莳也若子,其置也若弃”这样很多的整句。为什么?

生:老师,我觉得《种树郭橐驼传》表面是人物传记,但是读起来更像是寓言故事,甚至有读孟子《齐桓晋文之事》的感觉。

师:对的,你的语感很好,而且勾连了高一所学。这段语言上确实体现了雄辩之风,甚至整齐的骈偶句不像出自一个农人之口,其实际是作者是借助郭橐驼之口抒发自己的感想,语势因理直而气壮。其“移之官理”一节体现了“文章合为时而著”的写作主张。该段句式又刻意以散句为主，描摹情态，绘声绘色，如“旦暮吏来而呼曰”。句式多变，整散结合，肯定句、否定句、陈述句、疑问句兼有，无论叙述还是对话都极富生活气息，又讽谏意味十足。

任务四：总结——探寻作品语言选择的依据

师：《陈情表》《种树郭橐驼传》《项脊轩志》这几篇文章为什么选择这样的语言形式？我们可以从“写作本身”与“写作本源”两方面来探究。“写作本身”即就文章本身而言，包括文本内容、文本体裁、章法技巧以及语言组织等呈现方面的东西；而“写作本源”是就作者而言，主要指写作意图、个人经历、个性特征、审美追求以及所受文风理念的影响等。

课后可以整理完成表格（播放 PPT 第 9 页。表 1 内容仅供参考）。

表 1

角度	《陈情表》	《种树郭橐驼传》	《项脊轩志》
写作内容	祖孙相依为命，作者面对出仕做官的要求左右为难	借助种树人郭橐驼的事迹来讲育人、治国	记述和项脊轩（或自己生命）有关的几个女子
文章体式	表，向帝王上书陈情言事	传，记载人物事迹，文学范围的传多用形象化方法	志，记事，多为散文
语言形式	骈体为主	散句为主	骈散结合
写作目的	请晋武帝答应他的要求，暂不出仕	以树喻人，讲述了种树育人、治国养民的道理	记述逝去的亲人，缅怀过去，表达内心凄苦和留恋之情
人生经历	原在西蜀任职，入晋之后武帝征为太子洗马，他诚惶诚恐婉言辞谢	唐宋八大家之一。二十一岁时进士及第。因革新被贬永州，后调任柳州	号项脊生，三十三岁中举人之后参加会试，八次落第，遂徙居嘉定，读书谈道，学徒众多
文学个性	不愿人讥其不孝，又惧怕皇帝责其不忠，故措辞谨慎。与嵇康之辞官迥异	骈文近百篇；散文论说性强，笔锋犀利，讽刺辛辣；游记写景状物，多所寄托	主张“变秦汉为欧曾”，属文时应“出于意之所诚，……非特求绘藻之工为文章”
审美理念	魏晋骈文是时尚，重视音律辞藻。奏章、议序多华美尚雕饰	柳氏倡导古文运动，主张“文以明道”，反对形式主义，倡导“不平则鸣”	归有光是唐宋派作家，提倡重道的同时，特别重视文学的抒情作用

师：三篇文章都将文体规范和语言张力发挥得淋漓尽致，体现古汉语整散有度、疏密相间、浓淡相宜的中和适用之美。

【教学反思】

教学专题方面，本课时的任务设为“比较与鉴赏”。古代散文语句参差，常常骈散句结合，具有古汉语音韵和谐、整散错落之美。我们诵读《陈情表》《种树郭橐驼传》和《项脊轩志》，在对比中体会，在联系中思考这些文章的语言特征，鉴赏句式之美。

本课以“骈句与散句”这一语言形式为教学抓手，通过诵读涵泳、文本细读、比较阅读、背景探察和交流研讨等活动，引导学生深化理解文章的思想感情，品味艺术效果，欣赏语言的整饬与错落之美。在积累与探究、感悟与思考、搜集与探察等活动中建构古代散文欣赏知识体系和能力体系。

实施策略方面，本课由学生预习的原初状态进入，通过聚焦“骈句与散句”来学习文言散文的语言，把握文意，欣赏文采。本课的“骈句”是指广义的“骈句”。任务一“感受骈散句的音韵之美”，通过诵读和比较，引导学生尝试欣赏散文语言之妙。其中比较又有不同篇目的比较，如《陈情表》与《项脊轩志》比较，还有一篇内部的比较，如《项脊轩志》的第一段与第二、四段的比较。由初读到探究，任务二“理解内容与语言的关系”侧重从内容的角度探究表里关系，以及不同内容和语言形式的匹配效果。任务三“分析文体与语言的关系”则侧重从文体形式的角度，引导学生理解语言的选择问题。当然，语言（本课时主要是骈句与散句的句式层面）的选择和锤炼不只上述两个方面，但无疑这两方面是重要的。因此，在任务四总结拓展环节——“探寻作品语言选择的依据”部分，试着引入其他一些影响语言形式的要素，在课上或课后让学生去梳理、探索和完善。

设计理路方面，散文的语言与内容、思想以及作者个人体验是密不可分的。但教学需要找到一个切口。“心生而言立，言立而文明。”学习本单元，要在语言建构的过程中去体悟不同时代、不同作者、不同散文文体的不同魅力；感受中华民族几千年文化的博大精深；理解优美的文章背后作者的思维脉络和审美意趣。这些作者都非常有个性，有气质，而且往往在文学流派或创作主张方面独领风骚，如田园诗开山鼻祖陶渊明、倡导古文运动的柳宗元、唐宋派旗手归有光等，他们往往代表着当时文学创作的审美倾向，而又影响深远。他们的经历往往是时代大势的最好折射。所以，学好文言散文，既要知人论世，还要知人论“理”。这个“理”就是“文论”，是当时的美学追求。

经验回顾方面，本课得以实施要以学生疏通文意，落实文言知识为前提。特别需要学生熟练而准确的诵读，甚至背诵。通过“读与听”感受节奏变化和音韵之美。本课限于篇幅，这一部分从略。此外，课外的预习和相关文体知识、作家常识、相关文论等信息的搜集也需要落实。根据班级情况还可增加更丰富的探究研讨活动。

修辞立其诚:我的职业选择

执教 / 浙江临海市回浦中学　张永飞

本课课件

【专题目标】

研习本单元选文,进一步领悟“修辞立其诚”的观念。以“我的职业选择”为话题,分析个人的兴趣爱好,理性思考“七选三”选科与未来职业规划,然后以给友人写一封信的方式,体现“修辞立其诚”的写作要求,做到以情动人,以理服人。

【预习任务】

1. 阅读《说真话,抒真情》,理解“修辞立其诚”含义。

提炼观点:张岱年在《修辞立其诚》一文中指出,“立其诚”包括三层含义。一是名实一致,二是言行一致,三是表里一致。学说、言论、文章,都有一个诚伪问题。

“修辞立其诚”,从写作要求看,是指语言表达既要有文采,更应当求“真”,说真话,抒真情。有真诚的态度和情感,文章的技巧文采才有价值。

2. 结合本单元的经典作品,说说“修辞立其诚”的具体体现。

要点提示:李密《陈情表》陈说的窘迫境况,归有光《项脊轩志》中刻骨铭心的亲情、爱情记忆,陶渊明《归去来兮辞》对自由生活的向往等,无不是真情实录,经历千百年,人们仍然能感受到作者的真诚。

白居易曾言:“感人心者,莫先乎情,莫始乎言,莫切乎声,莫深乎义。”写作的“真”与“诚”,意味着坦诚地吐露自己的心声,真实地记述自己的所思所感。写作的“真”与“诚”,需要端正对写作的态度。当然,抒发真情,说真话,也要讲究方式方法。

3. 采访从事某项职业的对象,深入了解该项职业的特征及要求。

【教学实录】

师:同学们好!今天这节课跟大家一起交流一个话题,希望大家能够积极主动地发言,能不能做到?

生(大声):能。

师:(播放 PPT 第 1 页)当你看到“修辞立其诚:我的职业选择”这一题目时,你有什么想法?

生:这是关于职业选择方面的话题。

师:还有呢?

生:其他的不知道。

师:什么叫“修辞立其诚”呢?

(学生疑惑不解)

师:我们可以先从文言文的字面意思来理解这句话。

生:“修辞”就是说话表达的意思,“立”使动用法吧,“立其诚”就是要体现他的诚心、诚意。

师:很好。“修辞立其诚”源自《易乾文言》,“子曰:君子进德修业。忠信,所以进德也;修辞立其诚,所以居业也”。可见,“修辞立其诚”的本义是建立言辞以表现自己的美好品德,后来形容说话写文章应表现出作者的真实意图。古人说,“言为心声”。真诚是写文章的根本,做人亦如此。

师:本单元有哪些课文具体体现了这一思想呢?

生:李密在《陈情表》一文中,陈述了自己的亲情、孝情、忠情,说明自己与祖母相依为命的特殊感情,感谢朝廷的知遇之恩,又倾诉自己不能从命的苦衷,情真意切,最终打动了晋武帝。

生:归有光在《项脊轩志》一文中,通过日常生活细节描写,将亲人们的音容笑貌一一描绘了出来,让人读出了温情,也感受到了作者内心的悲愁,这种感情是真实而丰富的。

师:今天这节课,我们就是以“我的职业选择”为话题,体现“修辞立其诚”的写作追求。(播放 PPT 第 2 页)

写作任务

高中时代,我们会面临重要的选择,比如选择什么高考科目、未来从事什么职业等。给友人写一封信,谈谈自己的选择及理由。要求说真话,抒真情,以理服人,以情动人。

师:面对这样一个写作任务,你准备怎么写呢?请谈谈初步计划。

生:我对政治、历史有非常大的兴趣,有了这两门学科,不选地理有点说不过去。(学生笑)我以后想从事法律行业方面的工作。

师:你根据自己的学科兴趣爱好来选择,很不错。今后想当律师,选择政史地学科是合适的。

生:我有两个选择,一个是地理、技术、生物,另一个是地理、技术、历史。对于未来从事的职业,我一开始选择的是学前教育,但听说幼儿园老师的工资比较低,所以我犹豫了。(学生笑)

师:工资的高低跟你的学历、职称等相关,选择令人尊敬而体面的职业,也是我们的考虑范围之一。

生:我选物理、化学、技术,因为学不好政治,文科太差了,所以只能选这三门。然后从事什么职业的话,先要考虑的是“大学,我能考上吗?”

师:大学,肯定能考上。关键是你想要考哪一层次的大学?如果你考上大学之后,有没有感兴趣的专业呢?

生:化工专业。

师:刚才的三位同学对自己未来的职业以及“七选三”科目还是有比较清晰的认知。

那么,我想有没有在选科的过程中感到困惑或者犹豫的同学呢? 有没有想过跟你的哪位好友吐露自己的心声? 有没有对今后的职业规划有过理性的分析呢?

每一次选择都是我们人生的机会,选择正确的道路可能比努力更重要。

任务一:职业规划

(教师播放 PPT 第 3 页)

“我的人生我做主”

我喜欢________的工作。选择一个你未来最想从事的职业,并简要说明理由。

生:我喜欢语言类、文学类的工作。今后希望从事播音主持这样的职业,因为播音主持可以更充分地表达我对语言、文学的感受,我也喜欢从听众的角度听到他们对我的肯定和鼓励,有一种成就感。

生:我喜欢教师这一职业,因为可以被学生喜欢,也可以帮助别人;可以通过阅读充实自己,也可以通过教育感化别人,“十年树木,百年树人”,有一种职业的幸福感。

生:我喜欢游戏策划。反正现在游戏没什么好玩的了,策划开发有点意思的游戏,也算是一个比较开心的职业。

生:我喜欢从事历史、传统文化方面的研究工作。因为我对历史很感兴趣,比如,平时读语文的时候涉及历史故事,我就会探究一番,非常有趣味。历史文化挖掘方面,是我今后学习的方向。

生:我喜欢体育类的工作。我平常就非常喜欢打篮球什么的,运动让人快乐,然后今后就想研究体育方面的工作,当体育老师也是不错的。

生:我喜欢文学写作。平时喜欢读书,头脑中有时会有一些灵感,我就会把它写下来,平时的一些不如意我都用文字记录下来。写作可以丰富心灵世界。

生:我希望将来从事医生这个职业。因为我是一个体弱多病的女孩,希望通过学医治愈自己。而且我最挚爱的外婆就是因患肺癌而离世,我要做悬壶济世的神医。

师:从刚才同学们的发言中,我们知道每位同学都有自己未来最想从事的职业。

那么,你是否合适从事这一职业呢? 还需要对自我进行一番科学测试。

任务二:自我认知

(教师播放 PPT 第 4、5 页)

我是一个怎样的人?

从自己的性格气质开始,探索一下自己的性格与自己所感兴趣的职业的匹配度。

参考霍兰德职业兴趣测试，确定自己属于哪一种类型？

R实际型；I研究型；A艺术型；S社会型；E企业型；C常规型

师：由于课堂时间有限，同学们可以在课余进行霍兰德职业兴趣测试，以便对自我认知有一个更精准的定位。

任务三：学科选择

师：接下去第三个问题也是核心的问题，了解了自己的兴趣爱好，知道自己未来的方向，那么该如何进行“七选三”科目的选择呢？（播放PPT第6、7页）

我的学科兴趣探究

根据10道题目统计自己对“七选三”兴趣排序。（符合＋1分，一般0分，不符合－1分）

(1) 我很喜欢这门学科。

(2) 我喜欢这门学科相关的研究行为。

(3) 我在这门学科上所花费的时间和精力较多。

(4) 我对这门学科很重视。

(5) 我喜欢阅读课本中老师尚未讲到的内容。

(6) 我喜欢了解这门学科在现实中的应用。

(7) 课堂上，我总是积极主动地思考老师提出的问题。

(8) 我希望老师将某些问题讲得更深一些。

(9) 我经常在课后与同学探讨这门学科的问题。

(10) 我经常阅读这门学科方面的课外书籍。

生：我对“七选三”科目的兴趣排序为地理6分，物理3分，化学0分，生物等学科负分。我对地理学科比较感兴趣，未来想从事地理研究方面的工作。

生：我对“七选三”科目的兴趣排序为物理6分，生物5分，历史5分。其实我是挺想学文科的，但是不知道为什么高中我的文科就一直考不好。理科比较讲逻辑，讲究事物内在的道理，这跟我今后可能从事的职业有关系，所以就首选物理、生物这两门学科。

生：我对“七选三”科目的兴趣排序为生物6分，历史5分，化学2分，物理等学科负分。理科重要但我不怎么会学，文科简单我能考出高分。

师：同学们对“七选三”的选择最主要是根据自己的学科兴趣来确定，这固然没错。但是还要考虑选科与大学的专业、今后从事的职业之间的匹配度，尤其是大学专业对物理、化学两门学科“捆绑”的要求。（播放PPT第8页）大家不要惧怕物理、化学的“捆绑”，也不要担心其他偏文科的组合类型。根据自己选考科目的成绩层次，选择合适的选考科目，增加优势学科，让总分最大化。

师：当然，同学们选择职业主要还是站在个人立场，希望将来从事有尊严、有体面的、待遇高的职业，这本无可厚非。但是，也有年轻人对未来职业的选择不只是这样考虑的，请看马克思在他 17 岁毕业论文《青年在选择职业时的考虑》中说的几段话。（播放 PPT 第 9、10 页）

拓展延伸 1——马克思《青年在选择职业时的考虑》

在选择职业时，我们应该遵循的主要指针是人类的幸福和我们自身的完美。不应认为，这两种利益是敌对的，互相冲突的，一种利益必须消灭另一种的；人类的天性本来就是这样的：人们只有为同时代人的完美、为他们的幸福而工作，才能使自己也达到完美。如果一个人只为自己劳动，他也许能够成为著名的学者、大哲人、卓越诗人，然而他永远不能成为完美无疵的伟大人物。……

如果我们选择了最能为人类福利而劳动的职业，那么，重担就不能把我们压倒，因为这是为大家而献身……我们的幸福将属于千百万人，……面对我们的骨灰，高尚的人们将洒下热泪。

师：从上述的三段话里面，大家能够体会到什么？

生：我觉得选择职业不仅仅要考虑自己个人，还要考虑你所从事的职业是否可以给他人带来幸福快乐。

生：我的体会是选择职业遵循人类的幸福和个人的价值的“双赢”，让人生变得更有意义。

生：选择职业要考虑个人的价值与社会的责任结合，让人生更有意义和价值。

师：下面提供两则材料，请同学们结合自己的想法，完善你对未来职业的规划。（播放 PPT 第 11、12 页）

拓展延伸 2

（一）

在一档节目中，“清华男神”梁植称自己来自清华，拥有法律、金融、新闻传播等专业的名校学历，但现在为毕业以后做什么工作而困惑，希望导师给些建议。在现场，著名音乐人、清华校友高晓松对他说，清华培养的学生，应该拥有胸怀天下的远大理想，而不仅仅是去谋求一个职业。

（二）

著名艺人、清华校友高晓松说：“清华大学培养的学生，应该拥有国之重器、胸怀天下的远大理想，而不仅仅去谋求一个职业，否则和蓝翔技校有什么区别呢？”

蓝翔技校校长荣兰祥说：“咱们蓝翔技校就是实打实地学本领，不玩虚的，你学挖掘机就把地挖好，学厨师就把菜做好，学裁缝就把衣服做好，如不踏踏实实学本事，那跟清华、北大有什么区别呢？”

师：选择未来职业，既要有胸怀天下的远大理想，又要有脚踏实地的职业操守。

今天这节课，我们一起探讨“我的职业选择”，更加理性地认识自我，更加科学地选择学科以及未来大学的专业，希望每位同学真诚地给友人写一封信，谈谈自己的选择及理由。说真话，抒真情，以理服人，以情动人。谢谢。（播放 PPT 第 13 页）

（附学生习作）

辞清：

久不通函，至以为念。

偶然想起曾与你讨论未来，最近也受其困惑。或许，我们应该先想清楚职业是什么？职业即个人所从事的服务于社会并从中获取主要生活来源的工作。“服务于社会”与“主要生活来源”告诉我们，未来所从事的职业要对社会有贡献，并且有精神、物质等对生活的点缀。那么，好职业也具有通性了。

我喜爱语文和历史，这是你所知道的。

父母倒是很早跟我商量过，他们自然是希望我将来当老师的。其实，从小到大，希望我从事教育行业的人并不少，他们也常打趣道：“喜欢小孩子的神情是藏不住的。”因此，我慎重地考虑过教师这一职业，不过，我还是将其放在了第二位选择。

其一，我一直对老师怀有“神圣的敬意”，那是极具迷人的，能带领着懵懂的儿童走向成熟，这过程多么浪漫和有趣！

其二，我是个内向腼腆的女孩，和孩子相处就像与内心长不大的天真交流，我并不希望终被岁月磨平了棱角，我想保留心底那一小捧的稚气，在疲惫时安慰自己。

但是，结合自身的兴趣爱好，我更希望从事文史哲领域的职业。我喜欢钻研博大精深的传统文化，尤其偏爱服饰、风俗习惯等折射出的传统文化的魅力。比如诗词中体现的文化之美，文字与历史的交融，人间烟火气由此产生了，这是一种意想不到的火花碰撞。我知道大学中有汉语言文学、历史学、考古学等专业能满足我的深造需求，高中阶段历史、地理等学科也与之对应。

倒也幸运的是，我想从事的职业都是我喜欢的，那便不能让世俗淹没了生活的浪漫和热情。

祝：

幸福与热爱！

九××

【教学反思】

《修辞立其诚：我的职业选择》是统编教材选择性必修下册第三单元学习任务中的写作专题，编者设计这一专题，主要是该专题的课文都是基于“修辞立其诚”，比如，张岱年的《修辞立其诚》、李密的《陈情表》、归有光的《项脊轩志》、陶渊明的《归去来兮辞并序》，这些经典之作都是“修辞立其诚”的代表。抒真情，说真话，真实地记述自己的所思所感，正是经典永流传的原因。但是，如果从我的职业选择来看，这一专题的写作还是放在高一年级为佳，因为他们正面临着“七选三”科目以及人生规划的启蒙阶段。本节课的教学实录正是针对高一学生开设而形成的。

1. 紧扣学情，注重迁移

新课标指出，学生是语文学习的主体，语文教学应在师生平等对话的过程中进行。本节课基于学情，师生对话，非常和谐。课堂上，以写信的方式，激发学生的写作欲望，关注“七选三”，帮助学生树立个人规划与社会需要相结合的远大志向。当教师呈现课题《修辞立其诚：我的职业选择》时，显然学生对“修辞立其诚”的含义不甚理解，于是教师从《周易·乾卦》中“修辞立其诚”的本义出发，引导学生思考“写作与做人”的关系，从而明确了本节课的写作训练重点：写真话，抒真情。上“我的职业选择”这节课，恰恰是高一同学面临的“七选三”难以抉择的时候，也是面对自己将来从事的职业迷惘的时候，每位学生都有话可说，教师需适时引导、对话。这节课切合当前高一学生的学情。此外，写作是一种能力的提升，也是思想的淬炼。学生通过给友人写一封信，谈自己“七选三”科目的选择及理由，将感性认知上升到理性思考，并实现写作能力的迁移与运用。崔允漷教授认为，素养导向的教学要求把学生要学的知识与真实生活建立关联，只有经历了知识或技能的运用或应用，这样的学习才是深度的。可以说，只有当学生成为生活真实情境下的言语实践者，才能实现在自主实践的过程中建构知识，展示成果，内化学科核心素养。

2. 创设情境，任务驱动

真实、富有意义的语文实践活动情境是学生语文学科核心素养形成、发展和表现的载体。要改变传统课堂的“讲授式”“问答式”教学模式，必须学会创设情境，设计学习任务。比如，本节课创设的情境任务为高中阶段的学生面临“七选三”科目的抉择以及人生规划。在这一情境任务的驱动下，学生纷纷发表自己感性的看法。之后，“我的人生我做主，我未来最想从事什么职业？请说说你的理由”也是一种对自我认知的任务驱动。在教师的引导下，学生慢慢地对自己想从事的职业，有更深入的理性思考。

教师设计任务的目的是将传统教学中以教师的“教”为主体的模式转变为以学生的“学”为主体的模式，真正做到“以学生为中心”。创设情境可以促使学生情感活动与认知活动在情境中融为一体，对调动学生的思维积极性和情感投入、落实主体性大有促进作用。

3. 提供支架，提升思维

语文新课标把思维品质作为语文核心素养的重要内容，特别强调语文教学中培养学生的思维品质，而思维品质的培养往往离不开写作支架的帮助。叶黎明教授认为，写作支架是整合、嵌入写作知识和技巧的显性的学习支持系统，是在学生的现有水平与潜在发展水平之间搭建的“脚手架”，有提示、建议、触发、指导写作的功能，帮助学生完成自己无法独立完成的写作任务。当学生对“七选三”科目选择以及人生规划缺乏深度认知时，教师提供了霍兰德职业兴趣测试 SDS 以及学科兴趣测量数据等写作支架。霍兰德职业兴趣测试可以帮助学生理性地认识自己的兴趣与所感兴趣职业的匹配度，学科兴趣测量数据可以帮助学生客观地分析自己对“七选三”科目的兴趣排名。当学生选择职业只考虑个人利益时，教师提供马克思《青年在选择职业时的考虑》中的观点句，让伟人的职业选择提升学生对个体与家国关系的认知，帮助学生树立远大志向。总之，写作支架能够在学生的现有水平与潜在发展水平之间搭建“脚手架”，可以帮助学生让自己的思维更具体，更全面，更客观，从而提高学生的思维能力和表达能力。

理解与传承:传统文化的当代价值讨论会

执教/宁海县正学中学　严丹萍

本课课件

【专题目标】

联读《陈情表》《项脊轩志》《兰亭集序》《归去来兮辞并序》《种树郭橐驼传》及《石钟山记》六篇文章,挖掘其中蕴涵的深厚的传统文化内涵并予以归纳、拓展,以讨论会的形式探讨优秀传统文化观念在当代社会的价值,从而增进对传统文化的理解与传承。

【预习任务】

1. 通过课堂精读和课后自读,学生能熟练疏通第三单元的文言字词,初步了解单篇文言散文的思想情感及其承载的文化观念。

2. 将六篇文章分成三组,《陈情表》《项脊轩志》为一组,《兰亭集序》《归去来兮辞并序》为一组,《种树郭橐驼传》《石钟山记》又一组。学生也分成三组,各选择一组文章。

3. 利用一周时间从三个层面完成以下任务:

一是文本解读,挖掘提炼文中蕴涵的传统文化内涵,每组根据分配篇目在孝悌与仁爱、自然与自我、规律与真相这三大主题中选择对应角度进行解读。

二是拓展提升,利用互联网与图书馆资源,搜索与解读角度相关的文化理念,并由点及面地进行介绍。

三是联系当代,结合社会现实去探究该传统文化理念对当代社会的价值和意义。

4. 各组通力合作,收集资料,撰写400字左右的读书报告,并制作成PPT。每组选定一名代表做好发言准备。

【教学实录】

师:在我们生活中,大家知道哪些传统文化?(播放PPT第1页)

生:春节、元宵节、端午节、中秋节等各种传统节日和习俗。

生:京剧、书法、篆刻、国画、对联……

生:前童的灯会、十里红妆的婚俗、宁海的耍牙,还有霞客饼。(全班笑)

师：是的，传统文化无处不在。余秋雨先生曾给文化下了个简短的定义，“文化是一种成为习惯的精神价值和生活方式”。（播放 PPT 第 2 页）例如，儒家伦理、诗词歌赋等主要属于精神价值，八大菜系、中医中药等属于生活方式。那么，传统文化在我们今天具有什么价值和意义呢？今天，我们一起来探讨这个话题。

环节一：活动热身“你比我猜”

师：小小的成语蕴涵着浓缩的文化。下面我们请两组同学上台表演“你比我猜”，在规定时间内看看哪一组猜得多。（播放 PPT 第 3 页）

（两人一组，自由组合，分别进行。主持人背对猜题者向在座同学出示事先准备好的成语，如日薄西山、形影相吊、珊珊可爱、崇山峻岭等，一名同学用肢体动作表演指定成语，另一位同学根据对方的表演猜成语，在 2 分钟内猜中成语个数最多组获胜）

（学生个个跃跃欲试，场面很是热闹，其中一组连续猜出 5 个，获得小礼品）

环节二：讨论主题一“孝悌与仁爱”

师：第三单元我们学习了六篇经典的文言散文，接下去我们一起来探讨“孝悌与仁爱”“自然与自我”“规律与真相”这三大主题。（播放 PPT 第 4 页）先邀请第一组代表上台就“孝悌与仁爱”这一主题来探讨其当代价值。

生（第一组）：我们组以《陈情表》《项脊轩志》为例，探讨传统文化中孝悌与仁爱的当代价值。（播放 PPT 第 5—7 页）

【文章解读】读《陈情表》不堕泪者，其人必不孝。这篇文章最打动人的就是李密与祖母相依为命，不忍弃离，愿为祖母“辞不就职”的孝道，最后连晋武帝都被感动了。归有光的《项脊轩志》借助细屑之物来表达深情。“以指叩门扉”的母亲、持象笏寄厚望的祖母、温婉细腻的妻子，都让作者深深地怀念。不管是以孝感人的李密，还是睹物思人的归有光，都让我们深切感受到他们与至亲之间血肉相连的深情厚谊，正如孔子所说，“孝弟也者，其为仁之本与”（《论语·学而》）。

【拓展提升】“弟子，入则孝，出则弟，谨而信，泛爱众而亲仁。”（《论语·学而》）传统文化非常重视以家庭为单位的长幼之序，并且推而广之。“老吾老，以及人之老；幼吾幼，以及人之幼”（《孟子·梁惠王上》），儒家的伦理道德不仅仅是教人爱亲人，更是教仁者爱天下的人。传统文化中的“仁者爱人”是一种以人为本的思想，在血缘关系上表现为“孝悌”，在人际关系上表现为“忠恕”。“子钓而不纲，弋不射宿”（《论语·述而》），在孔子的以身作则下，更是由爱人拓展到人与自然的和谐共处。

【联系当代】当下许多年轻人的“啃老”现象十分普遍，人与人之间存在着严重的信任危机，人对自然不顾后果的改造最终又遭到自然的反噬。这都与传统文化中“仁者爱人”的思想背道而驰，这怎能不让人重新审视传统孝悌观、仁爱观在今天的价值呢？

（第一组代表陈词完毕，引发学生们的热烈讨论）

生：第一组同学紧紧围绕“孝悌”“仁爱”来解读这两篇文章，观点非常集中。

生：但是孝也要避免“愚孝”，爱也不能“滥爱”。（部分学生鼓掌）

生：我原以为这两篇文章仅仅让我们看到亲情之爱，没想到还能由此延伸到爱天下所有的人……

生（抢答）：还爱大自然，天人合一。（全班笑）

师：是的，第一组同学的境界确实不一般。看来“仁爱”的最高境界，即万物一体的宇宙博爱精神，这正是医治现代社会“人与人”“人与自然”关系危机的一剂良药。

环节三：讨论主题二“自然与自我”

师：第一组同学告诉我们要与自然和谐共处，那第二组代表会如何解读“自然与自我”的关系呢？

生（第二组）：我们组以《兰亭集序》《归去来兮辞》为例，探讨传统文化中自然与自我的关系。（播放 PPT 第 8—10 页）

【文章解读】王羲之在《兰亭集序》中，坦然承认生命的脆弱和短暂，“修短随化，终期于尽”，同时对庄子“一死生而齐彭殇”的虚无思想进行了批判，在他看来“死生亦大矣”，人不能庸庸碌碌如行尸走肉般活着，应该让自己的生命空间充实和丰盈起来，从中透露出一种强烈的对人生的眷恋和对生命的热爱之情。陶渊明在《归去来兮辞》中坚定了弃官归田的决心，正式开始归隐田园的生活，展现出他回归自然的初心，享受自然的自由和乐天知命的豁达。

【拓展提升】一个是乱世之中看重生死的王羲之，一个是逃离官场追求自由的陶渊明，在两个不同的生命形态中呈现出来的是对生命和自由的热爱。不管有怎样的人生际遇，不管身处怎样的时代，他们都努力在理想与现实之间寻找平衡，实现自己人生的价值。

【联系当代】满地都是“六便士”，却忘记了抬头去看“月亮”。现代社会里的人们总是在他人的评价里疲于奔命，却忘记了自己的初心。虽然王羲之和陶渊明距离我们很遥远了，但是对自然的热爱，对生命的珍视，对自由、理想的追求，跨越千年，仍是最朴素的处世之道。

（第二组代表讲完，教室里出现了短暂的安静）

生：他们一个生不逢时，一个逃离官场，但都奔赴大自然，热爱生命。

生：我也常常在想，我应该怎样度过我的一生，看来最重要的不是结果，而是心态。

生：最重要的不是活成别人眼中的自己，而是自己想成为的自己。（全班鼓掌）

生：为什么古人想得比现代人还通透？大自然好像是一位哲学家，像苏轼、柳宗元他们虽然被贬官，但总能在与自然的亲近中获得满满的力量。看来自然能够疗愈并启迪人生。（全班响起热烈的掌声）

环节四:讨论主题三“规律与真相”

师:接下来让我们和第三组代表一起探讨规律与真相。

生(第三组):我们组以《种树郭橐驼传》《石钟山记》为例,探讨传统文化中的规律与真相。(播放 PPT 第 11—13 页)

【文章解读】柳宗元借郭橐驼之口告诉我们“顺木之天,以致其性”的“养树”之理,推论出“养人”之理,劝诫当时的官员们要让百姓休养生息,不能急于求成,违背发展规律。苏轼亲临石钟山对其命名进行考察,发出了“事不目见耳闻,而臆断其有无,可乎”的感叹。其敢于质疑、追求真理的理性精神让人佩服。

【拓展提升】既要顺应天性,又要因其本性。《种树郭橐驼传》隐喻的养人之理对今天家庭和学校教育也有重要的借鉴作用。人人都是自媒体的今天,网上信息真假混杂,不迷信权威,敢于质疑,求真务实,在我们今天多么难能可贵。

【联系当代】面对纯真孩子,我们拔苗助长,扼杀天性;面对海量信息,我们以讹传讹,失去判断。古人的智慧让今天的我们懂得顺应天性,求同存异,学会躬行实践,去假存真。收放之间,取舍之际,闪烁着传统文化的理性之光。

(第三组代表发言完毕,同学们颇有感慨)

生:中国古人真是智慧,我们现代人确实应该多多向古人学习。

生:也不能完全迷信古人,要勇于质疑。(全班笑)

生:这几篇文章中都有着伟大的传统思想供我们现代人学习。

师:那除了这六篇文章,还有哪些传统文化仍然影响着今天的我们?

生:屈原的《离骚》让我看到一个人应该有一种与生俱来的责任感、使命感。

生:孔子说“君子喻于义,小人喻于利”,是看重道义还是看重利益,这可以成为我们今天判断人的标准。

生:《大学之道》中强调“修身为本”,这是我们青年一代的首要任务。

(讨论还在继续……)

环节五:总结陈述

师:这六篇文章都具有深厚的文化内涵,分别从人与人、人与自然、规律与真相三个角度体现出中国传统文化的内涵,对于当今中国社会的各个层面都具有深远的影响。中华优秀文化是中华民族的精神命脉。

习近平总书记指出,“优秀传统文化是一个国家、一个民族传承和发展的根本,如果丢掉了,就割断了精神命脉。我们要善于把弘扬优秀传统文化和发展现实文化有机统一起来,紧密结合起来,在继承中发展,在发展中继承”。(播放 PPT 第 14 页)作为当代中学生,这是历史赋予我们的时代使命。

环节六:课外拓展

师:课后请大家完成以下任务。(播放 PPT 第 15、16 页)

(1) 任务一:以"传统文化的当代价值"为主题,设计一份黑板报。

(2) 任务二:推荐课外阅读书目。

梁漱溟著:《中国文化要义》,上海:上海人民出版社,2018 年。

余秋雨著:《中国文化课》,北京:中国青年出版社,2019 年。

易中天著:《易中天中华史》,杭州:浙江文艺出版社,2021 年。

【教学反思】

本专题的教学旨在以讨论会的形式,引导学生探讨优秀传统文化观念在当代社会的价值,从而促进学生对于传统文化的理解与传承。

该任务存在两个教学难点:一是传统文化的范畴过于宽泛,联读的文章体现多种思想情感和文化观念,缺乏集中性;二是"探讨"这个形式容易流于泛泛而谈,没有事先的准备难以有系统性的探讨。针对这两个难点本人做了如下的教学设计:

一方面,在探讨内容上把第三单元的六篇文言散文作为核心篇目,根据这几篇文章的思想情感及其承载的文化观念,对其进行分组,并提炼主题。《陈情表》《项脊轩志》为一组,以"孝悌与仁爱"为主题;《兰亭集序》《归去来兮辞》为一组,以"自然与自我"为主题;《种树郭橐驼传》《石钟山记》又一组,以"规律与真相"为主题。另一方面,规定了具体的探讨形式。根据探讨内容把学生也分成相应的三组,各自完成其中一个主题的解读。每小组利用一周时间完成具体任务:一是解读文章,提炼该组文章中蕴涵的传统文化内涵;二是拓展提升,搜寻与解读角度相关的文化理念;三是联系当代,结合社会现实探讨该传统文化理念对当代社会的价值。针对这三个步骤撰写 400 字左右的读书报告,并选定一名代表上台发言。这些做法不但使探讨的内容更加集中,更具梯度和深度,还使课堂的探讨更有章法,小组代表的"抛砖引玉"才能激起更多有思想深度的"浪花"。

从任务完成效果来看,学生的解读很有层次和深度,如第一组同学以"孝悌与仁爱"为主题来解读《陈情表》《项脊轩志》两篇文章。首先,分析了两篇文章共同的文化主题——"孝";其次,由"爱亲人"的范畴拓展提升到"仁者爱人",甚至到"人与自然"的和谐共处;最后,联系当代,直击现实社会中人与人失信、人与自然失和的现象,从而引发了同学们的热烈讨论。另外两组的解读也别有新意,引人深思,让同学们深深认识到了古代优秀的文化传统对当代社会的深远影响。

本堂课以"你比我猜"的热身活动作为导入环节,目的是激趣、暖场,选择的成语均生动形象,有文化内涵,出自本单元,目的是增进学生对课文内容的了解,增强学生对传统文化的感性认识。学生讨论结束,教师课后布置学生以"传统文化的当代价值"为主题,设计一份黑板报,旨在让学生"反刍"课堂探讨的主题,把他人的观点与自己的理解相结合,并能做到有效输出和呈现。同时列举了一些推荐阅读书目,希望能扩大学生的阅读视野,增加他们对于传统文化的理解。

在具体的操作中,课堂的呈现效果主要由各小组同学研读文章的能力和他们对传统文化理解的深度决定。不管如何,通过这六篇文章的联读,学生对传统文化有了更感性的认识,对当代社会有了更理性的思考,“一石激起千层浪”,教学目的也就达成了。

第四单元

复杂与丰富:发现长句之美

执教 / 宁波三中　顾宇杰

本课课件

【专题目标】

联读本单元课文,精读《自然选择的证明》,在理解长句语意的基础上欣赏长句之特点,如具有客观科学的理性、丰富复杂的信息、逻辑严密的推论、周到全面的分析、条理清晰的思维、结构紧密的语言等。

【预习任务】

1. 通读本单元课文,对比阅读《自然选择的证明》《〈物种起源〉绪论》,试着概括《自然选择的证明》的段落大意。

2. 画出《自然选择的证明》一文中理解有难度的长句,试着用自己的办法概括其中一两句的意思。

3. 复习复杂的单句、复句和多重复句知识,掌握单句成分标注法和复句层次切分法。

【教学实录】

师:人类文明的进程总是有赖于巨人的伟大发现。达尔文的"生物进化论"是我们破译人类进化奥秘的里程碑,而《自然选择的证明》《〈物种起源〉绪论》则是这一块里程碑上璀璨的冠冕。本单元的三篇文章都是自然科学论著,其中阅读难度最大的是学术论文《自然选择的证明》。究其原因,是我们对相关知识感到陌生,更重要的是,这是篇译文,欧化的句式和繁复的长句成为我们理解的障碍。前几节课我们复习了初中时候的语法知识,还略读了《〈物种起源〉绪论》,并且通过概括段落大意的方式,基本了解了《自然选择的证明》的观点和论证。所以,这节课我们主要着眼于《自然选择的证明》中的长句,破译长句语意的密码,尝试去发现长句之美。(播放 PPT 第 1 页)

任务一:长句短句,各臻其妙

师:先请同学们齐读两个句子,说一说这两个句子有什么不同。(播放 PPT 第 2 页)

宇宙神秘非常,它有典雅的事实,错综的关系,微妙的机制。(《宇宙的边疆》)

那些在漫长的时间长河里起作用的,并严格审视每一个生物的全部体制、构造和生活习性的选择力量——即择优弃劣的力量,会受到什么限制吗?(《自然选择的证明》)

(全班齐读)

生:第一个句子是短句子,虽然也是因果复句吧,但都是由短句子组成的。第二个句子是长句子,但是应该还是单句吧,只是句子成分复杂一些。

师:你发现了一个很重要的现象,短句也可能是复句,长句也可能是单句。所以,这节课说的长句,主要指结构复杂、语意丰富、句子较长的句子,包括单句和复句。

生:短句说理很清晰,譬如宇宙神秘,原因就是"它有典雅的事实,错综的关系,微妙的机制"。长句说理比较周密吧,譬如说"选择力量",前面有两个短句,第一句说在漫长的时间里起作用,第二句说审视每一个生物的全部体制、构造和生活习性,都是说明选择力量的作用吧,后面还有一句补充说明,选择力量就是择优弃劣的力量,最后还用反问句指出这种选择力量不会受到限制。

生:简单地说,这句话的意思就是选择的力量不会受到限制。为什么要花这么多文字来翻译呢?

师:你可能误解译者了。学术论文的翻译,翻译者不可以随意删减或增加内容。"选择的力量不会受到限制"这样一个观点,达尔文从选择力量作用的时间(漫长的时间长河里)、在哪些方面起作用(决定生物体的全部体制、构造和生活习性)、它的本质是什么(择优弃劣),最后还要用一个反问句来表达肯定的意思,你看,这样的长句有什么特点呢?

生:说理很周到、很周密,包含的意思也很复杂、很丰富。

师:所以说,短句简洁明快,长句丰富复杂,各有作用,各臻其妙。这个专题,入选的三篇文章,《自然选择的证明》是学术论文,《宇宙的边疆》是科普文章,《天文学上的旷世之争》是科学史论。要理解文章,必须先理解长句的意思。而且,作为高中学生,不但要能够欣赏文学语言的美,也要习惯并学会欣赏这类学术语言的美。

任务二:切分层次,理解语意

师:欣赏长句之美,前提是了解长句的意思。老话说,读书百遍,其义自见。要理解长句的意思,朗读是通向意义花园的捷径。当然,也包括默读。不管是朗读,还是默读,都要一边读,一边揣摩句子的意思和句子间的关系。现在先请同学们慢慢地朗读这一句。(播放 PPT 第 3 页)

> 新的改良变种必将替代旧的、少有改良的中间变种，并使其绝灭；这样，物种在很大程度上就成为确定的、界限分明的自然群体了。（《自然选择的证明》）

（全班齐读）

师：很明显，这是一个复句。它的语意可以分成两层。哪个同学来分析分析？

生：这个长句的分号将句子内容一分为二。分号前是说改良变种必将代替并灭绝旧的、少有改良的中间变种。分号后是说物种成为确定的、界限分明的自然群体。

师：分号前后是什么关系？

生：条件与结果的关系。或者也可以说是因果关系的多重复句。

生：但是我不知道，为什么改良变种取代了旧的、少有改良的中间变种，物种就成为确定的自然群体了呢？

师：我的理解是，旧的、少有改良的中间变种被淘汰、灭绝以后，新的物种就成为比较纯粹的物种了，也就是确定的、界限分明的自然群体。生物遗传学上，是不是这个道理我不敢下结论。但如果我们把这些限制部分去掉，只留下主干成分，把这个句子改写成短句，就成为怎样的句子呢？

生：变种替代并绝灭变种，物种就成为自然群体了。

师：你概括得很准确，把“绝灭”提前了。这样改了以后，句子是短了，但是丢失了很多作者要传达的意思：第一，新的代替旧的；第二，改良替代少有改良；第三，不但代替而且绝灭；第四，新物种是确定的、界限分明的。可见，这里如果没有这四点信息加进去，达尔文的判断就要出错，结论就不严密。

任务三：分析长句，建构方法

师：刚才我们抓住了句子的分号来梳理长句的意思，根据标点来切分句意，这是一种常见的方式，如顿号表示语意的并列，分号表示句意的并列，逗号表示语意转换了。但更多时候，句读没有明显的区分。这时，要理解长句的语意，该怎么办呢？

生：就用前几节课学的单句和复句知识去判断。单句，就用“删枝叶，留主干”的方法，复句呢，就划分分句之间的关系。

师：是的，你马上活学活用了。如果是单句，我们就用成分标注法，标出主谓宾、定状补，如图 1。如果是复句，我们用框架法，切分分句间的关系，如图 2。（播放 PPT 第 4 页，展示图 1、图 2）

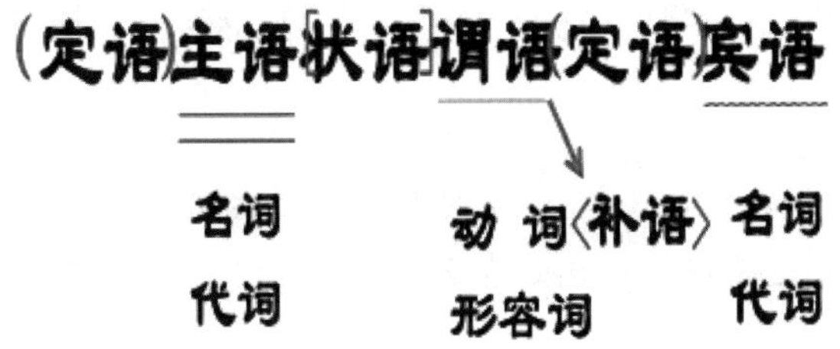

图 1

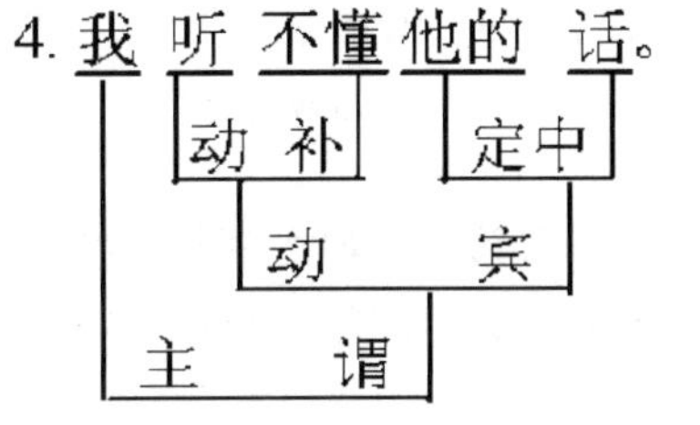

图 2

生:如果我们分不清单句和复句,该用哪一种方法?

师:单句和复句的区别,主要看句子有几个主谓结构,如果只有一个,就是单句,如果有两个及以上,就是复句。当然,不是一下子能够辨别,但是对于我们理解句意来说,即使分不清单句和复句,只要基本的句子结构能够拎清楚,就可以概括语意。下面我们先来看看这个长句子。(播放 PPT 第 5 页)

这样我们就可以解释为什么自然在赋予同一纲中不同动物的许多本能时是采取循序渐进的方式进行的。(《自然选择的证明》)

师:中间没有标点符号,显然是复杂的单句。请同学们用“标注法”来标注句子成分。重温一下,主语用双划线,谓语用单划线,宾语用曲线,定语状语补语都用方括号。

(学生标注句子成分,教师巡视)

师:我们来看看,这样的划分正确地表明作者的意思了吗?(教师在 PPT 第 5 页上用笔抄录学生的标注如下)

[这样我们就可以解释为什么]自然[在赋予同一纲中不同动物的许多本能时]是采取[循序渐进的]方式进行的。

生:主语应该是“我们”,不是自然,谓语应该是“解释”,不是“是采取”。解释后面都是宾语,因为“为什么”是解释原因的。

师:你评点得很准确。自然采取循序渐进的方式赋予动物本能,虽然是一个主谓结构,但是待解释的对象,应该是全句的宾语。正确的标注应该是这样——(播放 PPT 第 6 页)

[这样]我们[就可以]解释为什么自然在赋予同一纲中不同动物的许多本能时是采取循序渐进的方式进行的。

师:刚才我们用的是标注法,现在请大家再用概括法提要,也就是“删枝叶,留主干”的方法,概括这个单句的意思。

生:这样,我们就可以解释原因,即自然在赋予动物本能时采用循序渐进的方式的原因。

生:这样,我们就可以解释自然在赋予动物本能时采用循序渐进的方式的原因。

师:嗯,你这样的概括更加简洁,当然,把长句子改写成短句,也是一种可行的概括方法。但是,我们反复讲到,改写以后,主要意思虽然把握了,但是作者要传递的缜密的信息,却丢失了。这也是文学表达和学术表达的不同,文学表达要靠读者想象,学术表达必须把所有信息和盘托出,科学研究的结论是否可靠,主要看论证过程是否严密,前提条件是否充分,这势必要在表达时,增加很多限制、补充和说明。下面我们来做一个当堂练习,标注句子成分,并概括解释句意。(播放 PPT 第 7 页)

根据同属内的所有物种都是从一个共同祖先而来,并且继承了很多共同的性状这一观点,我们就可以理解为什么边缘物种虽处于极不相同的生活条件下,但仍具有几乎相同的本能。(《自然选择的证明》)

（同桌讨论，标注成分。教师巡视，然后选择一份作业在投影上直接展示）

师：请同学们根据图示标注，分别说说这句子有多少种意思。（播放 PPT 第 8 页）

［根据同属内的所有物种都是从一个共同祖先而来，并且继承了很多共同的性状这一观点］，我们［就可以］理解为什么边缘物种虽处于极不相同的生活条件下，但仍具有几乎相同的本能。

生：同属内的所有物种都是从一个共同祖先而来的，继承了很多共同的性状。

生：边缘物种虽处于极不相同的生活条件下，但仍具有几乎相同的本能。

生：我们可以理解边缘物种具有几乎相同的本能的原因。

师：很好，还有吗？

生：根据什么什么的观点，我们理解了什么什么的原因。

师：这个很不容易，你一下子就理解了这个句子的主要意思。这是一个长单句。主语是“我们”，谓语是“理解”，如果把主干抽取出来，这个句子表达的语意就是我们理解边缘物种具有相同本能的原因，原因是什么呢？一是同属内的所有物种都有一个共同祖先，二是它们的后代继承了祖先很多共同的性状。没有这两个“因”，就不会有“相同本能”这个果。这是用某种理论去解释某种现象，因果逻辑非常严密。

师：刚才我们列举的都是复杂的长单句。那么，复句的层次划分，如何用框架法来图示呢？我们先来看这个句子。（播放 PPT 第 9 页）

①如果物种只是特征明显而稳定的变种，/②我们马上就会发现其杂交的后代，在某些性质和程度上，如在连续杂交之后，彼此可以融合等方面，酷似其父母，//③并且都如公认的变种的杂交后代一样，遵循着同样复杂的法则。《自然选择的证明》

师：我在每个分句上，都标注了句序。你们看看，这三个分句，是什么关系？

生：①句和②句，关联词语是“如果……就……”，应该是假设关系复句。③句和②句之间有个“并且”，两者是并列关系复句。

师：你抓住了关联词语，很好。这三句之间的层次关系如何呢？哪两句更加紧密一些？

生：其实三句话都是紧密的。“物种只是特征明显而稳定的变种”这个前提条件成立的话，后面两个结论也就成立，其杂交的后代酷似其父母，都遵循着同样的法则。

师：你很能独立思考。怎么说呢？应该说，哪些句了的句意更加接近？如果用框架法来图示的话，这个复句的层次应该是这样——（播放 PPT 第 10 页，展示图 3）

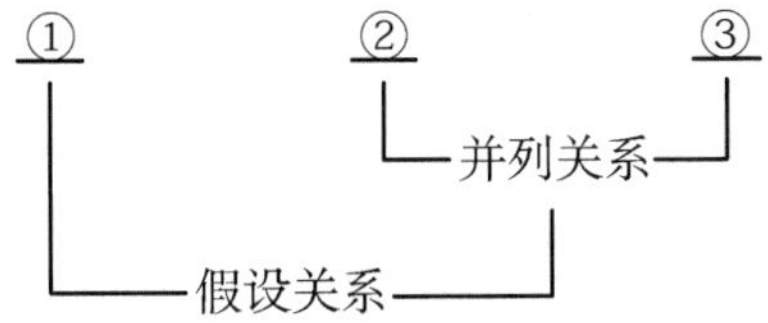

图 3

师：现在我们把假设关系和并列关系连起来，概括一下这个复句的意思，该怎么说呢？

生：如果物种只是特征明显而稳定的变种，那么它一定有两个共同点——一是酷似其父母，二是遵循同样的进化法则。

生：我想换一种说法，杂交的后代，在彼此融合方面，酷似父母，且都遵循着同样的法则，所以物种只是特征明显而稳定的变种。

师：你把它变换成因果复句了。我觉得也有道理，因为杂交的后代酷似父母，都遵循着同样的法则，是事实，那么，就可以推出物种只是特征明显而稳定的变种这个科学结论。无论是假设，还是因果，结论要成立，要有很多条件限制。例如变种的特征必须明显而稳定，酷似其父母也只是在某些性质和程度上，如连续杂交增加彼此融合；而且作者还加上"公认的变种的杂交后代一样"作为例证。多重复句恰在这方面，为结论成立的诸多条件，提供了语言的保障，一个单句恐怕难以完成这样的任务。

师：下面，请同学们用框架法划分层次，并解释你这种画法的原因。（播放 PPT 第 11 页）

①由于每个物种都有按照几何级数过度繁殖的趋向，///②而且各个物种中变异了的后代，可以通过其习性及构造的多样化去占据自然条件下多种多样的生活场所，//③以满足数量不断增加的需要，/④所以自然选择的结果就更倾向于保存物种中那些最为歧异的后代。（《自然选择的证明》）

①虽然有许多情形至今还不清楚，//②并且将会在很长时间内还弄不清楚，③/但是经过我能做到的精细研究和冷静判断，//④我毫不怀疑地主张，许多自然学者直到最近还保持着的和我以前所保持的观点——每一个物种都是被独立创造的观点——都是错误的。（《〈物种起源〉绪论》）

（学生讨论，画出框架，教师巡视）

生：我对第一句的层次是这样划分的（见图 4）。（教师播放 PPT 第 12 页，展示该学生的框架图）第④句"自然选择的结果就更倾向于保存物种中那些最为歧异的后代"是结果，是推出的结论，①②③句是分析的原因，所以，第一层①②③和④是因果关系。第二层①②和③是目的关系，第③句"满足数量不断增加的需要"，是①②两句的目的。①和②是递进关系，属于第三层了，①说过度繁殖，②说能够占据尽可能多的场所。

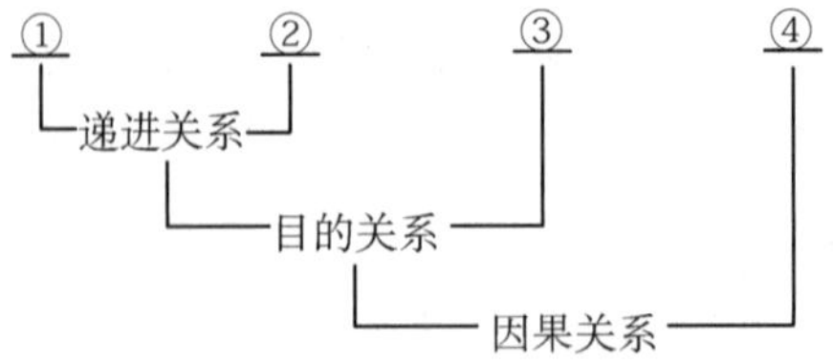

图 4

生：我的划分有点不同。我觉得②和③是目的关系，两个句子连得很紧嘛，第①句和②③两句形成一个多重复句，它们是递进关系。

师：两位同学的逻辑思维都很强大，能够这样条分缕析地细读。特别是第二位同学，你改变了我的划分，我一开始是与第一位同学的划分一样的。那么，请你概括地说一说，作者在这个多重复句里要表达的结论是？

生：达尔文认为，自然选择的结果就更倾向于保存物种中那些最为歧异的后代，为什么呢？因为每个物种都有过度繁殖的趋向，为了满足物种数量不断增加的需要，物种只好不断改变习性及构造，去适应各种生活场所。这就是物竞天择，适者生存。

师：讲得太好了！我也可以用总分关系的复句来表达：第一，物种按照几何级数过度繁殖；第二，数量增加了，就要求有更多的资源和场所；第三，资源和场所条件各不相同，物种后代必须实现习性和构造的多样化变异，去适应它，占据它。因此，自然选择的奥秘就是“物竞天择，适者生存”。

师：我们再来分析第2个例句，请你展示一下框架结构图。（播放PPT第13页，展示一个画得比较好的学生作业〔见图5〕并请他回答）

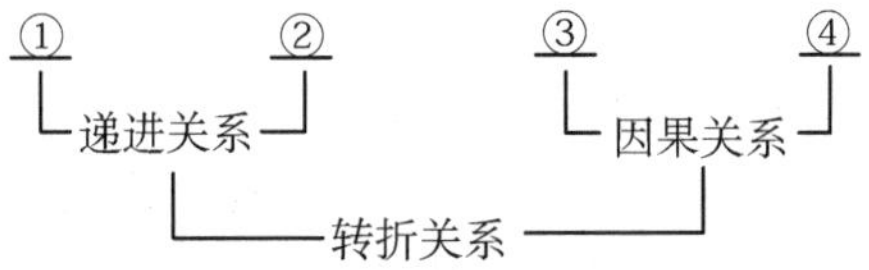

图5

生：第①句说是虽然有许多情形至今还不清楚，第②句进一步说在很长时间内还弄不清楚，这两句是递进关系；第③句强调我的精细研究和冷静判断，第④句说自己的主张，也就是说每一个物种都是被独立创造的观点是错误的。第③句和第④句我认为是有因果关系的。然后，一个递进复句和一个因果复句组成了一个转折关系多重复句。

师：现在我把你的分析归纳一下，达尔文要表达的意思就是，虽然生物进化的许多情形至今还不清楚，虽然会在很长时间内还弄不清楚，虽然“我”以前也主张独创论的观点，虽然许多自然学者直到最近还坚持独创论，但是经过“我”的精细研究和冷静判断，独创论是错误的。这个长句为了申明自己“毫不怀疑地主张”，前边做了这么多的铺垫，正如鲁迅先生所说，结论要公允，真也不容易！

任务四：寻美长句，聚焦比较

师：刚才我们用成分标注法和框架法理解长句的语意，而且感觉到学术论文不用长句不足以表达作者需要表达的意思。现在我们再用比较法来赏析长短句各自的特点。我们先来阅读几个短句，大家选择一组，讨论一下短句有哪些特点。（播放PPT第14页）

> 翠翠着了恼，把火炬向路两旁乱晃着，向前快快地走去了。
> “翠翠，莫闹，我摔到河里去，鸭子会走脱的！”
> “谁也不稀罕那只鸭子！”
> 祖父明白翠翠为什么事情不高兴，便唱起摇橹人驶船下滩时催橹的歌声，声音虽然

哑沙沙的，字眼儿却稳稳当当毫不含糊。(《边城》)

人类有幸来到地球这个行星上。这里有充满氧气的蓝天，有碧波荡漾的海洋，有凉爽的森林，还有柔软的草地。这无疑是一个生机勃勃的星球。(《宇宙的边疆》)

(学生讨论，勾画做标注)

生：短句更容易让人读懂，因为意思简单。

生：短句更有节奏感，如《宇宙的边疆》里，第二句就是排比句。

生：短句在文学中用得比较多，《宇宙的边疆》这里也是文学描述的手法。

师：我们这节课不是讨论短句的好处，但是短句确实结构简单，句义明晰，简洁明快，一语中的，多用于叙事、描写、抒情，因此，文学类文章中常用，口语中尤为常见。《宇宙的边疆》是一篇科普文章，阅读的对象是普通公众，不是专业人员，语言要通俗易懂、生动形象，所以，短句也较多。

但我们这节课要比较长短句，来讨论长句的特点，以及在表达上的优势。我们前后桌讨论一下，然后派代表说说长句的好处。大家可以从结构之繁复、内容之丰富、逻辑之严密、观点之客观等角度，任选一个角度，说说长句的优势。

(学生讨论，记录，推荐发言人选)

生：我们这组从内容方面讲。长句字数较多，刚才的例句都可以分析出多重语意。如果改写成短句，很多信息就不能表达出来了。所以，长句可以承载更加丰富复杂的信息。特别是论述复杂丰富的概念时，长句子可以做到言意一致。

生：我们四人就从结构方面讲讲。长句分成单句和复句，老师您说过还有句群，这节课没有讲到。单句的定状补，作为限制、修饰、补充，平添了很多枝叶，像这节课列举的几个长单句都是这样。复句呢，内部的分句之间往往用一些关联词语，表明句子之间有各种关系，特别是刚才同学们画的框架图，结构上好像是金字塔，读起来有各种迂回曲折之美。

生：长句本身往往就是逻辑严密的推论。复句的各种关系，刚才例句里分析出的并列、递进、因果、转折等关系，都是句和句之间的脉络关系。譬如课文最后一段的第一句(学生拿起课本读)，“按照遗传变异学说，在任何两个地区若存在着亲缘关系很近的、有代表性的物种的话，就暗示着相同的祖先类型曾经居住在这两个地区”。如果两个地区的两种物种亲缘关系比较近，而且是“有代表性的”，这两种条件都满足，那么，就可以推出这两个地区曾经生活着这两个物种的共同祖先这个结论。这样的长句，就是非常有逻辑性的推理。把事物之间的相互关系梳理清楚，交代明白了。

生：我们组选择了这个复句来分析，“(1)由于生物在漫长的演化和变异历程中，(2)通常其性状都随之发生了分异，(3)所以我们便能理解为什么那些比较古老的类型或每一生物群的早期祖先类型，(4)在分类谱系上常或多或少地处于各现生类群之间的位置”。

分析如下：(1)“由于生物在漫长的演化和变异历程中”，这是一个状语，限制了生物发生分异的时间条件(比较漫长)和内在原因(必须有演化和变异)；(2)“通常其性状都随之发生了分异”，“通常”是修饰成分，指一般规律，“随之发生了分异”，即随着演化和变异产生了分化和变异；(3)“那些比较古老的类型或每一生物群的早期祖先类型”，这是限制成分，交代处在分类谱系位置上的生物类型（古老生物或现存生物的祖先类型）；(4)“在分类谱系上常或多或少地处于各现生类群之间的位置”中，“分类谱系”是限制成分，即在分类谱系里考察，“常或多或少”是修饰成分，说明虽然数量不一（或多或少），但呈现了某种规律性，即常常处在各现生类群之间的位置上。

师：概括一下，你分析的这个句子，其实就是一个因果复句，换一句话说，就是因为生物在漫长的演化和变异历程中性状发生了分异，所以我们理解了古老的类型或生物群的早期祖先类型，在分类谱系上常处于各现生类群之间位置的原因。你们这组选择的复句，有着典型的长句之美——内容丰富，你分析的四个部分，表达了不同的内容；逻辑严密，原因、条件和结果的关系表达得很周密；说理公允，富有理性，如“通常”“或多或少”等词语的修饰，使说理判断很有分寸。（播放 PPT 第 15 页）

师：这节课，同学们列举了复杂的单句和多重复句，分析了长句的表达效果。（播放 PPT 第 16 页）我要补充的是，如果短句是干脆利落的，长句就是舒缓从容的；短句是简洁明快的，长句就是雍容大度的；短句是点状分布的，长句是板块推进的；短句是单纯宽松的，长句是复杂严密的；短句是感性的情绪的，长句是理性的抽象的；短句是朵朵浪花，长句是静水深流。当然，句子的短与长，要根据表意的需要。就算不是为了表情达意的需要，囿于长短，短句也有短板之憾，如话不充分，言不尽意；长句也有冗长之弊，如曲折迂回，拖泥带水。所以说，当短则短，当长则长。短句长句，只有各取所需，才能各臻其美。

【教学反思】

我想分成几个问题来反思这一节课的教学。

第一个问题：这个微专题教什么？这个微专题要精读《自然选择的证明》，联读《〈物种起源〉绪论》，参读《宇宙的边疆》。主要目标是理解长句的意思，并欣赏长句之美，如具有客观科学的理性、丰富复杂的信息、逻辑严密的推论、周到全面的分析、条理清晰的思维、绵长紧密的语言等。而且，这一课要安排在通读本单元课文之后，也就是说在学生弄懂《自然选择的证明》《宇宙的边疆》《天文学上的旷世之争》的大致意思之后，再去教长句的理解和赏析，这样就比较有基础。

第二个问题：为什么要开发这个微专题？我觉得首先是要交给学生一把破解学术论文奥秘的钥匙。学术论文，为了语言表达严密，推论符合逻辑，往往会使用长句子。要读懂学术论文，必须要理解并能概括长句的意思。第二，该专题三篇文章，除了《宇宙的边疆》之外，其余两篇的行文，长句占了很大比例，尤其是《自然选择的证明》，经过翻译之后，欧化的长句，佶屈聱牙，晦涩难懂。故此，要学习这个单元，必须要读懂长句。第三呢，对于现在的中学生而言，长句是比较陌生的知识点。初中没有复杂的单句和复句，高中没有学过多重复句和句群知识。而运用这个语法知识，去理解句意和阅读论文，又是关键的语文能力。第四，从言语审美角度讲，我们的老师可能习惯于欣赏炼字之妙、琢磨短句之美，而长句的审美，往往因为本身的难度而有意无意地被忽略了。

第三个问题：教学这一课，有哪些困难？对于学生缺乏复杂的单句和复句知识，我是有所预估的。教《自然选择的证明》时，遇到的主要困难还是翻译语体造成的，为了学术的科学性和严谨性，翻译者很尊重原著的行文习惯，所以，各种歧离的结构、倒装的句式、套叠的成分，都几乎被原封不动地保留了，这给我们的理解造成了很大的障碍。而另一方面，本文所论述的生物遗传知识，又属于生物进化论的核心，而学生对于生物进化论的了解，仅仅局限于“物竞天择”“存优汰劣”“适者生存”这几个熟语上。再加上语文学科，向来都是以形象和感性示人，很多学生不喜欢一句接一句在那里字斟句酌，搞了半天，还搞不清楚达尔文究竟要说什么。所以，进化论的陌生、语法知识的空白和学生阅读兴趣的缺失，造成了这节课的教学困难。

第四个问题：怎么解决学生的困难？我想到的是铺设台阶，讲练结合。台阶可以分为好几级。第一级是布置预习、熟悉课文。先通读《自然选择的证明》，试着概括每段大意，参读《〈物种起源〉绪论》，试着比较两篇文章基本思想的相同点。然后画出《自然选择的证明》里理解有难度的长句，试着用自己的办法概括其中一两句长句的意思。第二级台阶是插入支架，补习语法知识。主要是复杂的长单句、复句和多重复句的知识，这里要安排两节课的时间，一节课讲复杂单句的成分划分，另一节课讲复句和多重复句的层次划分。第三级台阶是教师示范，学生模仿练习。对于长单句和复句的理解，可采用成分标注法标注，或用框架法提要。无论是长单句的成分标注，还是复句层次的框架划分，都是教师先讲解，学生再练习，教师再纠正。最后一级台阶才是“寻美长句，聚焦比较”，这样才能登上这个微专题的最高处，学生通过成分的标注、层次的切分、意义的提炼，才真切地体验到长句的独特之美。

尽管在课前已经花时间补习了复杂单句和复句知识，也做了配套练习，但是，这个知识，在原先初中里，是很重要的知识点，是要花一个星期左右的时间来学习的，因此，在赏析长句之美时，现炒现卖的做法，有一部分学生还不适应。另一个遗憾是，因为在理解长句的意思这个教学环节中，花费了大半的时间，结果在真正进入长句赏析时，时间略显匆忙，长句的各种美，没有分开来充分体验。相应的两个建议是：我们不可能再去系统地引导学生学习语法知识，但是并不妨碍在做长句分析时，教师贴着句子的结构，来概括句子的意思，这也能达到引导学生理解长句的意思；长句结构繁复、意义丰赡、逻辑严密、推论周全，这些长句之美，需要物色一定数量的句子，留出一定的教学时间，一一加以例证解说才行。

参证与归纳:读懂自然科学论文

执教 / 三门县教师发展中心　陈伟凯

本课课件

【专题目标】

节选自达尔文《物种起源》的《自然选择的证明》属于自然科学论文。参证与归纳是读懂自然科学论文的基本策略,当然也可以运用于其他学术论文的阅读。本专题两课时,第一课时主要引导学生运用与归纳相关的策略精读《自然选择的证明》,第二课时主要引导学生运用参证的策略阅读不同类型的学术文本。

【预习任务】

1. 快速通读《自然选择的证明》一文,要求:(1)用圈点、勾画、旁注的方法,对每段话中的关键点做标注;(2)本着只标注、少查询的原则,一鼓作气把全文读完;(3)记录自己的阅读体会与心得。

2. 比较阅读李海林老师的《论真实的作文》和叶黎明老师的《"真实写作"是中学写作教学的出路吗?》两篇文章,研讨相关内容的不同论述,主要关注观点与论述方法。

【教学实录】

第一课时

师:请大家给文章标上段标。多少人看过《自然选择的证明》了?

(一半学生举手表示看过)

师:没关系,请未看过文章的同学积极地跟上课堂教学的节奏。

师:同学们,这篇文章是什么文体?

生:说明文。

生:议论文。

师:还有其他说法吗?

生(小心地):论文。

师:是的,是论文,严格来讲,是学术论文(板书:论文)。本文节选自达尔文的学术专著《物种起源》。(播放 PPT 第 1 页)在这里,我们不说是说明文或者议论文,学术论文的分类标准,与这两者是不一样的,它们在阅读中的要求也不同。

任务一:补充知识,理解概念含义

师:请问读过文章的同学,你觉得这篇文章读起来感觉怎么样?

生:不好读。

生:读起来有点烦。

师:知道原因吗?

生:不知道。

师:是因为它跟我们平时所读文章的体式不同,我们却用原有的阅读方式来读。比如读小说,我们关注什么?

生:人物、情节、环境。

师:读散文呢?

生:关注文章的情感,可能用朗读的方式。

师:是的。但这些关注点与阅读方式可能在这里都不好用。请问已经读过本文的同学,没法读时,你想过从哪里开始读,怎么读吗?

(学生摇头)

师:同学们,我来告诉你们,这样的论文应该从概念或者说专业术语(板书:概念或专业术语)开始读。请记住这样的起点。请问同学们,你在本文中看到哪些术语或者说概念?请大家再看一下文章,把你认为是专业术语或者概念的词或短语圈出来。

(生默读文本,并圈点术语或概念)

师:不一定从头读到尾,可以跳着读。

(两分钟后)

师:大家把你们自己圈出的概念说出来,在第几页第几段?

生:第 1 段有“物种”“亚种”“变种”。

生:第 2 段“最适者生存”。

师:对,这个概念要圈出来的。

生:第 3 段“次级法则”。

生:第 3 段“亲缘关系”。

生:第 4 段“几何级数”。

师:这个概念很有意思,我们一般还会在哪些学科上看到?

生:数学。

师:还有其他学科吗?

生:理工科类的学科好像都有。

师:对的,不只数学学科上有。那么“亲缘关系”呢?

生:这个概念应该只是生物学上的。

师:概念还很多,大家一起来说。

生:第 4 段的“特创论”,第 12 段的“遗传变异理论”“自然选择原理”,第 13 段“世代谱系”……

师:我也来说几个。第 10 段“级进原理”。我根据第 7 段与第 8 段的内容,引进一个概念“第二性法则”。这几个概念是什么意思,同学们懂吗?

生:“第二性法则”是否跟第 7 段所讲的“自然界处处充满着美,这很大一部分应归功于自然选择”有关?

师:很好,你的悟性很高。第二性法则指宇宙中所有事物都往美的方向发展,按照美的方式存在。大家可以记一下。那么,什么是“级进原理”呢?

生:是否跟蜜蜂有关?不过具体不知道。好像不懂也没关系,这里跳过去也可以,不影响对整段的理解。

师:你很聪明,是的,有些概念虽然读不懂,但不影响我们对文本的理解,完全可以跳过去。同学们你们看看,有没有一些概念是必须弄懂的,因为它们影响到文本的理解?

生:物种、变种、亚种的关系必须搞清楚。

师:我们可以通过阅读文章中对这三个概念的相关表达,然后理解这三个概念的内涵和关系吗?

生:有点不太清楚。

师:大家一起来找一下,关于“物种”“变种”与“亚种”的相关表达。

生:第 1 段“在分离的大陆上,或在同一大陆被某种障碍所隔离的不同区域内,以及孤立的岛屿上,存在着如此多样的生物类型,它们被一些有经验的博物学家归为变种,或被另一些博物学家列为地理种或亚种,而另一些却将其列为亲缘很近、特征明显的物种”。

生:第 3 段“物种只是特征显著而稳定的变种,而且每一物种开始时都只是变种”。

师:将这几段话综合起来,能理解物种、变种与亚种的关系吗?

生:好像物种与变种的关系说清楚了,而与亚种没有说清楚。

师:这是说,可以根据上下文相关论述,理解一些概念的内涵或概念间的关系。但有些概念文章里并没有介绍,根据上下文也推测不出,这时候该怎么办?

生:查字典吧。

师:《现代汉语词典》吗?不妨查一下。

生:亚种——生物分类上种以下的分类单位,用于种内在某些形态特征、地理分布等方面有差异的群体。

师:这样的解释能解决你的疑惑吗?

生:好像还没有完全解决。

师:那怎么办?上网吗?查百度还是什么?

生:我可以课后去试一下。

师:还有其他概念吗?

生:我看到了“纲”“种”“属”这几个概念。

师:好的,文章里的概念确实很多。在这里我提醒所有的同学注意,不懂得论文里的概念时，我们需要通过查找资料来补充知识。可以去查词典与网络，最好是查一下学科专业词典，比如，这里可以查一下生物学方面的专业词典，还有百度百科、中国知网之类。有时要基于以上查找，再概括与综合。（播放 PPT 第 2 页）上面所说的“第二性法则”与“级进原理”，根据相关查找，我们可以再综合为——（播放 PPT 第 3 页）

（1）第二性法则：宇宙中所有事物都往美的方向发展，按照美的方式存在。

（2）级进原理：级进指旋律中的两个音之间，按顺序上行或下行。级进原理指按顺序逐步推进，蜜蜂的蜂巢建筑是典型的级进原理案例。

师：现在我们可以总结一下，读概念时应该注意什么。

生（一起讨论）：通读时，把概念圈出来，有些概念根据我们已经积累的相关知识就能懂，比如生物学里已经读到的。

师：比如？

生：界、门、纲、目、科、属、种。

师：对，如果对这些概念一点也不了解，有些内容就不好读懂。接下来继续说，读概念时还应该注意什么。

生：有些根据上下文解读，能够猜测出来；有些虽然读不懂，但不影响语段的理解，这个时候可以跳过去；有些读不懂，但影响对文本的理解，这时需要上网去查，比如，通过查阅百度百科、中国知网等，也可以去查学科专业词典，可能《现代汉语词典》这类词典的作用很有限。

任务二：概括要点，理清语段意蕴

师：了解或者读懂了一些概念，学术论文这类文本就能读懂了吗？

生：好像还是读不太懂。

师：那怎么办？

生（摇摇头）：不知道。

师：要读懂学术类文本，最基本的是以段为单位来读。一段一段来读，那么怎样读懂每一段呢？

生：找关键句。

师：因为一半人读过文本了，一半人没有读过。我们分组去阅读语段，去找关键句，然后概括每段的意思。每五人或六人一组，第一组读第 1、2 段，第二组读第 3、4 段，第三组读第 5、6 段，第四组读第 7、8 段，第 9 段是省略号，代表中间未节选的部分，我们不管，第五组读第 10、11 段，第六组读第 12、13 段，第七组读第 14、15 段。给大家三四分钟时间，找出你认为该语段的关键句，然后概括出每一段的主旨。

（学生分组找关键句，讨论段落主旨）

师：差不多了，下面大家来说说各段到底写的是什么。

生（第一组）：第 1 段第一句和“物种中存在着个体差异，这是大家所公认的”。第 2 段“没有任何东西可以限制这种缓慢的，并巧妙地使每一种生物类型都能适应最为错综复杂的生活条件的力量。仅此一点，自然选择学说已是极为可信的了”。

师：第1段中间这句“所有的博物学家还承认有自然变种的存在”可不可以是关键句？

生（其他组）：可以。

师：好的，那我们先画出来，反正关键句有时不止一句，需要从几句话中辨析，或者综合几句话来考虑。那第3段与第4段呢？

生（第二组）：第3段是第一句与最后一句，第4段是“自然选择的结果就更倾向于保存物种中那些最为歧异的后代”和最后一句。

师：没有其他意见？（学生没回应）那下一组。

生（第三组）：第5段是第一句、第二句与“总之，自然界是吝于重大革新但奢于微小变异的”。

师：你说了这么多句，哪一句更应该是这段的主旨句？

生：“总之，自然界是吝于重大革新但奢于微小变异的。”

师：为什么？

生：带“总之”两个字，表示总结。

师：对，大家都要注意，结论性的话或者总起性的话往往有标志性的词语引领，这是很好的参照。那第6段呢？

生：“每一个物种总是力求扩大其个体数目，而且自然选择总是要求缓慢变异的后代去努力适应那些自然界中未被占据或尚未占尽的地盘”这一句。

师：好的。下一组。

生（第四组）：第7段第一句，第8段“自然界的一切设计，就我们所知，并不是绝对完美无缺的，即使是我们的眼睛也不例外”。

师：没有其他了？

生（其他组）：应该是最后一句，“依照自然选择学说，真正奇怪的倒是没能发现更多完美无缺的例子”。

师：请你解释一下这句话什么意思。

生：指世界是完美无缺的。

生：指世界是不完美无缺的。

师：到底是哪个意思？依据是什么？

生：这里“奇怪的”不一定是否定，只是指这种现象存在。而且根据上下文，应该跟上面的“自然界的一切设计，就我们所知，并不是绝对完美无缺的”这句呼应。

生：是的，应该是这样。

师：好的。第五组接着来。

生（第五组）：第10段“根据本能是通过自然选择而缓慢获得的这种观点，当我们发现某些动物的本能并不完美和易于发生错误，甚而许多本能还会使其他动物受害时，就无须大惊小怪了”这一句，第11段是最后一句“如果物种是独立创造的，而变种是由次级法则所产生的，上述相似性就变得颇为离奇了”。

师：有不同意见吗？

（生摇头）

师：下一组。

生(第六组):第12、13段的关键句分别是最后一句,分别有标志性词语“因为”“所以”。

师:好,我们暂且按这个说法。那么第14、15段呢?

生(第七组):第14段是第一句话“根据这种迁徙的观点,以及随之而来的生物变异,我们可以理解为什么海岛上仅有极少量的物种栖息着,而其中的许多还是特殊的地方性类型”,第15段是“各个地区的生物,必然与其最邻近的迁徙源区的生物有关”这一句。

师:第14段有一个明显的标志性语句“根据这种迁徙的观点”,那么为什么第12段不选择“地质记录所提供的事实就强有力地支持了遗传变异理论”,第13段不选择前面所说的“地理分布”等作为关键句?

生:是可以参照这个思路的。

师:好了,我们基本上把全文各段的主旨找出来了。下面我把自己阅读的一些见解呈现给大家看。(播放PPT第4页,要求学生跟我的概括进行对照)

第1段:自然状况下有变异发生,可见自然选择的作用。

第2段:择优弃劣是生物适应错综复杂的生活条件的力量,可见自然选择学说是可信的。

第3段:从物种与变种关系看,物种不是独立创造出来的。(物种只是特征显著而稳定的变种,而且每一物种开始时都只是变种)

第4段:自然选择的结果就更倾向于保存物种中那些最为歧异的后代。(从大小不等的类群是如何形成的看独创论观点不能解释)

第5段:自然界是吝于重大革新但奢于微小变异的。

第6段:其他事实也可用自然选择的理论予以解释。

第7段:美应归功于自然选择。

第8段:自然界的一切设计并不是绝对完美无缺的。(依照自然选择学说,真正奇怪的倒是没能发现更多完美无缺的例子)

第9段:……

第10段:本能通过自然选择而缓慢获得。(习性并不遗传但本能仍具有)

第11段:杂交的物种后代的相似性可见物种(变种)是由自然选择产生的。

第12段:从地质记录(世系关系)看遗传变异理论。

第13段:从生物分布(生物之间的关系)看自然选择理论。

第14段:从生物迁徙看自然选择理论。

第15段:各个地区的生物,必然与其最邻近的迁徙源区的生物有关。(从两个地区共有物种看自然选择理论)

师:这里所呈现的跟大家所找的不完全一样,有些话是文本里没有的。实际上,我们阅读某些段落,会觉得这句话可以作为关键句,那句话也可以,有时不管选哪句好像都觉得不妥当,只得我们自己来概括。下面我们以第4段和第5段为例,大家能否用一个词来概括两段话的主旨?

生:第4段是“优胜劣汰”,第5段是“微变”。

师：下面我们来总结一下如何概括每个语段的主旨。

生：先找出关键句，如果有几句，或者句子很长时，要概括语句，然后综合语句，最后概括语段。

师：是的，先对语句进行概括与综合，再对语段进行概括。如果有时在几句话中难以辨析哪句话最妥当，该怎么办？

生：那就根据上下段的关系来判断。

师：是的，下面我们来总结一下应该注意的地方。先找关键句，再概括和综合语句，最后概括语段。概括与综合语句，从关键词（标志词）与句子结构分析入手，理清语意的主次。根据概括的段意，发现上下段不连贯，极有可能是语段概括与综合上出错了，要根据上下文关系重新阅读。（播放 PPT 第 5 页）

任务三：概括主题，理清文章脉络

师：前面我们从把握概念开始，然后归纳各段的主旨，接下来要理清各段的关系。请同学们一起探讨这些段落分别是什么关系，哪几个段落可以归并为一个层次。

生：第 1 段与第 2 段肯定可以是一个层次。

师：对，那么其他语段呢？到哪里去找它们的关系？

生：每一段的开头或者结尾。

师：我们先来看第 1 段与第 2 段有没有这样的标志。

生：第 2 段最后一句"现在我将转而谈谈支持这一学说的各种具体事实和论点"。

师：对，这句话大家画一下。这意味着第 1、2 两段与下面这些语段的关系是？

生：下面的语段都是支持这一学说的事实和论点。

师：论点可以作为论据，来支持学说。那下面除第 9 段是省略号之外，各个语段是什么关系？哪些语段可以肯定是归并在一个层次的？

生：第 12—15 段可以是一个层次，从地质分布与生物分布的角度来论述。

生：第 3—6 段可以是一个层次，从种群关系及繁衍事实上论述。

生：第 7、8 段可以是一个层次，第 10、11 段可以是一个层次。第 7、8 段从第二性法则角度来论述，第 10、11 段从本能与遗传的角度来论述。

师：好的，只要大家抓住相关的线索，理清语段的关联，解析得通，都是可以的。关系归并差不多确定了，下面用思维导图来画一下全文的脉络。请一个同学上黑板上画。

（学生到黑板上画，如图 1）

第 1、2 段	
第 3—6 段	从种群关系及繁衍事实上论述
第 7、8 段	从第二性法则角度来论述
第 10、11 段	从本能与遗传的角度来论述
第 12—15 段	从地质分布与生物分布的角度来论述

图 1

师：这样的关系体现了全文各段的关系了吗？

生：没有。

师：那你们说，我来调整。

生：应该把第1、2段放到左边，再根据第2段的最后一句话，前两段指向"学说"，其他语段指向"事实与论点"，彼此是"支持"与"被支持"的关系。

师：这种"支持"就是议论文里所说的什么概念？

生：论证。

师：我把它们的关系这样画出来（见图2），大家有没有意见？（播放PPT第6页，指出这是全文的逻辑关系）

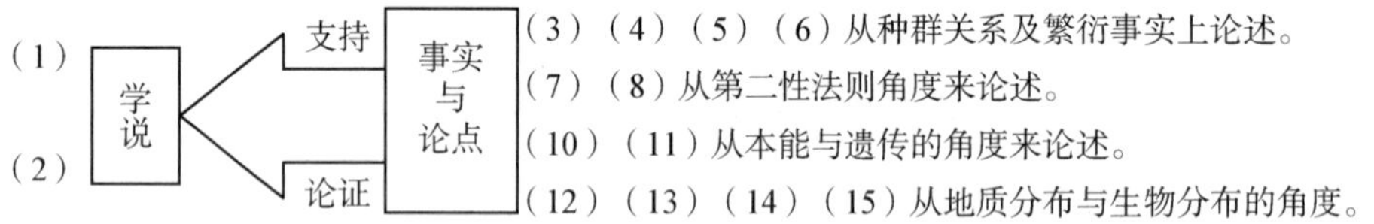

图2

生：就是这样。

师：大家要注意，这里所说的"事实与论点"中的"论点"可以理解为分论点，而"学说"才是论点。请问这里的"学说"指什么学说？

生：自然选择学说。

师：对，那我们可以知道全文是围绕着什么来写的，那就是它的主题。

生：大量的事实与论点支持自然选择学说。

师：对，全文就是围绕这一主题不断来论证。这里可以看出达尔文为创立"自然选择学说"运用的思维方式。

师：下面我布置课外作业。（播放PPT第7页）请大家阅读《〈物种起源〉绪论》（苏教版教材必修五中的文本）、李海林老师的《论真实的作文》和叶黎明老师的《"真实写作"是中学写作教学的出路吗？》三篇文章。具体要求如下：

（1）运用圈点、勾画、旁批的方式，对每一段的内容进行解读与概括；在此基础上，提炼文章的主题。（2）比较阅读《论真实的作文》和《"真实写作"是中学写作教学的出路吗？》两篇文章，研讨相关内容的不同论述。

第二课时

师：上一节课，我们主要在探索读懂学术论文的方法上下功夫。首先是找关键词，必要时要补充知识来理解概念；其次是找关键句，通过概括语句、综合语句、概括语段来明确语段的要点；最后是理清语段间的关联，对文章进行提要，从而提取文本论述的主旨。但是，读论文往往不只读一篇论文，为了研究的需要，通常要读同一主题的多篇文章。这个时候，尤其是做历史学、人文学科等研究时，我们需要运用一种阅读技巧，也就是下面这节课我们要学习的“文本参证”。文本参证是通过参照比较书本或文本的内外知识，推进对问题的深入发现。(播放 PPT 第 8 页)请大家把这个概念记下来。

我们猜一下，书本或文本内外互相参照比较，大概有几种比较的可能。

生：根据这个定义，至少有书本内的和文本间的比较。

师：好，那我们就首先来学习这两种比较的技巧。

任务四：比较阅读，体会书内参证

师：我们下发的材料中哪个是可以用来做书本内比较的？

生：《〈物种起源〉绪论》可以与本文《自然选择的证明》比较，它们都来自达尔文的《物种起源》。

(教师播放 PPT 第 9 页)

《自然选择的证明》和《〈物种起源〉绪论》比较

《〈物种起源〉绪论》是《物种起源》的导言。

《自然选择的证明》是《物种起源》的“综述和结论”部分。

师：对，一文是“绪论”，另一文是“综述和结论”，请大家看文章注释。那么，什么叫绪论？

生：绪论是作者说明自己撰写著作目的、过程，并扼要地说明书中阐述的观点和结论的文字。

师：大家看过了，两篇文章肯定有某种相关性。能具体说说哪些语段在哪些方面相关？

生：《〈物种起源〉绪论》第 5 段到第 9 段介绍《物种起源》的主要内容，这一部分与《自然选择的证明》是关联的。尤其是第 5 段、第 7 段与第 9 段，与《自然选择的证明》相关性很大。

师：能具体举例说说吗？

生：《〈物种起源〉绪论》第 7 段中提到“关于‘物种或变种’的起源问题，我们即使有很多地方不能解释，也就不足为奇了。为什么某种生物分布广泛而繁多，而它的邻种却分布得狭小而稀少呢”，《自然选择的证明》中第 13 段就有相关的内容说明。

师：我们现在是读过《自然选择的证明》再去看《〈物种起源〉绪论》，这对理解《〈物种起源〉绪论》有什么影响？

生：可以说《〈物种起源〉绪论》是总说了一下，《自然选择的证明》是对对应内容的阐述。

师：有没有后文没懂的，到前文里能找出答案，或者正好相反？

生：这个我没有注意到。

生：我觉得读了《〈物种起源〉绪论》后，对《自然选择的证明》有些地方理解得更清晰一点。

师：能具体说说吗？

生：比如说对物种、亚种和变种关系的理解。

师：是的，两篇文章是绪论与结论的关系。如果先阅读《〈物种起源〉绪论》再读《自然选择的证明》，前文第 8 段所阐述的基本问题在后文都涉及，在读后文时可以按图索骥，读起来顺畅而快速。反之，读懂了后文，前文相关的内容也能理解了。这样互相参照着读，对读懂前后文是很有好处的。以后多用这种方式阅读，你可能还会得到更多的收获，比如，推理与判断作者逻辑的一贯性。

任务五：群文联读，探讨文间参证

师：上面是一本书内前后互相参证，我们刚才也说，还有一种是文本间，即文章与文章的比较。我们发的材料中哪些是可以这样比较的？

生：李海林老师的《论真实的作文》和叶黎明老师的《“真实写作”是中学写作教学的出路吗？》

师：对，这两篇是关于“写作”的论文，是同一个话题的。请你们告诉我，你们是怎样比较的？（播放 PPT 第 10 页）

探究：李海林老师的《论真实的作文》（简称《李文》）和叶黎明老师的《“真实写作”是中学写作教学的出路吗？》（简称《叶文》）两文的异同。

生：关于“何谓‘真实’”“‘真实的’必然是好的吗”“‘真实写作’的取向是什么”三个方面的内容肯定是不一样的，这是叶黎明老师文章里明明白白告诉我们的。

师：其他还有吗？

生：文章的观点好像不同。

师：不敢肯定了。（笑）是不同的，你可以肯定。同学们，这两篇文章除了以上四点不同之外，文章的论证思路也是不同的，或者说推理逻辑是不同的。下面我们就从这五个方面对两篇文章进行比较，然后填写表 1。（播放 PPT 第 11 页，展示表 1）

表 1

文章	观点	推理逻辑	何谓“真实”	“真实的”必然是好的吗	“真实写作”的取向是什么
《李文》					
《叶文》					

（学生阅读两篇文章，填写表 1，用时 8 分钟左右）

师：大家都填得差不多了，下面我们一起来探讨一下。首先，两篇文章的观点各是什么？

生：根据李老师的文章，他似乎提倡写作行为的真实性，而叶老师的文章在最后一段是这样说的，“我认为‘真实的写作’并非中小学写作改革的正确出路”。

师：嗯，李老师提倡需要教学生真实的写作行为，叶老师好像想法跟他不一样。那么两篇文章的推理逻辑是怎样的？或者角度有什么不同？是如何推导的？先说李老师的文章。

生：李老师的文章是先总结当前的作文问题，然后分析我们为什么要写文章，再接下来以一个学生写情书为例，最后对写情书行为进行分析，总结出“真实的作文”的根本点。

生：叶老师的文章是先对李老师问题里的“真实写作”的内涵进行分析，然后从三个方面阐述自己与李老师观点不同的地方，最后得出自己的结论。

师:两位老师的文章看问题、解决问题的角度是否一样?

生:李老师的文章针对写情书,阐述从目的到任务到结果的过程。叶老师文章的角度,我好像看不出来。

师:李老师的文章是针对写作行为的分析,是对写作者写作行为的发生到完成的过程进行阐述。叶老师的文章看问题与解决问题的角度是怎样的?大家不妨再看一下文章相关语段。

(学生再阅读叶黎明老师的文章)

师:找到相关内容了吗?

生:文章里说到,“这种语文应用能力是需要培养的”,是否说李老师所说的写作行为不是培养的思路?

师:你的阅读敏感力很强,是的,是这方面的意思。大家再找找看是否能找到佐证的语句。

生:最后一段“用科学的语文课程知识和理论引导中学写作教学改革”,强调引导性,对吗?

师:大家越来越有趣了,能找到这句话,确实不易,因为这里涉及课程这个概念。所谓课程,即可以根据学生需要,拿来教的,而不是让学生自发提高的。可见叶老师主要是从写作训练的视角进行论述,主张学生是可以经过训练学会的。

下面我们具体来解读一下叶黎明老师说到的三个点,到底何谓“真实”?“真实的”必然是好的吗?“真实写作”的取向是什么?先讨论到底何谓“真实”。

生:叶黎明老师的文章说到了评判“真实”的标准是什么,李老师的文章没有说。实际上李海林老师是说了的——真实的言语任务、言语环境、言语成果等,就是写作行为的真实,只不过没有明说。而叶老师关于真实的标准是文章中明确提出来的,即所谓“四个标准”。

师:两者是不一样的?

生:嗯。

师:冲突吗?

生:不冲突,角度不同。

师:好,我们再来看“‘真实的’必然是好的吗?”这一点。

生:李海林老师的意思,“真实的”就是好的。

师:那叶老师呢?

生:不一定。

师:理由有吗?

生:“如果一味进行以学生为中心的自发性写作,学生的语言能力就会局限在他个人经验的言语范围内得不到发展。”

师:谁对谁错呢?

生:没有对错之分,我觉得可以互相补充。

师:对的。接下来我们看“‘真实写作’的取向是什么”这个点,先不管什么叫取向,正如上次课我们所总结的,对理解文本影响不大的概念可以跳过去。

生:在叶黎明老师的文章里明确提到,李海林老师的写作取向是生活化,而她自己主张还应该有交际取向与学习取向。

师:三种取向你们读明白了吗?

生:好像懵懵懂懂。

师:可能是你们没读到位,也有可能是文章没写清楚,还需要读其他相关的文章。课后再去读吧。现在,我把我们探讨的几个点罗列起来,形成表2,大家看看。(播放PPT第12页)

表2

文章	观点	推理逻辑	何谓“真实”	“真实的”必然是好的吗	“真实写作”的取向是什么
《李文》	需要教学生真实的写作行为	从写作者写作行为的发生到完成的过程	没有明确指出,但实际说到	“四真”是好文章	生活化写作
《叶文》	“真实的写作”并非中小学写作改革的正确出路	李老师文章有其合理的一面,但带来更多的是困惑。主要从写作训练的视角	四条标准	不训练达不到“四真”	交际取向与学习取向

师:同学们,这样一罗列一比较,我们就可以发现两篇文章的异同。看出他们看待同一问题的不同主张、不同的角度,启发我们思考这个问题,可能触发我们新的想法。

任务六:延伸拓展,探究参证治学

师:到这里,我们探讨了书本内与文本间的参证,那么,还有没有第三种参证的方法?我们不妨先来看钱锺书先生的一段文章。(播放PPT第13页)

《拉奥孔》所讲绘画或造型艺术和诗歌或文字艺术在功能上的区别,已成老生常谈了。它的主要论点——绘画宜于表现“物体”或形态,而诗歌宜于表现“动作”或情事,中国古人也浮泛地讲过。晋代陆机分划“丹青”和“雅颂”的界限,说:“宣物莫大于言,存形莫善于画。”这里的“物”是“事”的同义字。邵雍有两首诗说得详细些:“史笔善记事,画笔善状物。状物与记事,二者各得一”“画笔善状物,长于运丹青。丹青入巧思,万物无遁形。诗笔善状物,长于运丹诚。丹诚入秀句,万物无遗情”。

但是,莱辛的议论透彻深细得多,他不仅把“事”“情”和“物”“形”分开,还进一步把两者各和时间与空间结合;作为空间艺术的绘画、雕塑只能表现最小限度的时间,所画出、塑出的不可能超过一刹那内的物态和景象,绘画更是这一刹那内景物的一面观。我联想起唐代的传说:“客有以《按乐图》示王维,维曰:‘此《霓裳》第三叠第一拍也。’客未然,引工按曲,乃信。”宋代沈括《梦溪笔谈》批驳了这个无稽之谈:“此好奇者为之。凡画奏乐,止能画一声。”“止能画一声”五字也帮助我们了解一首唐诗。徐凝《观钓台画图》:“一水寂寥青霭合,两崖崔萃白云残。画人心到啼猿破,欲作三声出树难。”画家挖空心思,终画不出“三声”连续的猿啼,因为他“止能画一声”。徐凝很可以写“欲作悲鸣出树难”,那不过说图画只能绘形而不能“绘声”。他写“三声”,寓意精微,就是莱辛所谓绘画只表达空间里的平列，不表达时间上的后继，所以画家画“一水”加“两崖”的排列易，画“一”而“两”，“两”而“三”的连续“三声”难。

师：钱锺书是文本参证方面的大家。看这两段话，我们就可以感受到他论证问题的特点。是什么特点，你们能概括吗？

（学生沉默）

师：用四个字的一个词来概括。

生：引经据典。

生：是旁征博引，对吧？

师：是的，都对。“旁征博引”四个字怎么写要注意，关键是“征”字。“旁”指广泛；“征”指寻求，不是证明的证；“博”指广博；“引”指引证。连起来，指广泛寻求，广博引证，指引用很多的材料作为依据。现在我们来看钱老的思路，是从哪里开始的。

生：《拉奥孔》。

师：《拉奥孔》是谁的作品？

生：莱辛。

师：看文本第一段，先说什么，后说什么？

生：先说《拉奥孔》的论点，再说中国古代的说法。

师：把两者放在这里是干什么用的？

生：拿中国古代的说法来印证《拉奥孔》里的观点。

师：很好，“印证”两个字说得很到位。第二段再顺着这个思路，引经据典进行分析与解释。同学们，如果从论证的角度，莱辛的议论和中国古代的说法，哪个是论点？哪个是论据？

生：好像莱辛的议论是论点，中国古代的说法是论据。

生：不对，好像两者都是论据，放在一起比较来论述问题。

生：好像提供的材料不够，这一点我们无法判断。

师：你说的是对的，可能我们无法判断。但哪一点是可以肯定的？

生：互相解释，互相说明问题。

师：是的，这是用参证这种方法治学的特点。在这里，就是将《拉奥孔》中诗画异质观点与中国诗画相互释证，产生新的见解。这种方法可以用在治学上，当然也可以用在阅读上。

师：下面，我们来看陈寅恪先生对参证方法治学的要求。（播放 PPT 第 14 页）

陈寅恪先生认为，参证即取外来之观念与固有之材料互相参证，既用西方理论解读中国作品，又用中国作品阐明西方理论。运用参证时，需要运用者对所用理论和参证的材料作深刻的触动、感发与理解，否则有生搬硬套的可能。

参证方法是历史研究、文化研究普遍运用的方法，往往通过文学作品、考古发现、历史文献等相互考察参照，研究者从中发展新的问题，得出新的结论。相互性是参证的充要条件。

师：你们要仔细看其中的要求，不是任何时候都可以用参证的方法的。请大家记下这段话。

师：今天的课就上到这里，联系上节课，我们主要学习了学术论文的两种读法。一种是归纳的基本方法，通过补充知识、概括语句、综合语句、概括语段、理清语段关联，最后对文章进行提要，从而读懂文本；另外一种是文本参证的方法，通过相互释证，产生新的见解。

师：下面布置一个关于文本参证的作业。（播放 PPT 第 15 页）到“中国知网”平台，按自己的喜好，选取一个主题，选择两篇主题相关性大的短文章，每篇 3 000 字左右，然后进行参证式阅读。要求：(1)先提取文本研究主旨，分析文本思路；(2)比较同一主题不同文本解决问题的不同视角与思路；(3)根据比较阅读的心得，写一篇至少 500 字的读书笔记。

【教学反思】

这两节课针对的教学材料《自然选择的证明》节选自达尔文的专著《物种起源》，属于自然科学论文范畴。为了方便，在具体教学中我把它定位为学术论文或者说是论文，扩展了它的外延。从教学设计到教学实施，反思起来，有以下几点感悟。

1. 论文阅读的教学原点

论文阅读的教学原点无疑是读法指导，即其起点是契合论文特点的阅读策略。

论文是作者对专业领域内某个具有学术价值的问题进行系统化、专门化的研究探讨，揭示事物内在联系和客观规律的创造性劳动成果的载体。这类文本不同于一般的实用类文本，也不同于文学类文本，它有它自身的文本构成要素和思维特征，比如概念思维是它的核心，概念的推演与关系的比较相对来说是重中之重。

论文阅读的基本要求是读懂文本。针对论文文本特点、阅读目的和阅读可能的障碍，要读懂这类文本有它相对应的阅读策略。我们认为，至少有两种读法：一种是归纳的基本方法，通过补充知识、概括语句、综合语句、概括语段、理清语段关联，最后对文章进行提要，从而读懂文本；另外一种是文本参证的方法，通过相互释证，产生新的见解。所以，论文的阅读教学也必须回到探究阅读策略这个原点上来。

2. 论文阅读的教学焦点

素养培养的视域下，课堂教学必须体现以学生为本的取向，让学生在具体学习情境中，不断参与活动，不断改进自己的行为，从而习得解决问题的经验并且在可能的情况下实现迁移。这两节课中，学生的具体学习情境就是学会论文的两种读法——归纳与参证。如何分解归纳与参证的具体要点，引导学生体验不同的阅读环节，并能掌握相应的技能，是这两节课的焦点。

归纳与参证对学生来说，相对陌生，要帮助他们学会相应的技能就需要一些必要的、基于任务的活动设计。关于归纳的相应学习活动，起初设计了四个子任务，分别是“分享初感，总结阅读原则”“补充知识，理解概念含义”“概括要点，理清文本思路”“概括主题，分析论述方法”，后来经过专家的指点，把“分享初感”与“分析论述方法”两部分去掉了，这样更能体现论文的“思”的特质，以区别于文学作品阅读注重“感”的要求，同时课堂聚焦在学会归纳的阅读策略。关于参证的学习活动有三个子任务“比较阅读，体会书内参证”“群文联读，探讨文间参证”“延伸拓展，探究参证治学”，从书内到文间再到治学，体现一定的层次性。最后一个任务是关于治学的，对学生而言，有一定难度，所以提供了必要的知识支架。

3. 论文阅读的教学疑点

两节课上下来,从学生那里也得到了一些反馈。比如他们认为,论文的读法与平时文章的读法不同,尤其是跟文学作品读法不同,有难以适应的感觉。再如,对概念的把握有一定难度。这些都是我必须要思考的教学疑点。

我们都知道,不同的体式应该有不同的阅读策略,学术论文应有自身的阅读策略。这一点从理念上讲,学生也是能接受的。但是行为的路径依赖毕竟是存在的,大多数学生对文学作品阅读有感,对文学作品阅读策略已经有一定意识,自然将这些经验移用到学术论文的阅读中来。从读文学作品到读学术论文,在欠缺对学术论文阅读的理解,还没有学会对应的阅读策略时,学生对学术文本感知力下降,降低了对学术论文的阅读兴趣。

当然,完全有可能是教学设计还有欠缺,在任务设计与知识支架提供上,在教学实施的具体操作上,需要做些必要的改进。

4. 论文阅读的教学终点

把阅读策略作为教学内容,我想从教学论上讲,应该没有多大问题。不过,就学生阅读论文而言,可能单单运用归纳与参证两种方法是不够的。

论文,尤其是学术论文,因为研究方法的不同,成果呈现方式不同,它的文本是多形态的。美国温迪·劳拉·贝尔彻在《学术期刊论文写作必修课》里把学术论文划分为以下类型:注释式的文献目录、书评、商业或专业论文、随笔、访谈、翻译、回应性论文、综述性论文、理论性论文、社会科学类研究论文(定量研究论文、质性研究论文、解释类研究论文)、人文学科类研究论文、自然科学研究论文。再加上学生阅读状态的不同,即使是同一个学生面对不同的文本,在不同阅读情境下,阅读状态也可能完全不同。

综合论文类型与学生阅读状态,我想,为了帮助学生更好地阅读论文,今后的论文阅读教学应指向更多的目的,可以开发更多的阅读策略,面向更多的教学终点。比如针对以思想为指向的论文,侧重探讨论文的观点,比较相应的观点演变过程,确认观点的新颖程度。再如针对以概念推演为主的论文,侧重探讨概念体系的自洽,关注论文的论证或者证明方法与效果。

图式和图示：思维导图和表格编制

执教 / 宁波三中　魏陶钧

本课课件

【专题目标】

精读课文《天文学上的旷世之争》，学习运用思维导图有效地梳理论文思路，概括论文观点。在回顾、学习和比较的过程中，总结并加深对思维导图的认识；学习将思维导图与表格等图式结合起来，更准确高效地图示论文结构与观点。

【预习任务】

1. 课前印制并下发学案，给出思维导图的相关知识和示例。要求学生阅读学案，消化总结思维导图的绘制方法。

2. 细读课文《天文学上的旷世之争》（包括“学习提示”），以小组为单位，绘制一个思维导图。

【教学实录】

任务一：温故——脑图，熟悉的陌生朋友

（教师播放 PPT 第 1、2 页）

> 科学论著、学术论文往往专业性很强，我们读起来可能会觉得艰涩难懂，把握不住知识的本质及其相互间的关系，或者读后难以记忆。
>
> 如何准确而高效地阅读学术论文？其实，这是有窍门的。
>
> 布鲁纳说过，“知识结构的经济性”也就是“结构是否用最简化的方式将知识表达出来”非常重要，而思维导图就是一种很好、很经济的方式。

师：同学们，思维导图对我们来说，是个既陌生又熟悉的事物。课前，我让大家预习了思维导图的相关知识，并请大家按照自己的理解，总结思维导图的画法。现在我们来交流预习

成果。

首先，通过对思维导图相关知识的学习，你有哪些认识或收获？自由发言。

生：画思维导图和概括段落大意差不多，可以帮助我们记忆文章内容。

师：这说法有意思，差不多。那么“像”在哪儿？“差”在哪儿？

生：“像”在两者都需要概括，每一段都要概括；“差”在思维导图是一个图，除了文字，还要有分叉和箭头之类的。

师：有没有同学要纠正或补充的？

生：段落大意通常是个句子，而思维导图中可以有词语或句子。(师补充：对。可以有词语或句子是因为思维导图可以体现概念、内容提要或者观点)思维导图也不一定要分叉，不一定有箭头，用不用这些，要根据文章具体分析层次。

师：非常好！说到了重点——需要分析层次。并且还需要按层级来设定分支。刚才两位同学说到的逐段概括(也就是熟悉和梳理文本内容)，还有分析层次，都是绘制思维导图的基础。而记忆文本内容，把握文章观点，都是绘制思维导图的重要目的。

师：第二个问题，对照“方法指津”中的内容，结合大家总结的绘制方法，在《天文学上的旷世之争》思维导图的绘制过程中，你遇到了哪些问题？

生：确定框架关系(并列、总分、对比、归纳等)时感觉很犹豫，不知道如何确定。

师：那你们最后怎么确定的？给大家展示一下。

生(第一小组)：我们组最后选择了并列式(见图1)。因为文本太长，一条条列下来感觉不会遗漏。(教师播放PPT第3页，展示第一小组的预习成果)

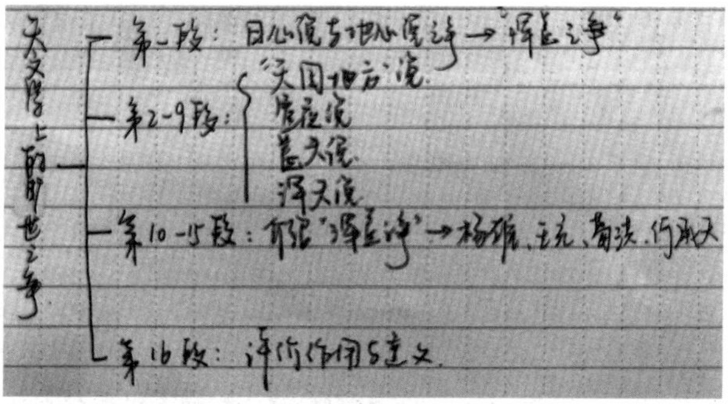

图1

师：这个思维导图看上去有二级分支，但只是标示了自然段。严格说，就是并列式的简单罗列。我们稍后就这个思维导图来分析和修改一下。其他同学还有补充吗？

生(第二小组)：大致确定框架后，仍然很难选择分支内容，因为文本太长，感觉很难概括。(教师播放PPT第4页，展示第二小组的预习任务成果，见图2)

师：这个思维导图内容确实很“丰富”了。有箭头有分支，但是内容太多，看不清层级关系。而且这个导图除了存在中心问题不在中心位置的问题，还有框架模糊、分支杂乱和层级不明的问题。你们组可能在文本细读、梳理方面有不少问题，需要重新整理。

师：还有要补充的问题吗？

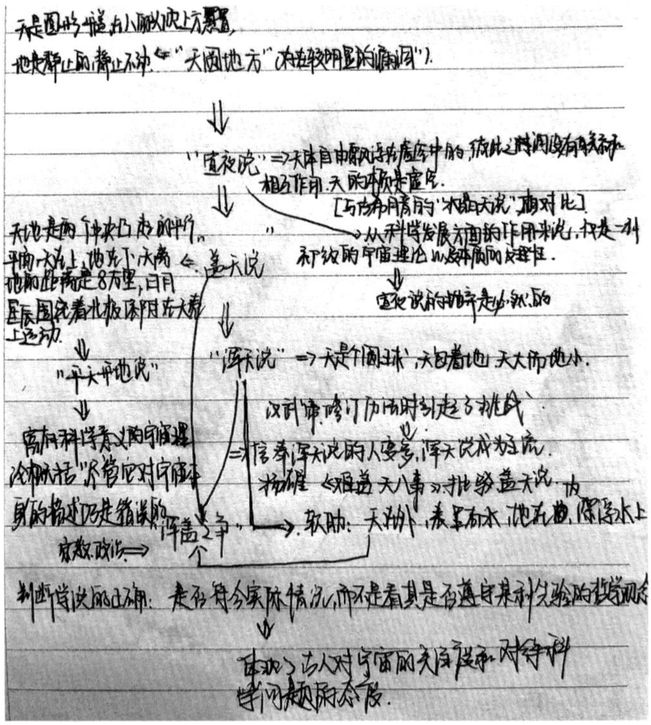

图 2

生(第三小组):我们组觉得文章后半部分很难把握,不知道该放在哪个部分,只能先并列。但是又觉得浑天说和盖天说的内容放在“浑盖之争”后面很奇怪,又不知道应该放哪里。(教师播放 PPT 第 5 页,展示第三小组的预习任务成果,见图 3)

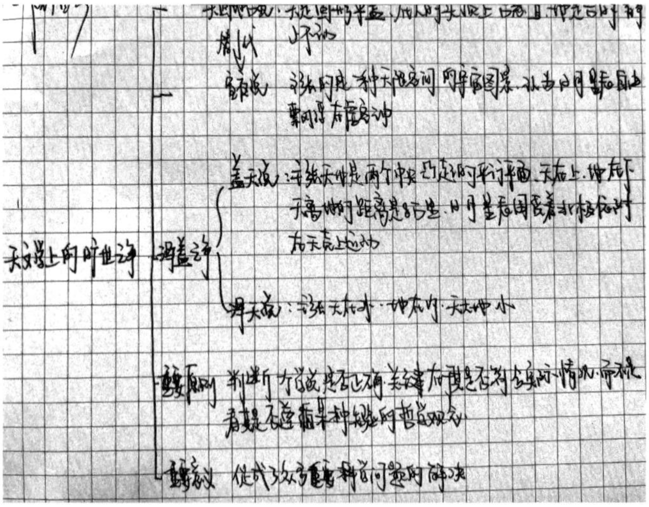

图 3

师:这个思维导图看上去有一定的条理。我听出组员们觉得当文本复杂时,“分支关系”

和“充实分支内容”方面有一定的困难。由此可见，在了解基本知识和基本画法的基础上，要正确并高效运用思维导图，实际上还存在不少问题。接下来我们就试着去逐步解决或改进这些问题。

任务二：知新——目的，锁定高效率思维

师：刚刚呈现的这三个思维导图，是让人满意的思维导图吗？

（学生集体摇头）

师：结合刚才任务一的初步分析，你认为，绘制一个成功的思维导图，应该有哪些具体要求？

生：思维导图要符合作者的写作思路。

师：如何判断是否符合作者的写作思路？

生：可以参考一些解读文章。

师：一定能够找到科学论著的权威的解读文章吗？如果有，如何判断哪些文章代表了作者的写作思路呢？（生沉默）我们可能一直有个自己不易察觉的误区，就是认为画思维导图是一个被布置给自己的作业，它有对错之分，它要符合作者的写作思路或老师的评价标准。其实并不是这样，我们要有这样的认知——（播放 PPT 第 6 页）

(1) 同一篇章并不只对应一个思维导图。不同绘制者，甚至同一绘制者在不同目的之下，可能会绘制出很不一样的思维导图。没有绝对正确或绝对错误的思维导图。

(2) 作者和读者都可以是思维导图的创建者。由作者创建的思维导图，使作者思维可视化；由读者创建的思维导图，使认知过程可视化。绘制思维导图，可以选用自己最能理解和记忆的方式，更具有灵活个性，可加上“扩展信息”，即实现“思维发展可能性的可视化”。

师：阅读以上两点，大家还有要补充的吗？

生：要符合绘制者的思路。

师：嗯，绘制者包括作者和读者。但是怎么符合？我们的身份一般是读者，读者绘制思维导图的目的是什么？这个问题前面说过，是便于理解和记忆文章。那么，可以有哪些要求？

生：应该要便于自己理解和记忆，能满足自己的学习或复习需求，要有明显的侧重点。

师：很好，这是非常现实的需求，而且这些需求还可以再细化。我们可以参考学案中思维导图的作用与运用，分角度、分需求来细化。（板书：绘制目的明确）还有要补充的吗？

生：我感觉思维导图不能太复杂，图形也要好看一些。

师：什么样的图形属于好看的图形？需要分色彩描绘吗？

生：分色彩描绘也不一定能画好。我觉得要看上去比较舒服，字数不要太多，像刚才第二个思维导图文字就太多了。

师：就是看上去比较协调对吗？

生：对。看上去不是空的地方特别空，满的地方特别满，要协调。

生：比如，分支少的话，可以放在单边；分支多的话，可以向左右散开。

师：对，这样就比较具体了。可以调整思维导图的结构形式，未必一定要采用从中心辐射的形式，分支内容要尽量精练，对吗？（教师板书“分支结构合理、分支内容精练”，播放 PPT 第 7 页）

（1）要画出一个成功的思维导图，要先确定绘制目的。比如：想要展示篇章结构，思维导图应重点突出结构框架；想要呈现各部分内容或分论间的主次关系，思维导图的形式和内容要凸显各部分关系；想要借助思维导图理清概念，应把重点体现在各级概念的内容斟酌上。

（2）成功的思维导图不在于形式的繁简，而在于结构及分支内容。分支结构及各分支上的语句需要斟酌完善，并非越全越好。要有取舍，有概括性，指向重点或体现关系。

师：刚刚我们调动了经验，经过一番讨论，对思维导图的绘制有了进一步的认识。在此基础上，我们来针对性实践一下。先从明确的绘制目的出发，兼顾分支结构与文字。假设现在我们需要为《天文学上的旷世之争》绘制一个合理的思维导图，目的是“引导读者准确把握文章的重点内容和观点”。请对刚才任务一的第一个导图（图 1）进行修改，使之更加符合绘制目的。

（师巡视观察，提醒大家注意“引导读者准确把握文章的重点内容和观点”这句话，思考“重点内容”是什么、“观点”是什么，两者都要有所体现）

师：我们请第一小组来当堂呈现修改后的思维导图，并说说前后差别，说明修改原因，其他小组准备点评。

生（第一小组）：图 4 是我们组的修改稿。（教师播放 PPT 第 8 页）

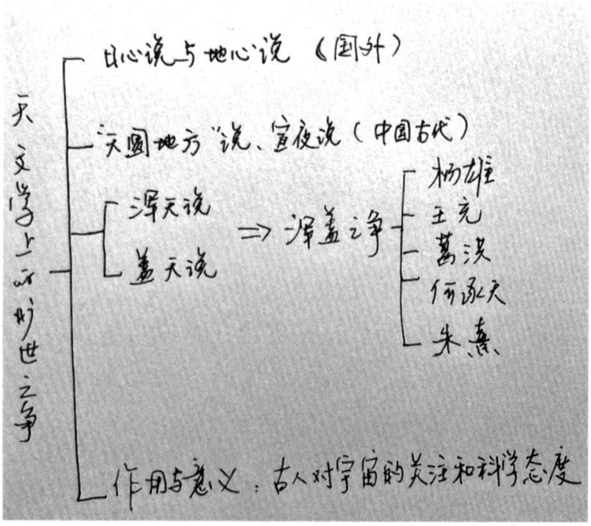

图 4

第一，我们在原图示的基础上去掉了段落标注，因为和文章的重点没有关系。第二，我们把文本中浑盖之争之前的学说，分成了国外、国内两部分。第三，我们觉得浑天说和盖天说的介绍，是为介绍浑盖之争做铺垫，和浑盖之争是同一部分的内容。所以，这里我们用了总分结构。第四，是“作用和意义”，我们认为应该要用一句话补充具体意义。

师：就是改成了第一层级以并列为主，“浑盖之争”用总分结构。其他组的同学对这个修改后的图有什么意见或建议？

生（第三小组）：我们认为这个图比原图有层次，重点比原图突出。但是我们觉得段落标注也是可以保留的，因为目的是向读者呈现文章内容，文章很长，标注段落可以让读者更快找到对应文字。

生（第二小组）：我们觉得课文重点还是没有突出。而且，文章最后有一部分的重要内容没有体现在图中。最后的“作用与意义”我觉得改成“重要意义”更好。

师：你们认为文章重点在哪里？没有体现的部分是什么？

生：我认为重点应该是浑盖之争，因为作者用了很大篇幅来说这部分内容，这部分的分支内容还不够具体。没有体现的部分是中国的严谨态度，浑盖之争没有受到政治和宗教等的影响，这可能就是作者的观点。

师：你们组分了几个层级？是如何凸显重点和观点的？具体到什么程度？可以分享一下吗？

生：我们写得也不太好，跟前面图 3 差不多，但比它简约一点，也是并列和总分的结构，加了一些解释。（见图 5）现在看觉得重点依然不突出。我们把“浑盖之争”写在“浑天说”“盖天说”的前面，位置换了一下，作为第一层级了。（教师播放 PPT 第 9 页）

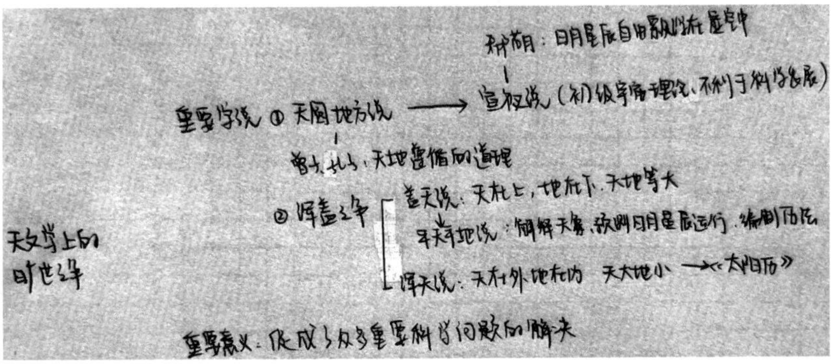

图 5

师：任务一的第三个思维导图比第一个是更有些层次的，它的主要问题是分支内容未加斟酌。而第二个又过于散乱，所以老师选择了第一个图便于大家从结构开始修改。

生：但是浑天说和盖天说的介绍不是“浑盖之争”，写的是“浑”“盖”不是“争”。

师：浑天说和盖天说的内容介绍，不是“浑盖之争”的过程，大家觉得有道理吗？

（很多学生点头）

师：综合以上几位同学所说，原图示（图 1）的问题是结构没有体现文章重点，分支内容也不够具体。这个修改图（图 2）从一定程度上来说，层级归纳比较清晰，也有重点，已经有了进步，但内容仍不够具体。单看这个图，读者还是不能够清楚地认识到文本的重点以及观点。

同学们能够感受到文章的重点是浑盖之争，刚刚说到的其实是“争”的具体过程，而文章的观点，也是要点出这个“争”的过程和本质。正如同学们所说，这个要体现在思维导图上好像有点难，因为文章太长了，而且内容也时有穿插。所以，我们还需要帮手。

任务三：深入——表格，想说爱你很容易

师：由上一环节的修改我们可以看到，细读文本概括信息是一个难点。篇幅较长、信息复杂的章节，不太容易被直接概括形成思维导图。（播放 PPT 第 10 页）绘制思维导图，我们还能巧借另一个工具——表格，用于组织整理文本信息。表格本身也是一种可视化的整理图式。表格的设计，“表头”是关键。表头一般指表格的第一行，指明表格每一列的内容和意义。

我们现在就来试着整理一下“中国古代主要天文学说”和“浑盖之争”两块内容。我们以“中国古代主要天文学说”和“浑盖之争”为核心列两个表格，表头应包含哪些内容？请结合相关文本，为两个表格分别列出表头，并按文章内容完善表格。

（每两个小组负责一个表格，约 3 分钟）

生（第一小组）：主要天文学说应该包括“学说名称”“代表人物”“观点”“历史意义”。（教师播放 PPT 第 11 页）

师：很好，思路非常清楚。表头可以多列几项，誊到思维导图中可以视情况保留或删减。

（学生提取信息，完善表格。学生完成后，教师播放 PPT 第 12 页，展示表 1）

表 1

学说	代表人物	基本观点	历史贡献
“天圆地方”说	孔子、曾子	天是圆形平盖，在上方悬置；地是方的，静止不动	较早形成了中国人对宇宙形状的认识
宣夜说	郗萌（记载者）	日月星辰自由飘浮在虚空中	似乎更接近宇宙的实际
盖天说	司马迁	天在上，地在下，天地等大	解释各种天象；预测日月星辰运行；编制历法，满足社会需求
浑天说	落下闳、邓平、扬雄、葛洪、祖暅、朱熹等	天在外，地在内，天大地小	更符合观测依据；制订了更符合实际天象的历法；成为主流认识

师：从表 1 可以看出，我们前面修改的思维导图里，对几种学说的列举和归类是不够准确和全面的。国外的两种学说，国内的四种学说，可以进一步分级写清楚。另外大家要注意，文中还有几种内容介绍不多的学说（安天论、穹天论、昕天论），也可以写进“学说”一列中。

生：我们认为“浑盖之争”的表头应该要有各家学说出现的时间，因为没有明确的流派。还要有各家代表人物、各家观点和争论结果。

师：各家观点如何提取？毕竟不是成熟的学说。可以用什么样的词代替？既然是“争”，

就应该有什么？

生：有分歧。

（教师播放PPT第13页，显示表头。学生继续完善表格。学生填写完后，教师播放PPT第14页，展示表2）

表2

时间	代表人物	关注点、歧异所在	成果或结论
汉武帝时	司马迁、落下闳、邓平	宇宙结构不同，测量仪器方法均不同	《太初历》，浑天说胜出
西汉末年	杨雄、桓谭	从观测依据、数理结构批驳盖天说的观点	《难盖天八事》，浑天说胜出
东汉	王充	观测角度，责难浑天说“天何得从水中行”	击中浑天说软肋
晋	葛洪	针对王充提出“横破镜”依据	证明盖天说是错误的
南北朝	何承天	观测角度，太阳从水中出没问题	对浑天说未起太大作用
南宋	朱熹	从天文测量仪器制作角度	《朱子语类》，反对盖天说

师：很好。这两个表格，我们只要经过简单整理，稍加取舍和整合，就可以放到思维导图中的一些一级分支或二级分支中去，帮助形成重点突出、细节到位的思维导图。绘制思维导图之前，我们可以先读文章，必要时列表格，再整合成思维导图。

师：下面我们再实践一下，借助以上表格，第二次修改思维导图，完善结构和分支内容。

（学生修改思维导图。教师播放PPT第15页，展示图6）

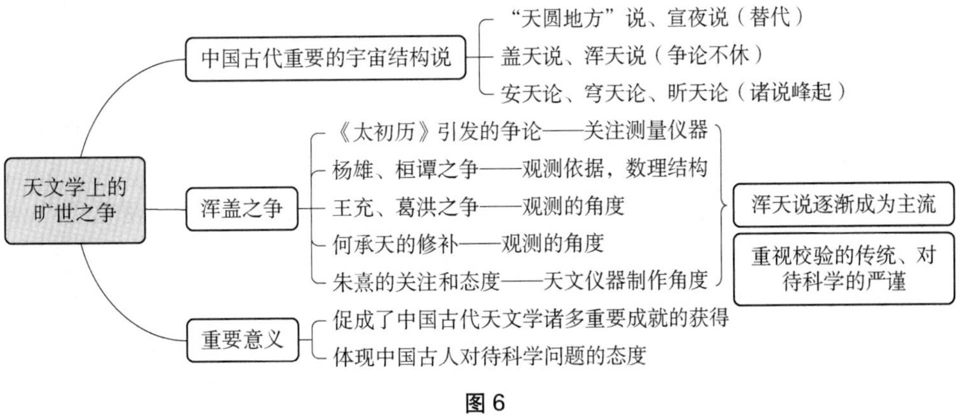

图6

师：最后是今天的回家作业。（播放PPT第16页）结合本课诸任务得出的结论，请为《宇宙的边疆》绘制思维导图。从“展示篇章结构”“呈现各部分内容或分论间的主次关系”及“借助导图理清概念”中择其一作为绘制目的，可适当结合表格作为辅助。要求写出目的，画出表格和导图。（《宇宙的边疆》文字比较简单易读，概括难度不大。绘制思维导图以目的明确，与文章重点相符，脉络清晰，表格合理、简明为主要标准）

【教学反思】

本专题旨在通过建构并充实思维导图的相关知识，以课文《天文学上的旷世之争》为例，引导学生学习运用思维导图有效地梳理论文思路，概括论文观点，在回顾、学习和比较的过程中，总结并加深对思维导图的认识，学习将思维导图与表格等图式结合起来，更准确高效地图示论文结构与观点。

在课堂落实之前，我对原先的教学设计中的“任务一”做了修改，因为提前了解了学生的预习过程，我发现大家对思维导图的接触比我想象得要早、要多，只是在认识上还比较模糊。原先的任务一重复了预习的内容，知识建构停留于知识的表面，只略作明确和强调。故而，上课时改成了分别检验两个预习任务的完成度，即询问学生关于思维导图的学习心得，以及了解学生在绘制思维导图过程中发现的问题。同时，也将这个任务初步呈现的思维导图，作为后面几个任务中的修改对象。将原先比较分散的修改对象，集中为某一个，以便于实现任务的前后连贯，也便于课堂讲解和讨论。课后作业也减少了一题，因为思维导图作业本身综合性较强，考虑到质量，就不再重复加量布置。

授课过程较原先的教学设计推进得缓慢一些。虽然节奏不快，但是本堂课内容还是很充实的，也有一些亮点，实施得比较到位。由于学生普遍对思维导图有认识上的误区，任务二的加深认知就显得很有必要。尤其是对思维导图多样化、包容性的认知，以及“从绘制者实际需求出发绘制思维导图”的认知。认识到这些，将有利于学生更自信、更仔细地投入阅读和制图的过程中。

另外，《天文学上的旷世之争》虽然篇幅较长，但内容清晰，介绍详尽，重点突出。然而，学生普遍很难从结构的高度去把握稍微复杂一些的文本内容，尤其难以将结构体现在思维导图之中，缺少理解和表达之间的台阶或者支架。所以表格的补充使用，我认为确实是制作思维导图的一大辅助。表格对学生来说，是只有简单经验，缺乏理性认知的图式知识，在课堂上我也花费了一些时间，让学生学习主动设计和填写。总体上，学生对“绘制者视角决定绘制目的”和“复杂部分可以借助表格”有了一定的认识，能有意识、有步骤地帮助自己在思维导图上表达自己的理解。

一堂课能够解决的问题总是有限的。与课前的设计相比，在“结构如何更优化”“分支内容如何斟酌”方面，没有时间去进行充分的展开，都只点到了一些皮毛，这跟设计不够细致有一定关系；包括各级分支之间的关系，没有在课上留下足够斟酌的空间。这些都导致了第二次修改思维导图耗时较长，压缩了分析时间。课后，应当对这一次修改的思维导图再次进行针对性分析评价。这些都有待我们去进一步思考，精进设计，不断尝试和完善。

理性与感性：学术著作和科普作品的美感

执教 / 浙江省宁波中学　谭梦诗

本课课件

【专题目标】

联读两篇学术科普论著文章，从《自然选择的证明》的阅读中体会科学、严密的理性之美，从《宇宙的边疆》的阅读中体会铺陈、形象的感性之美。安排两课时，第一课时引导学生梳理文章基本观点与各部分的关系，把握文章整体思路及逻辑结构特点，第二课时引导学生比较学术论著与科普作品表达观点时所运用的不同表达方式、语言风格，感悟人类探索自然、思考宇宙的科学求真精神。

【预习任务】

1. 自主对比阅读两篇文章，梳理每个段落的内容，总结行文思路及逻辑结构特点，思考作者侧重不同的写作内容却隐含的相同目的。

2. 深入阅读两篇文本，画出两文体现出不同特色的表达方式与语言风格的语句，体会重点语句的理性表达与感性表述呈现的语言艺术效果。

【教学实录】

第一课时

师：（播放 PPT 第 1 页）“长大后想当科学家”，这句话大家小时候是不是都说过？

（多数学生点头，窃窃私语）

师：现在还在坚持这个梦想的有多少人？请举手。

生（举手）：梦想很美满，现实很骨感。想也没用，早就不想了……

（学生哄笑，点头认同）

师：小时候的梦想只是种下的一粒种子，在诸多条件成熟的时候，梦想才有花开之时。大家要不忘初心哦。我相信在座的诸位将来一定有人会成为一名科学家的。

生（鼓掌）：谢谢老师的鼓励。

师:哲学家严北溟曾说,科学的任务就是穷探宇宙、社会、人生的一切幽微奥妙。今天我们来学习两篇有关科学的文章——达尔文的《自然选择的证明》和卡尔·萨根《宇宙的边疆》,主要进行群文比较阅读,学习的重点有三。(播放 PPT 第 2 页)

学习目标

一是分析两文在表达"穷探宇宙一切幽微奥妙"的看法时,写作思路是如何展开的。

二是赏析两文在表达方式与语言特点的呈现上,有哪些不同的科学美感。

三是比较两文在表述如何正确认识自然、热爱科学、献身科学等目的时有何侧重点。

师:大家回忆一下预习内容,两文文体同属于什么?又分属于什么?

生:同属于自然科学论著。《自然选择的证明》分属于学术论著,《宇宙的边疆》分属于科普作品。

师:回答准确。科普作品也可以说是解说词。你们是如何获取这个准确信息的?

生(齐声):"单元导语"与"学习提示"。

师:荀子说得好,君子生非异也……

生(齐声):善假于物也。

师:希望同学们莫忘此学习之道。大家想想,两文在表达方式上有何差异?

生:《自然选择的证明》一文的作者主要是证明"物种是自然选择的"并反对"特创论"。侧重论述。

生:《宇宙的边疆》一文的作者主要是让我们认识宇宙的基本构成。侧重说明。

师:两位的回答非常准确。作者选择不同表达方式的原因是?

生:写作目的不同。前者是学术争论,讲求专业化、理论性;后者是科普作品,用来介绍科学知识,较通俗易懂。

师:分析得合情合理。

任务一:整体把握文意,梳理行文思路

师:下面一起来看两文的写作思路是怎样展开的。

(教师挑选学生预习作业进行对比展示,讨论后教师点评展示,播放 PPT 第 3 页)

写作思路总结

(1)《自然选择的证明》写作思路

①提出自然选择理论→②列举大量事实和自然现象,用自然选择理论进行解释,论证物种形成是自然选择的结果,适应自然选择的作用→③针对自然选择学说面临的难题进行解释,证明自然选择学说的科学性→④用自然选择理论解释生物在地理分布上的各种现象,总结生物同源、迁移与变异的观点。

(2)《宇宙的边疆》写作思路

全文从地球出发,依次介绍了宇宙中心——星际、星系——恒星——太阳系,最后又回到地球。由近及远,又由远到近;由小到大,又由大到小,阐述了宇宙的组成。

师:文章的写作思路展开要遵循逻辑结构特点,下面请简要概括两文逻辑结构的不同特点。

生:《自然选择的证明》采用总分式展开,各个层次间连接紧密,各有侧重。

生:还有逻辑严密的特点。

生:《宇宙的边疆》按空间顺序展开,条理清晰。

师:概括得非常好。(播放 PPT 第 4 页)《自然选择的证明》一文采用总分式,较容易理解。那么,《宇宙的边疆》结构层次是按空间顺序展开的,想想这样安排的原因是什么?

(学生分组讨论。组长发言,组员补充,教师总结,播放 PPT 第 5 页)

第一,遵循客观规律。宇宙的演化规律是先有构成宇宙的原始物质,次有星系,再有恒星,又有行星。按照这样的顺序介绍宇宙的构成,符合宇宙演化的基本规律。

第二,突破惯性思维。人们认识宇宙的思维往往是从地球的视角,而本文选取空间尺度上由大到小的顺序,让读者先从整体上认识宇宙,打破了一般读者(观众)的惯性思维。

第三,凸显人文情怀。由广袤的宇宙最终回到地球人类的家园,以此反观人类未来发展之路,表达了人类对宇宙的敬仰,探索宇宙的热情及“掌握我们自己的命运”的情怀,与“人类的未来取决于我们对这个宇宙的了解程度”的人文思想相契合。

任务二:侧重不同表达,隐含相同目的

师:写作思路的展开与逻辑结构的安排往往要为写作目的服务。对比阅读两篇文章,概括两文论述的侧重点与相同的写作目的。

生:《自然选择的证明》侧重观察、概括生物界的变异和遗传现象,由此展开分析和推理,是为了证明“物种是自然选择的”的观点。

生:不只是为了证明“物种是自然选择的”的观点,同时也驳斥“特创论”的观点。

生:还有本文属于学术论著,面向自然科学的专家们,目的是引导人们正确认识自然、探索自然,具有求真精神。

(学生掌声)

师:刚才几位同学思考得比较全面,也非常恰当。值得表扬!谁来谈谈《宇宙的边疆》?

生:《宇宙的边疆》侧重面向大众展示宇宙空间的奥秘、天体的物理特征和遨游太空的收获,是为了让民众整体理解宇宙。

生:《宇宙的边疆》侧重介绍了宇宙的全景,引发人们对探索宇宙的兴趣。

生:还有起到科普宣传的作用。

师:刚才几位同学的回答非常精彩!值得表扬。但存在一个理解上的偏差。

生:第二问问的是“相同的写作目的”,然而刚才几位同学的回答偏向两文各自的目的。

师:不错,抓住作答的关键。你的回答是?

生:两文共同探讨的是对自然、宇宙规律的认识与见解。

师:围绕相同写作目的回答,不错!还有同学补充吗?

生:培养我们热爱科学的精神。

生:还有,都表现出科学家的任务是穷探宇宙、社会、人生的一切幽微奥妙。

(学生哄笑)

师:刚才这位同学现学现用,非常好。我们可以用自己的话来概括其意思。下面我们一起归纳一下。(播放 PPT 第 6 页)

两文论述的侧重点虽然不同,但共同探讨的是对自然、宇宙规律的认识与见解,表达的都是对科学真理的探索与追求,都充满理性、严谨、求真的科学精神,都为人类探索未知世界提供科学研究依据,都是为了引导人们正确认识自然、热爱科学,为献身科学而奋斗等。

师:这节课通过对两篇文章写作思路、逻辑结构和写作目的梳理与分析,得出以下结论——第一,无论是学术论著,还是科普文章,要有针对性的写作内容和明确的观点;第二,展开论述时结构思路要清楚,论证逻辑结构要清晰;第三,通过群文比较阅读,不仅要弄清文章各自表述的侧重,还要探寻背后相同的写作目的。两文都体现出写作科学论著的任务是介绍科学、认识科学、探索科学,目的是增强人们热爱科学、献身科学的求真精神,让科学之光照亮世人前行之路。(播放 PPT 第 7 页)

第二课时

师:这节课继续对两文进行比较阅读,重点体会语言感性之美与理性之美的呈现特点和表达效果。(播放 PPT 第 8 页)

任务三:寻找特色语句,品味表达美感

师:为了让同学们较为清晰地感受语言表达呈现的感性之美与理性之美的特点,我们先来欣赏《傅雷家书》中描述的感性之美与理性之美的特点,请同学们说说对这段话的理解。(播放 PPT 第 9 页)

感情的美近于火焰的美,浪涛的美,疾风暴雨之美,或是风和日暖、鸟语花香的美;理性的美却近于钻石的闪光,星星的闪光,近于雕刻精工的美,完满无疵的美,也就是智慧之美!情感与理性平衡之所以最美,因为是最上乘的人生哲学,生活艺术。(《傅雷家书》)

（学生讨论）

生：傅雷用了四个不同的画面来比喻感性之美的特点，表现出感性之美的画面感、形象美。

师：你的感觉很正确。能不能从四幅画面的意象特点展开分析？

生：火焰的特点是热烈，“感情的美近于火焰的美”表现出感性之美的特点是具有浓烈的抒情性。“风和日暖、鸟语花香”的画面给人以清新温馨之感，是说感性之美表现为清新与形象。

师：分析得很合理。还有同学能从其他意象着手分析吗？

生：浪涛具有起伏、层次感，是不是比喻感性的语句往往采用排比结构？“疾风暴雨之美”，不知道比喻什么。

师：你猜得很对，起伏的波涛可以用来表现感性语言的形式特点。想想看，疾风暴雨是不是一幅不同于风和日丽的画面？它较为猛烈，与火焰的比喻近似，是说感性之美具有浓烈的抒情性。

生（点头）：好像是的。

师：谁来说说理性之美的描述所呈现的特点？

生：我从“智慧”这个词看出，理性之美的语言讲求思考的深刻性。其他的，我推荐同桌说说。

生：“近于雕刻精工的美，完满无疵的美”，是不是说理性之美讲求语言准确严密？钻石的物理特性之一是密度大，是不是说理性之美讲求思维的缜密？

（同学鼓掌）

师：两位同学分析得很深入，能抓住喻体特征思考，得益于平时良好的思维习惯。大家想想，人们仰望星空，看到星星的闪光，是不是有思考、探索的欲望？

生：也指理性之美要有对思考的深刻表达。

生：可能还有星空给人以高远深邃之感，用来比喻理性之美有深刻的特点。

师：总结得很好。下面我们一起完整地归纳一下。（播放 PPT 第 10 页）

感性之美表现在浓烈的抒情、铺排的结构、想象的独特、画面的形象感等。
理性之美表现在思维的缜密、逻辑的严谨、思考的深刻、语义的丰富性等。

师：有了上述对感性之美与理性之美的语言呈现特点的认识，下面回到对两文重点语句的赏析，进一步感受感性之美与理性之美在两文语言表达时呈现的不同特点。

（教师汇总展示同学们预习中选出的较为典型的语句，播放 PPT 第 11—14 页）

例 1：根据同属内的所有物种都是从一个共同祖先而来，并且继承了很多共同的性状这一观点，我们就可以理解为什么边缘物种虽处于极不相同的生活条件下，但仍具有几乎相同的本能。（《自然选择的证明》第 9 段）

例 2：①由于自然选择仅通过对微小、连续且有益变异的逐步积累而产生作用，②因而它不会导致巨大的突变，③而只能按照短小而缓慢的步骤进行。④所以，已为新知识所不断证实的“自然界中没有飞跃”这一格言也是符合自然选择学说的。（《自然选择的证明》第 5 段）

例 3：近来，我们已经开始向大海涉足，当然，海水才刚刚没及我们的脚趾，充其量也只不过溅湿我们的踝节。（《宇宙的边疆》第 4 段）

例 4：好奇是人类的天性，理解是一种乐趣，知识是生存的先决条件。因为我们在这个宇宙中只不过是晨空中飞扬的一粒尘埃，所以，我们认为，人类的未来取决于我们对这个宇宙的了解程度。（《宇宙的边疆》第 2 段）

例 5：假如我们被随意搁置在宇宙之中，我们附着或旁落在一个行星上的机会只有 10^{33} 分之一（10^{33}，在 1 之后接 33 个 0）。在日常生活当中，这样的机会是“令人羡慕的”。可见天体是多么宝贵。（《宇宙的边疆》第 6 段）

师：同学们默读思考这五句典型句子，以前后桌为单位分组讨论，至少选两例讨论赏析。可从表达方式、句式（句间关系）、语体特点、表达效果等角度分析所选语句的表达特色。

（学生讨论 3 分钟左右）

生：我们小组选的是例 1 和例 3。例 1 这段文字中加线的词语都属于修饰、限制性的词语，体现语言表达的理性之美。而且使用恰当，使语言表述准确严谨，突出学术化语言的特点。

师：还体现出作者严肃认真、实事求是的科学精神。

生：例 3 这段文字中的“大海”“脚趾”和“踝节”运用比喻阐述人与海洋的密切关系——海洋是生命的诞生地。比喻修辞使观点形象化，通俗易懂，达到普及大众的效果。整体呈现出语言的感性之美。

师：分析得准确到位。下一个小组？

生：我们小组选的是例 3 和例 4。例 3，刚才的同学讲得不错，我说说例 4 吧。这一段文字运用了排比句，还有长短句。多种句式灵活运用，有节奏感和抒情性。

师：从句式的角度分析得不错。有没有同学从其他角度分析一下？

生：我觉得这段话用了“因为”“所以”因果复句，运用严密的逻辑来表达看法，偏向理性的表达。但又用了比喻，好像又是感性的表达。

师：这位同学思考得很全面。的确，理性表达与感性表达不是绝对孤立的，有时是相互交融的。有没有同学从表达方式的角度对这个句子做赏析？

生：我认为这段话开头的三个句子既是议论性的，又融入作者的抒情性。还有后面的“我认为”是一种主观的态度。所以这一段在表达方式上是融议论、抒情为一体的。

师：分析得还不错。这段文字运用多种句式搭配，整体上将议论、抒情、说理融为一体的，语言通俗化，议论形象化，说理抒情化，使人文色彩更加浓郁。所以整体上偏向感性的表达，但也融入了理性的表达，可以说是二美兼备。

师：下一个小组的代表说说你们组讨论的情况？

生：我们小组选的是例 2 和例 4。例 4 已经分析清楚了，我说说例 2 吧。这段文字中每句句首都有关联词，明显是侧重逻辑关系的论述，应该是理性的表达。

师：分析切入点不错，哪位同学具体分析这段话的逻辑关系？

生：这段文字中①“由于”表前提，④“所以”表推理结论，整体上构成因果推理关系；②

“因而”,与①又构成前提内的因果关系;③与②又构成递进关系。

师:分析正确。关联词的恰当运用,不仅体现语义严密、逻辑性强,而且体现学术著作逻辑缜密、严谨科学的特色。

师:再请一个小组的代表说说你们组的讨论情况。

生:我们小组选的是例 1 和例 5。例 1 刚才的同学讲得不错,我说说例 5 吧。这段文字开始用了“假如”,表明是作者的假设想象,但后面又有“10^{33} 分之一(10^{33},在 1 之后接 33 个 0)”这样准确的数字说明,是将科学知识介绍与富有感情色彩的想象描述融为一体,理性之美与感性之美兼具。

师:理解得很不错。再从后文的表述看,虽侧重抒情性表达,但作者字里行间满是对宇宙的敬畏及对生命的思考,使文章具有更丰富的科学意蕴和更深厚的人文意蕴。所以,感性之美与理性之美相互交融,体现自然科学的美感。

师:根据上述的分析,下面将语言理性之美和感性之美呈现的不同特征用词语以表格的形式完成总结。

(师生共同完成表格,见表 1,教师播放 PPT 第 15 页)

表 1

类型	呈现特点						
理性之美	雄辩	严密	逻辑	丰富	条理	深刻	冷静
感性之美	抒情	想象	形象	通俗	铺排	幻想	好奇

师:以上从几个典例入手体会自然科学论著在表达方式与语言特点的特色,同学们还可以从两文其他的语句中进一步体会语言之美的呈现特点,为进一步习得语言文字运用能力插上翅膀。

任务四:群文对比阅读,训练概括能力

师:下面我们由对两文语言运用的比较赏析转入对两文整体的比较阅读,提高对内容各有侧重的自然科学论著整体阅读的鉴赏能力。

(小组合作讨论,在表格画虚线处填入对应词语,力求准确、恰当。经课堂交流,教师点评归纳,形成表 2。教师播放 PPT 第 16、17 页)

表 2

单元篇目	文体特征	语言特点	表达效果	写作对象	写作目的
《自然选择的证明》	自然科学论著(论文)	长句 多重复句 用词准确 严谨求实	语义丰富 逻辑严密 学术性强	学术专家	学术论证 创立新学说,破除旧成见 科学求真

续 表

单元篇目	文体特征	语言特点	表达效果	写作对象	写作目的
《宇宙的边疆》	科普作品(电视纪录片解说词)	短句 善用修辞 语言诗化 画面感强	富有激情 生动形象 激发想象	普通民众	科普解说 激起热爱科学、探索自然的兴趣 科学普及

任务五:课堂拓展演练,达成学以致用

师:感受语言感性之美和理性之美的呈现特点,是为了灵活运用。下面是中国科学家克隆猴的过程示意图(图1),请把这个过程用侧重理性之美的语言或侧重感性之美的语言写成一段话。要求语言理性之美或感性之美的特点突出,内容得当,表述准确,语言连贯,不超过130个字。(播放PPT第18页)

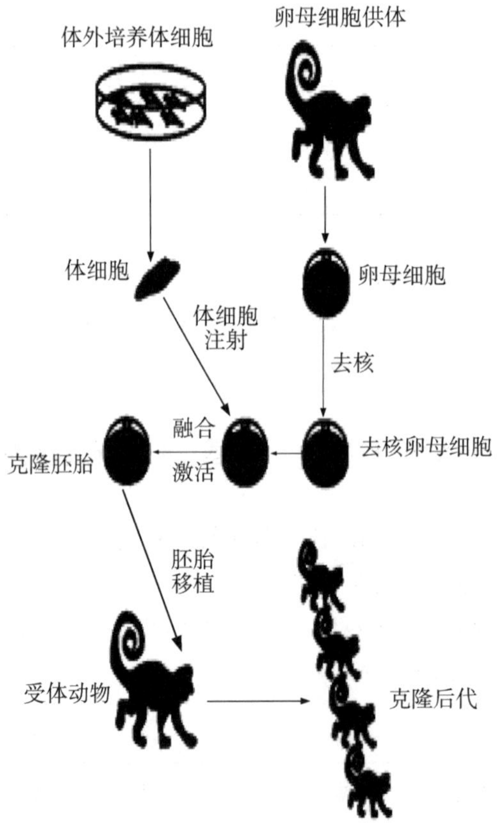

图1

(学生当堂写作。教师巡视点评,挑选优秀文段展示,播放PPT第19页)

生:我选择感性之美的表达。微小细胞也孕育着不可估量的生命力,我们从供体猴体内

提取卵母细胞并去核，然后将体外培养的体细胞注射其中，它们相拥融合、激活后形成克隆胚胎，生命之光就此诞生，当胚芽移植到受体猴体内，就可以培育出克隆后代。克隆是现代技术之光，是生命传承之美，是梦想花开之果。

生：我选择理性之美的表达。人们首先从供体猴体内提取卵母细胞并去核，然后将体外培养的体细胞注射其中，使二者融合并激活，形成克隆胚胎，再将胚胎移植到受体猴体内，从而培育出克隆后代。

师：法国剧作家莫里哀曾说，语言是赐予人类表达思想的工具。这节课我们主要从语言感性之美和理性之美的角度，比较阅读《自然选择的证明》《宇宙的边疆》两文在语言表达中所呈现的不同特点，体会学术论著与科普文章表达方式与语言风格的不同，训练了语言鉴赏的思维方法。同时从不同的角度对两文进行了整体上的比较阅读，提高了整体阅读思维能力，为我们有效阅读和学习写作奠定坚实的基础。

所以，作为学习者，广泛接触学术论著和科普作品等自然科学美文，不仅是语文核心素养下的要求，也为我们认识科学、热爱科学、探索科学、献身科学提供智力财富。让科学之光照亮我们的人生。

好，这节课上到这里。请同学们课下观看科普视频《宇宙的秘密》，或阅读达尔文《〈物种起源〉导言》，写一段400字左右的观后感或读后感。（播放PPT第20页）

【教学反思】

本单元主题是“研习自然科学论著”，自然科学论著相较于学生熟悉的论述性、说明性文章，专业性、理论性更强，涉及较多的专业概念、术语和知识背景，同时行文中一般以“问题意识”为导向，兼具“跨学科”的特点，往往综合运用多种表达方式与思维方法，故阅读理解有较多的障碍。如何进行“深文浅读”“长文短教”是提高课堂效率、落实核心素养的关键。对《自然选择的证明》与《宇宙的边疆》这两篇课文，教学思路上采用群文比较阅读的方式，预设不同角度的比较点，引导学生进行阶梯式学习，训练学生在思维与表达上自主思考、合作学习的能力，从而掌握阅读自然科学论著的一般方法。

本次群文比较阅读教学设计，整体思路上按照由整体理解感知比较，到局部关键问题的比较鉴赏和归纳运用，再回到整体多角度比较概括要点的顺序。力求对两文整体与局部的重要知识点进行系统性、层次性、深入性的理解概括和比较鉴赏，实现教学相长的目的。

本次教学用两课时完成教学内容，第一课时围绕“感知内容侧重，思考异中存同”这一教学目标，分为“整体把握文意，梳理行文思路”和“侧重不同表达，隐含相同目的”两个任务进行教学，目的是引导学生整体感知两文虽在内容、思路上存在表达的侧重点，但其逻辑背后隐含相同的写作主题或目的，在群文阅读教学中着重培养学生独立思考、合作探究、深入挖掘内涵的思维品质。从课堂学生互动效果看，整体效果良好，但存在差异性，积极回答并相对准确的同学只是少数，多数同学因为课前预习不充分，课上被动思考，靠惯性思维回答问题，往往抓不住要点。“长文短教”的前提是学生对文本的基本问题能自主消化，这样教师才能有针对性地展开引导，提升学生思维品质。这也给我在如何落实有效教学方面带来反思：如何预设和布置群文阅读的预习、学习任务，是值得在教学实践中不断地反思改进的。

第二课时围绕“横看成岭侧成峰，理性感性美不同”这一教学目标，分为“寻找特色语句，品味表达美感”“群文对比阅读，训练概括能力”和“课堂拓展演练，达成学以致用”三个任务进行教学，目的是引导学生通过赏析特色语句，体会两文在表达方式和语言风格等方面呈现出理性之美和感性之美的语言特色，掌握鉴赏语言的方法，提升品味语言美感的思维能力，进而从多个角度比较两文的差异性，提高学生对自然科学著作的文本特点、表达特色等进行鉴赏的能力。课堂教学中，学生主动思考、合作讨论较为积极。其中，有知识背景支撑或能引发多角度深入思考的，或者是较为浅显直观的例句，学生的分析较为准确、合理。特别是引导学生就《傅雷家书》中对感性美与理性美的形象表述所蕴含的语言呈现特点进行分析时，明显感到学生力不从心，学生很少能从喻体意象的特点去分析感性美与理性美的语言呈现形式，课堂教学进行不够顺畅。与此情形相似的还有对例句 4 的赏析。受课堂时间所限，教师无法真正做到“引而不发”“开而弗达”，有时只能以讲解遮蔽学生的感悟。所以，如何更巧妙地诱导启发，是需要进一步思考与探讨的教学任务。此外，如何从篇幅较长的文章中选取典型语句赏析，起到触类旁通的效果，也是此次教学遇到的难题，在以后的教学实践中立足学情、抓牢文本、抓准思维切入点，方能事半功倍。

文有所长，教无定法。立足任务群特点，凸显核心素养，提高课堂效率，是教师心之所向、行之所往的良愿，我在此途当上下求索。

概括与提炼:提炼关键词,写作论文提要

执教 / 宁波市李惠利中学　谢芬芬

本课课件

【专题目标】

联读《自然选择的证明》和《天文学上的旷世之争》,掌握阅读自然科学论著的一般方法,通过梳理思路和理解主要内容抓住关键概念。运用已学的知识,理解论文关键词和论文提要的概念,学习提取关键词和撰写论文提要的方法。

【预习任务】

1. 概念储备:(论文)关键词。关键词是从论文标题和正文中选取出来的表现论文主题内容、具有关键作用的规范化单词或术语,单独标写在提要之后、正文之前,其作用是帮助读者尽快了解论文中心及主要涉及内容,判断论文与自己的相关程度,以及为论文进入相关数据库,得以推广利用提供条件。

2. 温故知新:温习本单元学过的《自然选择的证明》《天文学上的旷世之争》两篇文章,根据"关键词"概念,尝试提取文章关键词(各 3—5 个),并思考所写关键词的来源有什么共同点。

3. 搜集并阅读一些论文提要,探究它们在内容构成上有哪些共同要素。尝试为《自然选择的证明》写一段 200 字左右的提要。

【教学实录】

师:我想问问同学们,高一到现在有没有写过政治小论文?

生(齐声说):没有没有。

师:看来是没有那么多精力啊。(同学们以哈哈的笑声作答)随着技术的进步和媒体的兴起,其实我们观察社会生活和关注社会现象的渠道越来越多样化。有些同学很善于思考,他们会持续性地关注一个事件或社会现象。如果把这些观察和思考记录下来加以探究,就可以形成一篇很不错的小论文。但是,很多同学不知道规范的论文包含哪些要素。今天简单地和同学们聊聊一篇规范的论文在写作格式上要包含哪些基本要素。首先,一定要包含

什么?

生:标题。

生:论点。

师:我们写作一篇论文,论点是必不可少的内容组成,但它不是独立的一部分,而是隐含在文章的主体部分中,所以这个不算写作格式的构成。

生(纠正):是正文。

师:非常准确的表述。有没有拜读过别人的论文,这些论文格式还包含了哪些要素?

生:摘要和关键词。

(短暂沉默)

师:还要包括正文前的引言和正文后的参考文献。标题、摘要、关键词、引言、正文和参考文献构成了一篇规范的论文。(板书,见图1)

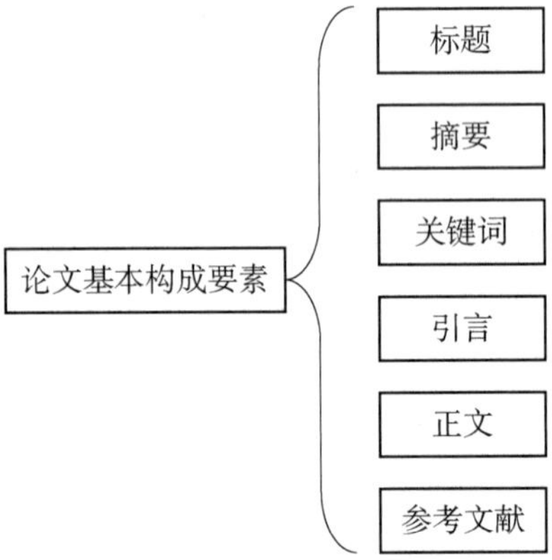

图1

师:我们今天这节课不能对所有的环节进行学习,我们来学习一下"摘要怎么写""关键词怎么提取"。(播放PPT第1页)这节课由三个任务构成——探究提取关键词的方法;学习什么是规范的论文提要,探究提要的构成要素;学以致用,写作实践。(播放PPT第2页)

任务一:群策群力——探究提取关键词的方法

师:我们先从语段练习入手来回顾一下关键词提取的几个途径。(播放PPT第3页)这是2021年山东菏泽的一道语用题,要求提取这则新闻正文部分的三个关键词。这种题型大家比较熟悉,请同学们做一做。

(2021山东菏泽期末)阅读下面的新闻,完成后面的题目。

据人民网,中国儿童艺术剧院2020年新创现实题材童话剧《萤火虫姐弟历险记》于12月19日在中国儿童剧场首演,首轮演出16场,陪孩子们迎接新年。

该剧通过萤火虫"小姐姐"和"小弟弟"在城市中的"冒险"经历,带小朋友们发现那些身边可能被忽略的生命。在共同历险中增长知识，感受人与自然的关系，从而学会认识生命、保护生命、尊重生命。作为一部现实题材作品，该剧主创们选择“蹲下来看世界”，以孩子们更易接受的角度，由浅入深，以小小的萤火虫为切入点，通过探索自然界的各种生物、法则，去传递保护环境、尊重生命的理念。在编剧冯俐看来，人和自然的关系是孩子应该了解的，而萤火虫更是孩子们喜欢的一个物种，该剧正是通过萤火虫的生命历程来表现人和自然的关系。

14. 提取这则新闻正文部分的主要信息，写出三个关键词。(3分)

(学生思考一分钟后)

生：人与自然。(其他学生附和)

生：萤火虫。

生：童话剧。

师：你审题不仔细，要丢分了。

生：哦，是正文部分。换一个，是“生命”。

师：这里有关生命的词非常多，你能仔细咀嚼一下，给出一个更加细化的答案吗？

生：尊重生命。这是演出的目的，应该是这个词。

师：思考分析得非常到位。那么，我们是如何提取到这些关键词的呢？请你来回答一下。(请刚回答“萤火虫”的学生作答)

生：找重复出现多次的词语。

师：重复出现次数很多，反复强调的词语，我们称之为高频词。你可以数数文段中“萤火虫”出现的次数，一共出现了4次。(板书：高频词)观察一下，我们的关键词都来自哪些内容？

生(齐答)：正文部分。

生：标题里。

师：大家很会思考，也找得很准。可是一篇论文比这长多了，当我们把一些词提取出来后，如何确定这些就是文本的关键词呢？这就要涉及关键词提取固定途径有哪些。现在我们通过具体的论文来研究一下。请同学们利用“关键词”概念，尝试提取《自然选择的证明》《天文学上的旷世之争》两篇文章的关键词(各3—5个)，并思考所写关键词的来源有什么共同点。

师：让我们来检验一下同学的自习成果。谁先来展示一下自己的答案？

生：《自然选择的证明》我提取的关键词有“自然选择”，它不仅来自标题，而且文章所有的事实陈述都围绕它展开。还有“变异”，出现了很多很多次。

师：你统计过这两个词出现的次数吗？(生摇头)我统计了一下“变异”这个词共出现了19次。我发现文章每举一个事实就会出现一个甚至几个“变异”。这绝对是一个高频词。

生：我觉得“物种”也是关键词。它在文章里出现的频率也非常高，和“变异”差不多吧。

师：嗯，这个词出现的频率确实非常高。请你思考一下，文章是通过对物种的论述或者举例，来证明自然选择的观点吗？

生(思考)：不是，是举出了很多物种变异的事实。

师(追问)：注意你刚才的表述，你表述的重点落在哪里？再重复一遍你刚才的分析。

生：是“事实”。

师（微笑竖起大拇指）：很了不起的发现。其他同学还有不一样的发现吗？

生：老师，“证明”是不是关键词？标题的中心词是“证明”，我觉得它也是。

师：同学们觉得她说得是不是很有道理？隐藏在标题中的这个核心词，我们有多少同学忽略了它？论文的标题拟写有一项原则——题目应包括论文的主要关键词，为检索提供特定的实用信息。由此我们可以借助论文标题提取主要关键词。《天文学上的旷世之争》关键词有哪些呢？谁先来说说？

生（齐答）：天文学、宇宙结构、浑盖之争。

师：这么齐整，说明大家下了功夫啦。现在请同学们来观察一下自己所提取出来的关键词，它们的来源有什么共同特点？

生（齐答）：文章、标题。

师：确切地说是“正文”，不是“文章”，这种说法更贴切些。（播放 PPT 第 4 页，展示表 1）

表 1

篇　目	提取关键词	关键词来源
《自然选择的证明》	自然选择　变异　事实　证明	标题　正文
《天文学上的旷世之争》	天文学　宇宙结构　浑盖之争	标题　正文

师：那么论文关键词提取的路径有哪些？请同学们互相讨论一下。

（生小声讨论）

师：请大家推荐发言。

生：通过高频词可以提取到关键词，也可以根据标题来提取关键词。

生：根据正文中的主题和中心来确定关键词。

（板书：高频词、标题、主题）

师：这三条途径是论文关键词提取很重要也是最常用的途径。比如，刚才我提到的《自然选择的证明》一文中，“变异”出现了 19 次。因为论文标题在文献检索中的特殊作用，它就成了一条提取关键词的便捷途径。比如《城市网络位置与疫情风险》，这是一个并列结构的标题，我们可以抽取出两个关键词“网络位置”“疫情风险”。又如，《人类线粒体 DNA 的双亲遗传》，我们可以抽取出“线粒体”“双亲遗传”等词语。但是在根据论文正文主题提取关键词的时候，同学们要注意，有些专业性的术语就必须查找专业的学科目录才能确定。比如，刚才提到的《人类线粒体 DNA 的双亲遗传》一文属于“人类遗传学”领域，可以将这个词作为关键词。而这个关键词的确定要查找国家 2011 年颁布的《学位授予和人才培养学科目录》一书。

师：还有别的发现吗？

（生沉默良久）

师：毕竟同学们还没有接触专业论文的写作，有点为难大家了。我再来补充一条途径，作为以后同学们提取论文关键词的参考。大家可以根据关键词基本类型提取关键词。有时标题中的每个词并不一定能作为主要关键词，正文中高频词又太多，主题指向的学科属性不能区分，这时候我们还可以根据关键词的三种基本类型——主题性关键词、过程性关键词、结果性关键词来确定。(板书:关键词基本类型——主题性关键词、过程性关键词、结果性关键词)我发现论文的关键词其实基本可以分为三类,3—5 个关键词实际上分属于这三类。(播放 PPT 第 5 页)

关键词提取的方法

根据高频词提取关键词

根据论文的标题提取关键词

根据论文主题提取关键词

根据关键词基本类型提取关键词

师:如果论文已经有了提要,我们也可以根据提要的内容提取关键词。关键词的词性和放置顺序也是一个值得同学们思考的问题。有兴趣的同学可以去查找资料学习一下,我们在课堂上不再展开。那么,论文的提要怎么拟写呢? 接下去我们继续来学习。

任务二:他山之玉——学习规范的论文提要,探究提要的构成要素

师:论文的提要也就是论文的摘要,是每篇论文必不可少的组成部分。有时候摘要不规范或过于简单,即便你的观点很新颖很有创造性,也可能被编辑忽略,从而失去发表的机会。编辑会根据你的摘要和关键词评判是否留用你的稿件,所以摘要非常要紧。我们先来学习一下别人规范的摘要。(播放 PPT 第 6 页)

材料一

我国转基因大豆研究进展

摘要:转基因技术是现代农业技术的典型代表,经过 25 年的推广,已成为应用速度最快的作物育种技术。转基因大豆是全球种植历史最长、区域最广、面积最大的转基因作物,占比近 50%。我国转基因大豆研发起步较晚,产业化滞后,但已储备了一批转基因大豆新品种,发展潜力巨大,前景向好。文章概述了国外和我国转基因大豆研发现状,分析了我国转基因大豆研发面临的诸多问题与挑战,并提出了相应的对策建议,以期为推进我国转基因大豆产业化应用、提升国产大豆自给能力提供参考。

关键词:农业生物技术;转基因大豆;大豆振兴

材料二

现代生物技术在食品工程中的实践探究

摘要:现代生物技术包含了遗传工程、细胞工程、蛋白质工程、发酵工程和基因工程等方面的内容,在食品工程中,现代生物技术的使用不仅能优化食品安全检测技术,同时还能加快食品原料育种。鉴于此,本文就现代生物技术在食品工程中的实践展开探讨,以期为相关工作提供参考。

关键词:食品工程;基因工程;现代生物技术

材料三

基于结构方程模型的古村居民保护意愿影响因素及效应研究

摘要：为深入探究影响居民参与古村落保护意愿的因素及效应大小，以宁波市首批历史文化名村清潭村为例，构建古村落居民保护意愿影响因素的结构方程模型。研究表明：居民的地方依赖、地方认同、旅游发展认知、名村评选认知四个维度是刻画居民保护意愿的结构方程模型的核心参量；"地方依赖"通过"地方认同"对居民保护意愿起作用，而居住条件对村民的地方依赖影响作用最大；在旅游发展初级阶段的古村落中，居民对旅游发展认知具有乐观性和空想性，对居民保护意愿的作用微弱；地方级名村评选作为一种政府行为，对居民保护意愿具有最显著的直接效应。因此，政府在古村保护中要起示范作用，在修缮历史建筑时，不仅要考虑文物保护单位等，更要考虑与居民生活息息相关的古民居。

关键词：古村落；居民；保护意愿；影响因素；结构方程

师：请同学们根据提供的论文提要，寻找这些提要具备的共同要素。完成这个任务，我们需要对具体的句子进行解构。前后桌同学之间交流一下，彼此提示或者补充自己的发现。

（生前后四人互相讨论）

师：现在来说说大家的发现吧。请你来说一说。

生：提要提出问题，有描述现状的句子。

师：你能具体读一读你要解读的句子吗？

生："文章概述了国外和我国转基因大豆研发现状，分析了我国转基因大豆研发面临的诸多问题与挑战，并提出了相应的对策建议，以期为推进我国转基因大豆产业化应用、提升国产大豆自给能力提供参考"，这句话介绍了研究的问题和研究的现状。

师：我们把你刚才那句话解读得更细致一点。"文章概述了国外和我国转基因大豆研发现状，分析了我国转基因大豆研发面临的诸多问题与挑战，并提出了相应的对策建议"，这句话在讲什么？"以期为推进我国转基因大豆产业化应用、提升国产大豆自给能力提供参考"，这句话又在针对什么内容论述？

生："以期"这句应该是目的，"文章概述"这句……（不知道怎么回答，坐下）

师：同学们知道吗？

生：是研究的方法。

师：能不能从另外两篇摘要里发现研究的方法和目的？

生：材料二中"本文就现代生物技术在食品工程中的实践展开探讨，以期为相关工作提供参考"就是研究的方法和目的。材料三"为深入探究影响居民参与古村落保护意愿的因素及效应大小，以宁波市首批历史文化名村清潭村为例，构建古村落居民保护意愿影响因素的结构方程模型"，先说了目的，后说了方法。

师：火眼金睛，一下子就抓住了关键的信息，很好。其他同学也来说一说。

生：材料一"发展潜力巨大，前景向好"，材料二"现代生物技术的使用不仅能优化食品安全检测技术，同时还能加快食品原料育种"，材料三"居住条件对村民的地方依赖影响作用最大""地方级名村评选作为一种政府行为，对居民保护意愿具有最显著的直接效应"，这些应该是研究能起到的作用。

师：是的，这是研究者期待的研究作用，就是研究最后可以收到的结果。材料一“我国转基因大豆研发起步较晚，产业化滞后，但已储备了一批转基因大豆新品种”，刚才同学说是背景，实际上这是研究的结论。材料三“政府在古村保护中要起示范作用，在修缮历史建筑时，不仅要考虑文物保护单位等，更要考虑与居民生活息息相关的古民居”，这也是研究后得出的结论。材料二因为没有全文，同学们在摘要里可能找不到，其实它的结果也就是论证后得出的结论。现在我们来总结一下规范的论文摘要包含的主要信息。（播放 PPT 第 7 页）

论文摘要包含的主要信息

目的：研究目的和任务以及涉及的主题范围

方法：研究中使用的方法、理论、材料等

结果：研究的结果、数据、效果等

结论：结果的分析、比较、评价、应用，以及启发、建议和预测等

师：根据以上四个要素，论文的提要可以概括为这样四句话——第一句引出研究问题，第二句说明研究方法与视角，第三句阐明研究内容与论证过程，第四句明确研究结论与文章意义。

任务三：学以致用——写作实践

师：现在，请同学们把上次为《自然选择的证明》一文写的提要找出来，我们对照今天的课堂内容，先自己修改，然后来分享。（播放 PPT 第 8 页）

（学生打开平板，修改自己的提要，和同学之间小声交流。教师巡视教室，询问学生的困惑，参与学生的讨论。从中征得两位同学的作业用来展示分享）

师：感谢两位同学的慷慨分享，我们一起来看看其中一位同学修改前后的提要变化。

（展示学生预习作业一）

各个大陆过去都曾经历过巨大的环境条件变迁，物种中存在着个体差异，但没有人能明确区分个体差异与微小变异，也难以区分明显的变种和亚种，以及亚种和物种，文章概述了支持自然选择学说的各种论点，通过多种事实证明自然选择学说，以期为自然选择学说提供依据。

（展示修改后的作业一）

（目的、任务、主题范围）

为了解释自然条件下广泛存在变种的原因，以及解释自然应对生物界广泛存在如同驯养情况下所发生的变异的方法，我会通过各种事实和论点来支持我的自然选择学说。

（使用的方法、理论、材料）

我通过观察生物界的各种现象，了解不同物种之间的联系，拥有足够证据证明特创

论是错误的，并且也有很多事实符合自然选择。地质记录所提供的事实也强有力地支持了遗传变异理论。

（研究的结果、数据、效果）

自然选择的结果更倾向于保存物种中那些最为歧异的后代，优势类型在竞争中打败了较不占优势的类型。此外，自然选择仅通过微小、连续且有益变异的逐步积累产生作用，因而它不会导致巨大的突变。

（结果的分析、比较、评价、应用，以及启发、建议、预测）

自然选择造就了美丽的自然界，人们也能通过自然选择，来判断一个地区及邻近地区曾经和现在生活了什么物种。

师：在这位同学和同桌的努力之下，后一份作业更符合提要的规范要求了。同学们能不能再努力一把，使得上面的这份提要更简洁准确？

生：为了证明自然界中存在物种变异的现象，本文通过观察自然界的各种现象以及足够的变异事实，说明生物变异的原因在于自然选择。以此证明特创论的错误，支持自然界中存在遗传变异的理论。自然选择造就了美丽的自然界，决定了生物进化的基本方向。

师：改完以后更贴近文本的核心内容了。你改得很好。我们再来看一位同学的修改稿。（展示修改后的作业二）

摘要　在巨大环境变迁的条件下，世间万物都经历过变异。但是目前为止没有人能准确区别个体间诸如变种和亚种、亚种和物种等的差异。此文通过列举多物种间的既有事实，并加以合理推演，围绕支持自然选择论这一观点展开探讨，以期说明自然选择论的正确性，并为生物的进化研究与变迁追溯提供思路。

（学生发出“哇”的声音，表示赞叹）

师：这位同学太厉害了，对吧。我都不好意思展示我的作业了。

（学生笑了，要求看看老师写的提要。教师继续播放 PPT 第 8 页）

自然界的生物存在自然选择法则——适者生存，优胜劣汰。所有的博物学家都承认自然变种的存在。基于此，文章从自然选择的基本法则与相关事实之间的关系入手，以自然选择为中心，列举了自然界中存在的各种变异变种事实，说明生物变异的原因在于自然选择。以此批驳物种是独立创造出来的观点，阐明自然选择说是可信的。自然选择决定了生物进化的方向，也保证了自然界的统一性与多样性。

师：和刚才同学们的修改稿比较，我的就逊色了一些。

生：老师，你的提要很规范。

师：谢谢这位同学的肯定和鼓励。英国哲学家培根说，读书可以培养一个完人，谈话可以训练一个敏捷的人，而写作则可造就一个准确的人。阅读和写作应该成为我们的一种生活方式。让我们在修改提要和提取关键词这条路上继续努力吧。

今天的作业是运用课堂学到的知识练习提要写作，作业可以二选一。（播放 PPT 第 9 页）

（1）搜索一些论文资料，选择自己感兴趣的文章，练习提取关键词、缩写论文提要，并且与原文的提要和关键词进行对比，发现不足并加以改进。

（2）为《天文学上的旷世之争》写一段提要，200 字左右。写完和同学一起探讨，加以完善。

师：论文选择上，大家可以参考我提供的示例《“双减”背景下在线教育智慧治理框架构建与实践途径》。（播放 PPT 第 10 页）

【教学反思】

本课题隶属统编语文教材选择性必修下册第四单元“自然科学论著阅读”专题，课型为写作训练课。要求在阅读本单元三篇自然科学论文的基础上，理解“何为关键词和论文提要”，学习“提炼关键词，写作论文提要”，旨在训练与提升学生“概括与提炼”的能力。

《普通高中语文课程标准（2017 年版 2020 年修订）》对学习任务群“科学与文化论著专题”提出的要求是“本任务群研习自然科学和社会科学论文、著作，旨在引导学生体会和把握科学与文化论著表达的特点，提高阅读、理解科学与文化论著的能力，开阔视野，培养求真务实的科学态度和勇于探索创新的精神。”在此思想指导下，笔者在设计教学环节与构建学习任务时充分考虑了本单元三篇科学论著都是著作节选的特点，在学习环节选取了“中国知网”上更具有典型性的材料，而在训练环节采用课本素材，以期在学习过程中降低因为节选而产生的难度。同时，考虑到本课与语文学科核心素养“语言建构与运用”“思维发展与提升”有着非常密切的关系，所以在学习任务设定上采用由浅入深、逐渐提升难度的方式。

在这样的思想引领之下，我规划了预习任务，通过建构“关键词”的知识支架和要求学生搜集论文提要并学习写作提要，让学生明确学习的任务，最终实现目标取向的典型性。在课堂教学环节，我设置了三个集综合性、多样性与开放性为一体的任务。任务一“探究提取关键词的方法”由两个小活动构成，从同学们熟悉的试题“提取语段关键词”入手，帮助同学们消除对提取论文关键词的畏难心理，同时找到“提取关键词”的几把钥匙；第二个小活动则是回归课本，回归学生熟悉的语境去训练论文关键词的提取，总结提取关键词的方法。从课堂呈现的结果来看，这个环节学生是比较活泼的，参与的主动性也很强，说明语料的选择是有价值的。任务二“学习规范的论文提要，探究提要的构成要素”，旨在通过典型多样的语料打开学生思考和探索的空间。但从教学的实际呈现来看，虽然材料内容涉及不同的领域，但是任务没有引发典型反应，任务成效微小。学生在探究过程中比较被动，教师的引导没有起到很好的作用。我反思之后觉得还是语言材料的选择不够有特色，设计时缺乏有价值的梯度问题，问题的指向性也不够明确。任务三“写作实践”，虽然有点难，但是因为任务二总结的方法比较到位，学生在修改和讨论时目标明确，反而比任务二完成得更好。利用平板展示功能和评论功能，同学们之间的互动交流明显增多，并且在同伴的帮助下得到了富有创造性的、个性化的学习成果。这一点在今后的教学中值得借鉴。

综上，本课设计任务目标明确，三个任务的设计体现了思维发展的梯度。第一个任务的材料选择比较适合学生，两个活动之间层次分明，但是从录像中看出这个任务活动时间过长，完全可以再精简，缩短任务时间。第二个任务在语料选择上要改进，要选择更有特色、更具典型性的论文提要，而且问题的指向性要精准，减少对学生思维的干扰。第三个任务借助了平板教学的论题互动，收到了很好的效果，说明以后要多借助同伴评价的方式来开展教学，这样有助于提升课堂参与的积极性。

探索与发现：小论文写作指导

执教 / 温州市教育教学研究院　周康平

本课课件

【专题目标】

在学习第六单元的相关自然科学论著（节选）的基础上，选择一个话题进行小论文的写作。了解小论文的基本格式和修改方法，学会写作简短，但格式、内容等相对严谨的小论文，从而获得写作能力上的提升。

【预习任务】

在活动举办的前一周，布置预习任务：

1. 在认真研习第六单元文章的基础上，阅读《物种起源》《宇宙》《科学史十五讲》中的一本（推荐《科学史十五讲》）。

2. 同桌合作完成预习单（见表1），从“进化论具有贡献”“进化论存在缺憾”“宇宙是有边界的”“宇宙是没有边界的”“中国古代自然科学落后”“中国古代自然科学先进”这六个议题中，选择一个议题，完成下面的表格。

表1

议题	理由（至少五点）	依据（引用某书籍；自己猜想；客观事实；名人言语……）

建议：(1)学生自由选择喜欢的议题；(2)学生结合看过的书籍或者本单元的文章来陈述理由；(3)各组在提交之前，先进行组内初步筛选甄别，思考所罗列的理由中哪些是不科学的。

【教学实录】

任务一:比一比,谁更有理由

师:之前有好几位同学来问我小论文怎么写,说自己要参加生物小论文、地理小论文的比赛。确实,具备小论文的写作能力对我们非常重要。今天我们就一起来学习小论文的写作。(播放 PPT 第 1 页)

师:那么在开始写小论文之前,我们要先确定什么呢?

生:议题。

师:没错,我们今天就围绕“探索与发现”这个大母题下的六个小议题来展开探讨。之前布置的准备任务,大家都完成了吗?

生:那是当然。

师:OK,那接下来,我们需要先请一位同学上来帮我们板书。

生:吴同学,吴同学,他又高,字写得又好……

师:好,吴同学,你愿意吗?(生点头)让我们掌声有请吴同学。(掌声热烈)板书时抓住同学们发言过程中的关键词即可。下面,让我们进入任务一,比一比谁更有理由。温馨提示一下,前面同学已经阐述过的,不重复阐述。现在哪一组的同学先来呢?(播放 PPT 第 2 页,展示表 2)

表 2

议题	理由(至少五点)	依据(引用某书籍;自己猜想;客观事实;名人言语……)
进化论具有贡献		
进化论存在缺憾		
宇宙是有边界的		
宇宙是没有边界的		
中国古代自然科学落后		
中国古代自然科学先进		

生:老师,我们先来。我们选的议题是“宇宙是没有边界的”。第一个理由是小小的行星是无限永恒的时空中的一个有限世界。第二个是人类的未来取决于对宇宙的了解。第三个是宇宙辽阔无垠,地球的量度单位对宇宙不适用。

师:嗯,大家觉得什么是理由?

生:理由就是支撑议题的小观点。

师:可以这么理解,那在表述小观点时,我们就应该注意其中的关系。请这位同学在表述上稍作调整,重新再来一次,可以吗?

生:好的,我们组的第一个理由是行星只是无限永恒的时空中的一个有限世界。(停顿,等待老师评价)

师：那么，你其实是想表达“宇宙是无限大的，浩瀚的空间之外还有浩瀚的空间”，是吗？

生：是的，是的。

师：请继续。

生：对宇宙的探索是人类百万年来花费巨大的代价累积起来的，然而这只是对宇宙探索的开始。

（大部分学生感到疑惑，不能理解）

师：我明白你的意思，你想说对人类来说，对宇宙的探索是没有尽头的，所以宇宙是没有边界的。同学们，这个理由可以吗？

生：可以，可以。

师：行，请说第三点。

生：老师，这样理了一下发现我们后面的理由与前面两点重复，目前只有这两点。

师：看来你在梳理的过程中让自己的观点变得更清晰了，非常感谢你们组给我们提供了两点理由，为今天的探讨开了一个好头，请坐。

生：老师，我们组有补充。首先，宇宙至今为止仍在膨胀，而且它的膨胀速度已经接近光速。假设宇宙是有界限的话，它是不可能再继续膨胀下去的。而事实上宇宙的膨胀到现在仍在加速，所以说就是……（学生难以用一句话概括自己的理由）

师：我懂你的意思。宇宙现在仍然在不断地膨胀，不断地演化，不停地扩大着，那说明宇宙是没有边界的。你用一个假设来论证你的理由，很好。

生：空间依然膨胀，还有一个理由是宇宙本来的质量是不变的，是固定的，如果有物质想占满这个空间是不可能做到的，哪怕是将宇宙所有的东西拆解为原子、分子，也不可能把整个空间占满，也就是说假设宇宙有边界，也无法被达到。

师：无法达到的边界就是没有边界。

生：还有一点就是我自己的推测，目前已知的宇宙边界的膨胀，已经超越了光速，当一个有质量的东西的速度已超越了光速的时候，它的破坏力是非常大的，既然这样，那么没有东西可以限制宇宙的边界。差不多了，我们组就补充这三点。

师：对第二点做了进一步补充，无法限制的边界就是没有边界。你们的发言使这个议题的理由更充实了，还有其他组的同学想针对这个议题发言的吗？

生：我先说一个比较浅的理由。当前世界上针对宇宙主要有两种学说，一个是稳恒态理论，另一个是宇宙大爆炸学说。这两个对比之下，我们可以发现，稳恒态理论在很多地方存在缺陷。我们看到事物，其实是事物发出的光或者通过反射、折射出的光射入我们的眼睛，经过大脑处理形成的映象。我们看到星系的颜色在不断变化，这其实是因为来自这个星系的光波发生了变化，呈现出一种逐渐远离我们的颜色，由此可见，稳恒态理论是不成立的，宇宙大爆炸学说相比之下是更合理的。其次，能量是守恒的。什么是边界？这个边界是固定的，还是不固定的？它是否在变化？我们讨论的宇宙有没有边界实质上是讨论它的这个边界是否固定，如果不固定说明没有边界，如果固定说明有边界，而根据能量守恒定律和宇宙大爆炸学说，我们可以判定它的边界是在不断扩张的，所以在这个基础上，我们认为这个宇宙是没有边界的。

师：你的第一点理由从反面入手去论证对方的不成立，从而证明自己观点的成立。第二点则对是否有边界的探讨做了一个有效的界定。

生：我们也选择了这个议题，我们想通过目前生命的唯一性对人类造成的误导和地球的不可能唯一性来论证这个宇宙是没有边界的。地球是宇宙中的一个地方，但绝不是唯一的地方。地球相对于我们所研究的其他星球，它是有生命的，是孕育了像人类这样的生命的，在人类目前可以观测到的138亿光年之内还没有任何一个地方发现有生命的迹象。目前这种生命的唯一性，给人类造成了一种思维上的欺骗性，人类无法去突破这种欺骗性，导致目前处在一种禁锢的状态。

师：有一种假说，说宇宙可能存在着十三个维度，而我们能感知的世界状态只有三个维度，目前人类认知的局限，会让人误以为宇宙就是有限的。看来我们班很多同学都认可"宇宙是没有边界的"，对于这一点还有补充吗？如果没有我们来谈谈其他的议题。

生：老师，那让我最后再说一点呗。就是目前宇宙中有许多特殊星体存在，如黑洞、中子星，这些特殊星体其实是大大小小的恒星处在不同的成长阶段，星体的"生老病死"就是这个宇宙不断成长演化的体现。既然宇宙处于不断成长的状态中，那么宇宙何来边界呢？

师：哦，其实你的观点和之前有一组同学的观点是一样的，认为宇宙不断成长演化即无边界可言，但你们所提供的依据不同。让我们进入下一个议题的理由阐述。

生：我们组选择的议题是"宇宙是有边界的"。首先第一个理由是宇宙的微波背景辐射能有力地证明宇宙大爆炸理论，并且宇宙在扩张的时候，也就是在奇点爆炸扩散之后，应该是存在边界的。因为奇点是一个极小的点，它是有范围的，那么按照能量守恒定律来说，如果你是一个极小的点，在爆炸之后，你的边界是不会消失的。如果没有一个东西能限制它的话，那本来的奇点也就是无范围的了，更不可能产生奇点大爆炸。

师：既然是空间，那么它就必然是有边界的。

生：是的，第二点是根据能量守恒定律来阐述的。众所周知，宇宙中的绝大多数物质都是暗物质，它们填满了我们周围的空间，但是假如宇宙是无边界的，也就是无限大的话，那暗物质可能真的就是取之不尽，用之不竭的，那么它的能量就是无穷无尽的。但无穷无尽的能量真的存在的吗？因为物质能量都是守恒的，都有存在的范围，所以我认为无穷无尽的能量并不存在。之前有同学说宇宙无边界的原因是它能不断扩张，在我看来，宇宙的扩张第一是奇点爆炸的后续，第二是因为行星包括星系之间的碰撞，将星系的物质转换为暗物质和能量来填满空间，来支撑宇宙的扩张。

师：那就是说，你认为能量是不可能取之不尽的，反过来就证明宇宙是有边界的。

生：第三，光真的是沿直线传播的吗？宇是空间，宙是时间，在《时间简史》中，霍金就曾用形象的比喻把空间比作白纸，把星球放上去，就会导致纸面的弯曲，从而影响光的传播。用最简单的说法，在黑洞周围或强引力场中，光都会因为引力而发生偏转，从理论上来讲，只要一个事物能够受得住强引力场，那就能在一个房间中无限看到自己的背影。那将这个房间的模型倒推到宇宙中，目前可观测到的宇宙——138亿光年，就是一个大的"房间"，或者说，我们认为自己未观测到的范围其实有可能就是已观测到的范围的循环。

师：认知是具有欺骗性的，你不能观测到的范围，也并不代表它就是无限的。还有同学继续阐述这个议题吗？如果没有的话，我们就来谈下一个议题。

生：我们组选择的议题是"进化论具有贡献"。第一点理由是它合理地解释了生物的多样性和统一性;第二点是它突破了特创论物种稳定不变的观点,促进了科学的发展和思想的解放;第三点是它能够解释自然界中一些物种与物种间存在的奇怪现象,比如,能够解释为什么化石中的物种跟现在的物种不同,能解释为什么处于不同环境的物种有相似的习性,能够解释为什么海岛动物中,有与大陆动物相似的物种……

师:这组同学的理由非常充分,还有对这一议题进行补充的吗?

生:我们组补充两点。第一点是它推翻了西方长期统治生物学的“神创论”;另外一个理由就是生物进化论被列为19世纪自然科学的三大发现之一,同时它是马克思辩证唯物主义思想的重要依据。

师:你们组的第一点我非常认同,1860年6月30日,在牛津大学曾展开了一场进化论与神创论的大辩论。第二点我建议拿来作为支撑理由的依据。

生:好的。

师:那有没有哪一组选了第二个议题?(没有一组选择)看来,大家都肯定进化论的贡献。在这种情况下,如果有人研究进化论的缺憾,我想能给整个进化论研究填补空白,这个价值是不容小觑的。好,我们接着探讨五、六两个议题。

生:我们选的议题是“中国古代自然科学先进”。首先我们先定义一下“先进”这个概念,我们认为的先进是有参照系的,不应该与当下相比较,而应该跟同一时期的其他国家相比。从这个概念来说,我们中国古代自然科学是先进的。当西方还处于地心说的时候,中国已经提出了宣夜说,而宣夜说的阐述是更加接近自然宇宙的真实情况的。

师:先从概念界定入手,阐述所谓“先进”,应该是从横向比较,而不是纵向比较。请继续。

生:第二点是我们认为先进性不仅包括对这个世界的看法先进,先进的方法和先进的态度也是先进性的一部分,比如说,中国古代使用的勾股定理、杨辉三角等都可以体现出方法的先进。

师:也就是中国古代的数学研究取得了其他国家所不能比拟的辉煌成就。以此类推,我们同样可以延伸到其他领域。

生:医学领域的《伤寒杂病论》《本草纲目》等。还有四大发明……

师:是的,大家都能举一反三。

生:还有一个就是自然科学的发展是从无到有的过程,它是点点滴滴积累起来的,而不是一蹴而就的。浑盖之争,这场学术争论,参与的人数非常多,持续的时间非常久;而西方对于天文学的研究则是由少数人做出贡献而得以发展的。

师:从关注的范围来说,中国古代对于自然科学关注的人是更多的,那说明在意识形态上是更早地意识到了自然科学的重要性,这种意识其实就是先进性的体现。继续。

生:中国古代的科学发展是一个进行时,而西方处于一个停滞状态。比如,中国古代的天文学理论一直在更新中,从最开始的“天圆地方”,到了宣夜说,再到盖天说,最后到了浑天说,是一个递进的过程,认知在不断地更新。而西方自从托勒密提出地心说以来,一千多年这个认识几乎处于停滞状态,没有更新过,比如希腊的水晶天说,观念根深蒂固,直到16世纪,人们才逐渐放弃了这种观点。

师:认知的不断更新,也是先进的一种表现。

生:最后一点就是中国古代对于自然科学的态度,是一种理性的态度。西方处于一个被宗教束缚的环境,而中国古代的研究环境则是比较开放的。比如说,佛教传入中国后,佛教主张的宇宙结构模式,与浑天说亦不一致,但中国历史上从未有过以佛教学说为依据,强行要求人们放弃自己所信奉的宇宙结构学说的事例。

师:你的例子可以反映中国古代对于科学的态度更具有包容性,但并不能反映中国古代对自然科学的态度是理性的。

生:我们组补充"中国古代自然科学落后"这个议题的理由。首先,西方具有科学而系统的理论研究体系,而中国并不具备。在1640年之前西方在技术上都处于落后状态,但仅仅用两次工业革命就反超了中国,理论体系的建设起到了至关重要的作用。

师:是的,中国古代某些技术确实相对比较先进,但是科学落后。

生:我们组也补充"中国古代自然科学落后"的理由。中国古代自然科学的研究更注重实用性,而不主张理论性,而理论性的缺失就难以支撑科学研究的长期发展。

师:你的观点与上一个同学相似。关于议题的理由大家还有补充吗?

(学生沉默)

师:好的,那我们先用掌声感谢吴同学。(学生热烈鼓掌)接下来让我们一起来筛选一下黑板上的理由,其中有你觉得相对而言说服力不强,需要去掉的理由吗?

生:我觉得议题三中的第一、二两个理由说服力不强。针对第一点,霍金在《果壳中的宇宙》中提到过一个设想——无边界条件,就是说时间和空间是有限的,但是形成了一个没有边界的闭合面,就如同地球表面,尺度有限,但无边界。针对第二点,陈同学说的是宇宙大爆炸论,但是他这个爆炸论是局限于爱因斯坦的广义相对论这个理论上的,仅从广义相对论的角度上来说,无法证明他的理由。

师:陈同学,你要为自己理由的保留辩护吗?

生:从量子力学的角度来讲,宇宙大爆炸的原因是量子涨落,在这种极小极热并有极强引力场的情况下,爱因斯坦的相对论仍能成立。

生:我认为第五个议题中的第一点不成立。因为科学是人们对自然的认识,科学的发展受到人们对生产生活的需要推动,并不能因为中国古代自然科学研究重实践而证明它是落后的。

师:同学们,你们也是这么认为的吗?

生(频频点头):对对对。

生:我认为第三个议题中的第二个理由不充分,因为从一开始人类就是从一无所知的状态发展起来的,我们不能肯定未来人类是否能走得更远,而这个观点否认了人类未来的可能性,我们只能说人类现在的能力是有限的。

师:虽然对于"宇宙有没有边界"这个问题同学们的看法不一致,在这个过程中,我深深地感受到了同学们思维的活跃和开放,也感受到了同学们对问题探讨的专注。

任务二:写一写,理由变小论文

师:同学们,在前面的活动中,我们就某一个话题,展开了相对深入的、提纲式的理由归纳阐述。在这个过程中，我深深地感受到了同学们思维的活跃和开放，也感受到了同学们探讨问题时的专注。现在，我们试着在原来的基础上再往前一步，做一项很了不起的工作——写一篇小论文。首先，同学们先来看老师给大家提供的小论文提纲，理一理小论文的组成部分以及各个部分的作用。（播放 PPT 第 3 页）

中国古代科技落后原因浅析

姓名：蒋勇　指导老师：涂雪峰

【摘要】中国封建时期的上层阶级一贯自封中华为“天朝大国”，谓我华夏地大物博，根本无须向夷族引进和学习，自高自大，而无危机感，从而也较少有强烈的进取心。这些都给科技的发展造成阻碍，中国科技的发展愈来愈故步自封，中国古代科技的实用性、经验性等特点明显体现了中国古代科技的思维方式是直观、顿悟式的。

【关键词】古代科技　落后原因　思维禁锢

17 世纪明清之前，中国古代科技长期处于世界领先地位，形成了几个文化发展的高潮：商代文化在古代世界有特殊地位，秦汉文化在世界文明史上具有重要影响；到了隋唐时期，其文化博大精深，全面辉煌，泽被东西，影响深远；宋元时期，我国古代文化达到了高度繁荣的程度。对人类文明产生重大影响。

一、我国古代科技发展特色

（略）

二、中国近代科技发展滞后的原因

中国科技落后的原因。归纳起来，主要表现为：

（略）

中国科技落后的原因主要在这三个方面：

（略）

中国这个封建大国的上层阶级一贯自封中华为“天朝大国”，谓我华夏地大物博，根本无须向夷族引进和学习，自高自大，而无危机感，从而也较少有强烈的进取心.这些都给科技的发展造成阻碍，中国科技的发展愈来愈故步自封，难以突破，终于在近代，落后于西方各国。

参考文献：（略）

生：小论文的组成部分有标题、摘要、关键词、正文和参考文献。

师：是的，正文我们可以将它分为引论、正论和结论三个部分。大家再仔细看提纲，说一说每个部分有什么作用？

（学生相继发言）

师：同学概括得比较到位，最后老师对各部分的作用做一个简单的总结。（播放 PPT 第 4 页，展示表 3）

表 3

板块	内　　容
摘要	对论文主要内容的简短陈述
关键词	从论文的题名、提要和正文中选取出来的，对表述论文的中心内容有实质意义的词汇
引论	作为论文的开头，以简短的篇幅介绍论文的研究缘起、背景和目的，引出本文的主题给读者以引导
正论	主体部分，集中表述研究成果的部分。对问题的分析、对观点的证明主要是在这一部分中进行并完成的。内容多而复杂。为了使正论层次分明、脉络清晰，常将正论分成几个大的、按一定逻辑进行串联的板块
结论	结论是一篇论文的收束部分，是文章内容的归结，通常包含提出论证结果和指明进一步研究的方向两项内容，但可有所侧重
参考文献	参考文献要放在论文正文之后，只列出写作者直接阅读过、在正文中被引用过的文献资料

师：同学们，请以四人为一个小组，借鉴范文提纲，在前面所讨论的六个议题中任选一个完成一篇小论文，每个议题都已经提供理由了，请大家在这些理由的基础上扩充完成。（播放 PPT 第 5 页）

【教学反思】

小论文的写作对学生提出了很高的要求。在学生没有类似写作经验的情况下，教师如果没有搭好教学支架，铺好循序渐进的教学途径，想要达成学生写作小论文的教学目标是比较困难的。在整个教学设计中，我思考了以下三点，来推进我的教学。

首先，充分利用单元课文做写作延伸拓展。写作小论文，最怕学生没有材料可写，在学习完本单元的三篇科学论著（节选）后，引导学生做适当拓展，学生的写作就会有方向性，学生也熟悉写作内容，容易进入学习情境，这能消除学生的陌生感和紧张感。此外，充分利用现有的单元课文资源，也是统编版教材同步写作的要求：充分利用单元课文进行延伸写作，使得写作教学成为“学习性写作”。

其次，充分利用“头脑风暴”形成论文的提纲。解决学生写作材料的选择和导向的难点之后，学生的第二个难点在于如何围绕着议题展开论述。这是本节课的教学重点和教学难点。我利用事先发给学生的表格，让学生对照议题，在课堂上进行头脑风暴，要求学生阐述所能想到的理由。这种头脑风暴既可以充分调动学生的积极性，又可以为小论文的展开提供很好的论据。事实上，在课堂中，我们看到学生表现热烈，积极投入，参与度非常高。很多学生提出的理由都是我事先预估不到的，这也一再地证明学生的潜力无穷。但是，并不是所有的理由都可以提炼成小论文的论据，所以，在充分的讨论之后，我带领学生对提出来的理由进行了辨别和筛选，留下了相对充分的理由——其实这个经过辨别和筛选之后形成的理由就具备了小论文写作提纲的雏形。

最后，充分利用教学支架降低写作难度。在教学的最后环节，我出示了一篇典型的论文写作提纲，要求学生模仿这个提纲进行写作。实际上这是做了降维的教学处理，但也是符合学情的。第一个环节是关于议题的选定，第二个环节是理由的列出，现在再加上这个范例的展示，学生在教师步步引导下，由浅入深，不知不觉之中，就完成了小论文整个框架的搭建，使得最后布置的小论文写作水到渠成。

后记　七彩足印

行者常至，为者常成。一个人，在大地上行走，必然会留下脚印。一群人从2016年走到2023年，历时7年，《大单元·微专题——高中语文名师教学实录》就是7年跋涉的最后足印。

相约晚八点

7年前，我还是浙江省名师网络工作室的主持人。那时，新课标的讨论稿已经在网上流传。我首先就被“任务群”这个概念惊艳到了。从1981年从事语文教学以来，我接触过不少版本的教学大纲和课程标准，但从没有见过如此明确的对语文课程内容的表述。于是，我们工作室15位学科带头人，利用暑假研读新课标讨论稿，每个人认领一个学习任务群进行研究。那个暑假的好多个晚上，我们相约晚八点，在网络工作室研讨，有主讲，有对话，有记录。最后，一本厚厚的新课标讨论文稿《相约晚八点》靓丽结集。

永福路的光阴

一次偶然的机缘，我把《相约晚八点》的文集带到上海。何勇先生凭着多年的编辑经验，感觉到这个文集可能对一线教师具有引领和参考的价值，便派易英华编辑参加了我们工作室的研讨活动，此后，易英华编辑多次在沪甬之间奔波，几乎加入了我们的工作。这个外表娇小的美女编辑，却有着宏大的计划，她建议将每个学习任务群的研讨，扩展成一册书。在她的鼓舞下，我策划了全书的框架，形成了以4种核心素养为纲，以18个学习任务群为目，以120个学习专题为实践形式的顶层设计。经过15名学科带头人20多次的研讨和实践，最后，我们在上海永福路上海教育出版社的办公室里定稿杀青。2018年4月，一套16本的“新课标、新语文、新学习”丛书正式向全国发行。回望来路，那时我们就形成了这样的认知，新课标要进入课堂，学习任务群要落实，专题教学是必经之途。

教研基地的封面人物

2017年10月上旬，在蔡可教授和郑桂华教授陪同下，我们邀请到了课标组组长王宁老师。“我是看了一些你的文章，了解了你组织的一些活动后，才答应来的。”这是王宁先生到宁波后说的原话。3位专家经过一天近乎公益性的工作后（非常敬佩、实在愧疚），高度肯定了我们的工作，并提出了改进建议。王宁先生、蔡可教授和郑桂华教授写的鉴定书，我们至今奉为圭臬。那时候“新课标”还没有颁布，部编教材尚未启动，我们的专题教学已经开始设计，部分专题已经过课堂的实践了。基于此，《语文学习》特地开出专栏，每期一个学习任务群，刊登我们对于18个学习任务群的解读和专题教学的案例。一年后，教育部课程教材发展中心在全国培植国家级的学科教研基地，宁波市的高中语文学科很荣幸地被评定为全国仅有的3个教研基地之一。课程中心的刘月霞主任在常州会议上旗帜鲜明地肯定和表扬我们的实践探索，何成刚处长多次来宁波指导，这些都是我们前进的动力。本人也参加了部编教材的编写工作。根据教材编写的体例，我产生了“大单元统筹、微专题教学”的想法。整整3年时间，我们策划了24次“教材进课堂”系列主题研讨活动，设计了必修100个微专题教学、选择性必修80个微专题教学，其中绝大多数设计经过了课堂的实践。承蒙语文报社的厚爱，必修100个、选择性必修80个微专题教学设计在《语文教学通讯》2021年7、8合刊和2022年1、2合刊，分别推出。语文报社刘远社长亲自顾问，主编王建锋先生和我们多次联络，甚至为学科带头人的一张照片来回反复沟通多次，于是本人那张“老脸”和教学设计的主干力量——三批学科带头人的照片都上了封面。

复盘和反思

从任务群的专题活动策划到新教材的微专题教学设计，再到课堂实践，我们的专题教学从“T形台”走到“常态课堂”——那就跟教材贴得更近了，与教学融得更紧了，对于推广也更具普适价值了。承蒙复旦大学出版社朱建宝和张彦珺两位编辑垂青，催促我们把教学过程记录下来，形成教学实录，让更多教师可以直观微专题教学的原貌。为此，复旦大学出版社副总编辑张永彬教授亲自顾问此事，朱建宝先生多次往来沟通，张彦珺编辑凭着扎实的专业功底和之前从教的教学经验，对全书的每一篇实录，提出精准的审读建议。我们组织了国内120名一线骨干教师——他们多数是名师、特级教师、正高级教师，特别是浙江省内的参与者，很多是面向全国直播过他们的专题教学的——对自己的课堂加以描述再现，反观自照。少部分尚未经过课堂实践的，也重新修改，反复试教，最后完善成教学实录。如今这套《大单元·微专题——高中语文名师教学实录》，就是他们对于教学的复盘和反思。

价值的旗帜在飘扬

不是为了某个人，而是我们有共同的价值判断——这世上，有些事情还是值得一做的。于是地不分南北，人不分老少，很多人参与到此事中来。时任宁波市教育局分管局长的张力鸣先生对项目大力支持，保驾护航，使得探索得以持续。宁波市教研室高中语文教研员毛刚飞老师作为搭档，分担了部分工作，减轻了我的杂务之劳。宁波市几乎所有重点中学都承担过微专题教研活动，从校长到教研组长，从校务会议到会场布置，从教师试教到调试直播，保证了每一次活动都顺利成功。中国教研网的技术人员，往返于甬京之间。每次微专题教学的平均收看人数都在万人之上。还有那些在全国有着一定影响力的名师、特级教师和正高级教师，躬身入局，匠心设计，潜心实践，专心整理，亲自参与实录的撰写。特别是我的三批学科带头人以及相关教师，从“相约晚八点”开始，在专题教学领域“筚路蓝缕，以启山林”，从精美的工作简报编辑到短视频的制作，从专题设计的试教到教学实录的整理和校阅，从PPT制作的辅导到公众号的编辑，始终保持着探索的热情、教学的专注和无私的奉献，使得每一篇实录，都来自课堂，带着名师的“灵气”，透着一线的“地气”。宁波直属高中的十几位优秀青年教师，不顾教务繁忙，多次集中，反复审核、校对样稿，为保证丛书的质量付出了辛勤劳动。尤其是郑义广老师，纯粹厚道，不求名利，不厌其烦地帮我处理杂务，常常工作到深夜。在名师如云的群体中，他默默无闻，只知耕耘，不问收获。

现在我已退休，处江湖之远，未能忘情于语文。每当夜深人静之际，总会回想起那些打磨课例的细节，那些一起感受课堂悲欢的时刻。这七年，我们努力地探索课标进课堂、教材进课堂、评价进课堂，但留下的课例实录难免还有遗憾。那么，就让这套丛书，作为一串坚实的脚印，记录我们的来路，也希望能启示后来者的行旅吧。

褚树荣

2023 年 8 月 21 日

图书在版编目(CIP)数据

大单元·微专题:高中语文名师教学实录:选择性必修. 下册/褚树荣主编. —上海: 复旦大学出版社, 2023. 10(2025. 4 重印)
ISBN 978-7-309-16906-5

Ⅰ. ①大… Ⅱ. ①褚… Ⅲ. ①中学语文课-课堂教学-教学研究-高中 Ⅳ. ①G633. 302

中国国家版本馆 CIP 数据核字(2023)第 118364 号

大单元·微专题——高中语文名师教学实录(选择性必修　下册)
褚树荣　主编
责任编辑/张彦珺

复旦大学出版社有限公司出版发行
上海市国权路 579 号　邮编: 200433
网址: fupnet@fudanpress.com　http://www.fudanpress.com
门市零售: 86-21-65102580　团体订购: 86-21-65104505
出版部电话: 86-21-65642845
常熟市华顺印刷有限公司

开本 787 毫米×1092 毫米　1/16　印张 17.75　字数 421 千字
2025 年 4 月第 1 版第 2 次印刷

ISBN 978-7-309-16906-5/G·2508
定价: 63.00 元
